Marvell PXA320 Monahans · Embedded Linux Kernel 2.6.x
Fedora Core 10 개발환경

임베디드 리눅스 구조 및 응용

노성동 · 이명의

Embedded Systems

도서출판 GS인터비전

머 리 말

임베디드 리눅스 구조 및 응용 (PXA320 기반, Embedded Linux 2.6.x)

임베디드 시스템은 전기, 전자, 정보통신, 컴퓨터 기술들이 빠르게 발전하면서 이들 기술을 이용한 다양한 제품들이 출시되어 우리의 생활 주변에서 쉽게 접할 수 있다. TV, 냉장고, 세탁기, 전자레인지, 개인 휴대 정보단말 등과 같은 모바일 컴퓨팅 기기, 마이크로프로세서를 내장한 가전제품, 공장 자동화 기기와 사이버 아파트의 홈 오토메이션 시스템, 홈 네트워크게이트웨이 시스템, 지능형 교통 관리 시스템 및 주차 관리 시스템, 엘리베이터 시스템, 현금 지급기, 항공 관제 시스템, 우주선 제어 장치, 자동 항법 장치 등 셀 수도 없이 무수한 기술들이 내부적으로 임베디드 시스템이 적용 되면서 일상생활에 아주 밀접하게 관련되어 우리에게 많은 도움을 주고 있다.

본 교재는 Marvell社의 32bit PXA320 Monahans 기반의 X-Hyper 320TKU 보드를 이용하여 컴퓨터, 전자, 통신 분야 관련 학생 및 초보개발자를 대상으로 임베디드 시스템 프로그램에 대한 기본학습 및 실습을 위한 교재로서, 처음 임베디드 시스템을 접하는 개발자에게 쉽고 빠르게 접근할 수 있도록 하는 데 초점을 맞추어 편찬 되었다. 따라서 임베디드 시스템의 작동원리에 대한 이해와 감각을 키우기 위하는 데 부족함이 없을 것이라 생각된다. 또한 X-Hyper320TKU 타겟 보드를 반드시 보유하지 않더라도 전반적인 임베디드 시스템의 하드웨어 및 소프트웨어를 이해하는데 도움이 되리라 판단된다.

이 책의 주요 구성을 요약하여 설명하면 아래와 같다.

제1장은 임베디드 시스템의 기초부분으로서 임베디드 시스템의 개요를 설명하였고, 제2장에서는 본 교재에서 사용된 타겟 보드의 구성 및 성능을 설명하였으며 제3장에서는 임베디드 리눅스 시스템을 이식하기 위한 개발환경에 대해 설명하였다.

제4장에서는 리눅스 운영체제의 시스템 프로그램 및 예제를 설명하였으며, 제5장은 가장 간단한 형태의 모듈 프로그래밍을 설명하였다. 제6장은 리눅스 시스템의 디바이스 드라이버의 구성 및 구조에 대한 내용이며, 제7장은 제6장에서의 디바이스 드라이버 기초 내용을 바탕으로 실제로 본 하드웨어 타켓 보드에서 실행 가능한 다양한 종류의 디바이스 드라이버 프로그램을 작성하였다.

제8장은 리눅스 시스템을 보다 확장하여 응용할 수 있도록 응용프로그램의 작성 예제에 대해 프로그램을 작성하고, 이를 상세하게 설명하였다.

그리고 각 장에서는 예제 소스를 실습 장비에 적용함으로써 X-Hyper320TKU 교육장비의 실질적인 실험실습을 통해 다양한 기능과 특징을 확인 할 수 있어, 임베디드 리눅스 시스템에 대한 쉽고 빠른 이해를 얻을 수 있을 것이다.

끝으로 이 교재를 집필하는 데 많은 도움을 주신 GS인터비전 및 하이버스㈜의 대표님을 비롯하여 관계 직원 여러분들에게 감사의 마음을 전한다.

저자 일동

차 례

임베디드 리눅스 구조 및 응용 (PXA320 기반, Embedded Linux 2.6.x)

05 모듈(Module) 프로그래밍

06 디바이스 드라이버

07 디바이스 드라이버 활용

08 리눅스 시스템 응용

01

임베디드 시스템

1.1. 임베디드 시스템의 개요

임베디드 시스템(embedded system)이란 어떤 시스템에 내장되어 특정한 목적을 위해 제작된 하드웨어와 소프트웨어가 결합된 고기능의 전자 제어 시스템을 말한다. 임베디드 시스템의 일반적인 의미는 마이크로프로세서/마이크로컨트롤러를 내장(embedded)하여 특정한 기능을 수행하는 장치이다.

임베디드 시스템의 구성을 살펴보면, 임베디드 하드웨어는 마이크로 프로세서(마이크로 컨트롤러), 메모리, I/O 장치, 네트워크 장치, 센서, 구동기 등으로 구성되어 있고 임베디드 소프트웨어는 운영체제, 시스템 소프트웨어 및 응용 소프트웨어로 구성되어 있다.

임베디드 시스템의 특징은 특정한 기능에 부합되는 최적화(application-specific functionality), 소형화, 경량화, 저전력화, 고신뢰성을 가지며, 네트워크를 지원하고 멀티미디어를 지원하는 시스템으로 실시간 운영이 되는 환경에서도 데드라인(deadline) 이내에 원하는 결과를 산출해 낼 수 있는 적시성(timeliness)을 가지며 외부 자극에도 예측 가능한(predictable) 방식으로 반응하는 시스템으로서 가격에 민감하고 안전하게 동작하는 시스템의 특징을 가지고 있다.

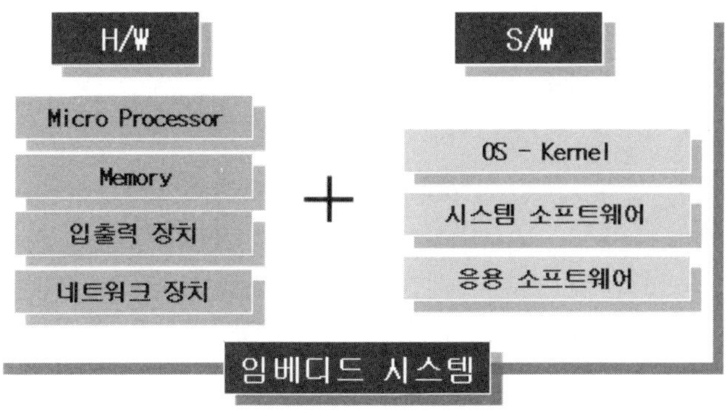

[그림 1-1] 임베디드 시스템의 구성

[그림 1-2] 임베디드 시스템의 특징

실시간 시스템(real time system)**의 정의**는 정해진 시간 내에 시스템이 결과를 출력하는 시스템을 말한다. 이는 주어진 작업을 빨리 처리하는 것이 아니고 정해진 시간(dead line)을 넘어서는 안 된다는 뜻이다.

실시간 시스템의 분류는 하드웨어 실시간 시스템(hardware real-time system)과 소프트웨어 실시간 시스템(software real-time system)으로 분류된다.

① **하드웨어 실시간 시스템**은 정해진 시간(deadline) 내에 즉, 시간 내에 처리하지 않으면 치명적인 결과를 초래하는 경우로, 작업의 결과가 주어진 시간 이내에 절대적으로 출력되어야 하는 시스템이다. 주로 전투기의 비행제어 시스템, 핵발전소의 제어 시스템, 인공위성의 제어 시스템 등이 이에 해당된다.

② **소프트웨어 실시간 시스템**은 정해진 범위를 넘는 시간(deadline) 지연이 발생하더라도 그것이 시스템의 치명적인 오류가 되지 않는 한 작업이 계속 진행 되는 구조로써, 주로 컴퓨터, 정보기기, 네트워크 관련기기 등이 이에 해당된다.

임베디드 시스템은 대부분 실시간적인 요소가 내포되어 있고, 또한 실시간 시스템이 포함되어 있어야 한다.

1.2. 임베디드 시스템의 활용

- 정보가전 : 세탁기, 오디오, 인터넷 냉장고, HDTV 등
- 제어분야 : 공장자동화, 가정자동화, 로봇 제어, 공정제어 등
- 정보기기 : 핸드폰, PDA, 스마트 폰, LBS 등
- 게임기기 : 가정용 게임기(PS2, Xbox, PSP), 지능형 장난감 등
- 항공/군용 : 비행기, 우주선, 로켓, 야전 이동단말(GPS, GIS)
- 물류/금융 : ATM, RFID, 물류단말, 영업단말 등
- 차량/교통 : 자동차, ITS 등
- 사무/의료 : 전화기, 프린터, Heart pacer, 수술로봇
- 네트워크기기 : 교환기, Router, 공유기, 홈 게이트웨이 등

1.3. 임베디드 시스템의 향후 전망

► **프로세서**

- 대부분의 프로세서가 임베디드 시스템용으로 사용한다.
- 데이터 처리용량 증가로 인하여 32비트 코어에서 64비트 코어로 발전한다.
- 고성능의 파이프라인, DSP, 자바 처리 전용 H/W들이 추가된다.
- 많은 종류의 마이크로프로세서/컨트롤러들 중에서 응용에 최적인 제품을 찾아내는 것이 설계에서 매우 어렵고 중요한 작업이다.

► **SOC(System-On-a-Chip)**

- CPU, 메모리, DSP, I/O 등을 하나의 칩으로 만드는 기술로, CPU칩, 메모리 칩, 주변장치 칩 들을 사용하여 설계한다.
- 각 칩에 해당되는 회로를 각각의 IP(Intellectual Property)를 확보해서 한 개의 칩으로 설계한다.
- 수백만 게이트 급의 칩으로 제작된다.

[그림 1-3] 임베디드 시스템의 응용

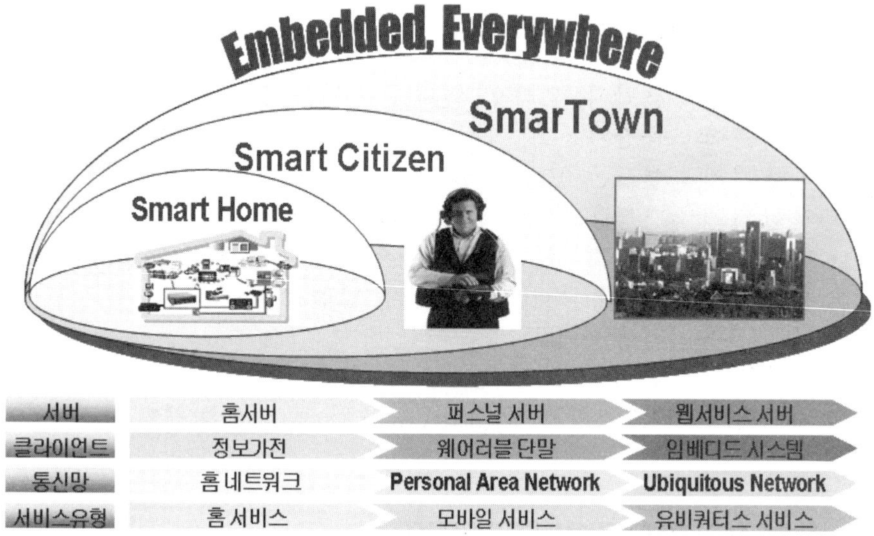

[그림 1-4] 임베디드 시스템의 향후 전망

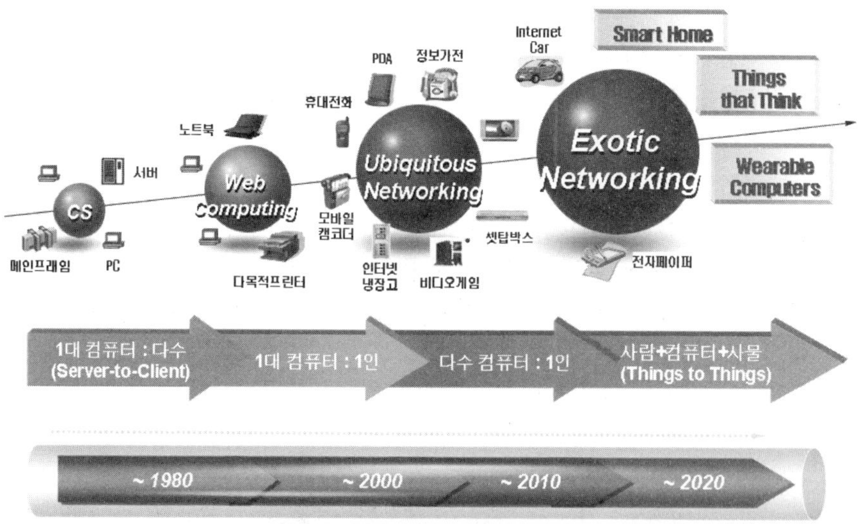

[그림 1-5] 새로운 시대의 가능성

1.4. 임베디드 프로세서 (Marvell Monahans PXA320)

임베디드 프로세서는 8비트에서 64비트까지 다양한 종류와 특징을 가지고 있다.

특히 <표 1-1>에서 보는바와 같이 프로세서의 종류별, 제조사별로 다양한 종류가 생산되고 있다.

본 임베디드 시스템에 사용된 프로세서는 Marvell PXA320 32비트 고성능 프로세서로 제작되었다. PXA320은 기존의 PXA270에 비해 성능 개선, 연장된 배터리 수명을 제공하기 때문에 비디오와 오디오의 재생 능력이 개선되었다. MusicMax기술을 채택한 Wireless Intel SpeedStep은 지능형 전력관리 기능을 제공하므로 가변적 전력상태 변화를 가능하게 하여 사용자들은 배터리 수명에 손상을 주지 않으면서 사용자 단말기에서 최고 30시간까지 MP3를 재생할 수 있다.

PXA320 애플리케이션 프로세서 제품군에 탑재된 Intel VideoMax 기술은 고성능 비디오 능력을 지원하며, PXA320 프로세서 제품군의 미래 버전에도 개선된 해상도를 계속 제공할 것이다. 전력 효율적인 비디오 플레이백과 캡처능력은 고해상도 콘텐츠를 가능케 해주며 풍부한 비디오 품질을 위해 H.264 같은 첨단 코덱을 지원한다. PXA320 제품군은 또한 디지털 카메라의 손떨림방지 같은 첨단 카메라 효과와 최고 5 메가 픽셀까지의 카메라 센서를 지원한다.

<표 1-1> 임베디드 프로세서의 종류

프로세서	제 조 사	종 류
MCS51계열	Atmel, Cirrus, Intel, TI 등	8051, 89C52
PowerPC계열	Motorola(현재 ; Freescale)	MPC860,850,8260
ARM계열	ARM	ARM7, ARM9, ARM10, ARM11
INTEL계열	Intel	StrongARM, Xscale(PXA255), Bulverde(PXA270)
삼성계열	삼성 Korea	S3C2410, S3C2440 등
MIPS계열	MIPS	MIPS32,MIPS63 등
X86계열	AMD, Intel 등	I386,I686 등

PXA320 제품군은 사용자들에게 성능이나 배터리 수명에 손상을 주지 않고 옵션형의 안전한 프레임워크 내에서 이동 중에도 웹 브라우징과 음악 감상 및 최신 비디오 시청을 가능하게 해준다. 무선통신 고객들은 이메일을 검색하거나, WIFI를 통해 액티브 콘텐츠를 열어 보거나, 개인화된 MIDI 통화연결음과 Caller ID를 사용해 휴대전화 통화를 하면서 스테레오 블루투스 헤드셋을 통해 음악을 들을 수 있다. Marvell사의 스토리지, WLAN, 전력관리, VOIP 및 블루투스 솔루션들과 결합할 경우, 개발자들에게 다양한 시장부문들의 요구와 비용을 충족시키는 광범위한 종류의 무선 핸드헬드(Hand held) 기기들을 개발할 수 있는 종합적인 플랫폼을 제공할 것이다.

1.5. 임베디드 소프트웨어

임베디드 소프트웨어란 임베디드 시스템에 탑재되는 소프트웨어를 말한다. 임베디드 시스템의 응용 분야가 다양해지면서, 과거에는 단순했던 임베디드 소프트웨어가 점점 더 복잡하고 다양한 기능을 처리하게 되었다.

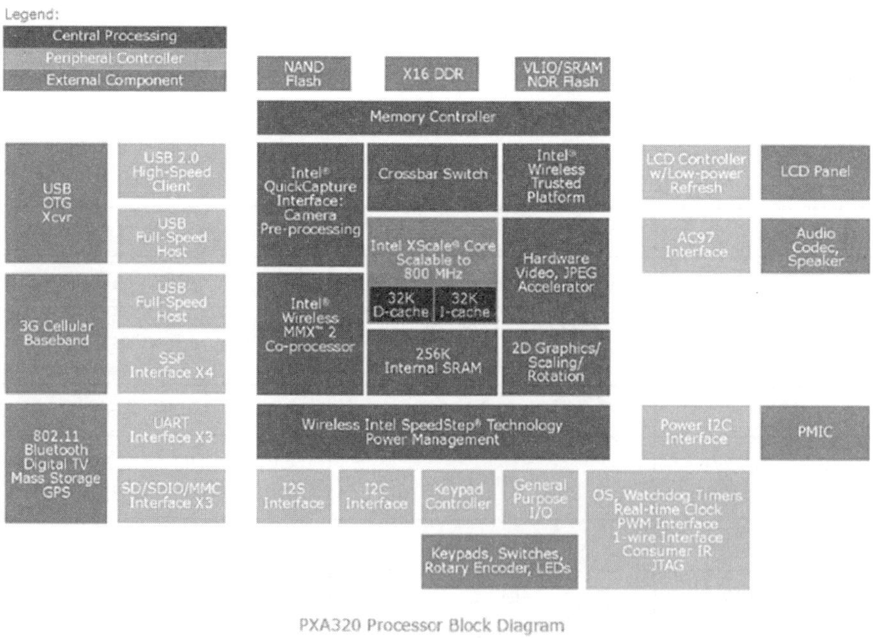

[그림 1-6] PXA320 Processor Block Diagram

<표 1-2> PXA320과 PXA270 비교

	Monahans PXA3x0	Bulverde PXA27x
CPU 클록	최대 클록 주파수; 806MHz - PXA270보다 30% 더 빠른 코어 스피드 ARM구조 v.5TE compliant 시스템 버스의 분리로 병목 현상 제거 LCD 및 Mini LCD Controller로 2개의 LCD를 필요로 하는 Smart phone에 적용 장점	최대 클록 주파수; 624MHz ARM구조 v.5TE compliant
CPU core	ARM11	ARM9
Internal SRAM	6(banks) x 128(KB)=768KB 메모리 버스의 병목현상 제거	4(banks) x 64(KB) = 256KB
Application SRAM	768KB Frame buffer	256KB Frame buffer
Touch screen controller	Touch screen controller 내장	없음
External memory	Separate x32 external memory interfaces for DDR and Flash (Intel Flash or NAND)	Single shared external memory interface
Power consumption	Enhanced wireless Intel SpeedStep technology 동일 주파수에서 PXA270보다 50%까지 전력 소비 감소	Wireless Intel SpeedStep technology
Camera interface	Enhanced Intel quick capture technology 5Mega pixel (2560 x 2048)까지 지원 향상된 카메라 인터페이스	Intel quick capture technology

임베디드 OS를 사용하는 이유는 인공위성이나 미사일 제어 등과 같이 오류에 견실(robustness)한 시스템이나 실시간 시스템을 위해 최적화된 운영체제가 필요하기 때문이다. 이와 같은 경우에는 다양한 목적의 범용적인 운영체제보다는 RTOS(Real Time Operating System)와 같은 특수한 임베디드 OS를 사용한다.

RTOS는 표준 하드웨어 환경이 정해져 있지 않다는 점이 윈도우나 유닉스 등 범용 운영체제와 커다란 차이이며, 이는 곧 응용 프로그램뿐 아니라 운영체제 자체에 대해서도 사용자가 환경을 설정해야 하고 때에 따라서는 포팅 노력이 요구된다는 의미이다. 그리고 시스템의 하드웨어 자원, 특히 메모리 사용에 대해서 많은 제약이 따른다.

예를 들어 일반 OS에서 작동하는 응용 프로그램이 몇 백 KB 메모리를 더 사용한다고 해서 무슨 큰 문제가 되는 것은 아니다. 그러나 임베디드 시스템에서는 메모리를 더 사용하면 그만큼 제품 가격이 상승하고, 특히 이동 환경에서는 제품의 크기와 전지의 사용 시간에도 직접적인 영향을 주게 된다.

RTOS는 실시간 처리에 대한 강력한 지원과 통합 개발 및 디버깅 환경을 지원한다. RTOS의 종류는 대단히 많이 있으며, 대표적으로 화성 착륙선인 패스파인더(PathFinder)와 혼다에서 만든 로봇인 아시모(ASIMO)의 운영체제로 쓰인 윈드리버(WindRiver)의 VxWorks, ISI에서 개발해서 지금은 윈드리버에 통합된 pSOS, Mentor Graphics의 VRTX, 윈도우 CE 닷넷, 윈도우 XP 임베디드, 임베디드 리눅스 등이 있으며 교육용으로 만들어진 uC/OS-II가 있다.

► 임베디드 시스템의 운영체제(OS)

임베디드 시스템(embedded system)이라는 것은 통상적으로 일반적인 시스템과는 달리 특정한 작업만을 수행하도록 설계되며 초기의 임베디드 시스템은 비교적 아주 단순해서 특별한 운영체제가 필요 없이 사람이 순차적인 프로그램을 작성해서 실행하도록 되어있고, 실행 도중에 인터럽트가 발생되는 경우에만 그 순차적인 프로그램에서 잠시 벗어나는 정도였다. 이전의 임베디드 시스템들은 주로 간단하고 단순한 순차적인 작업에 관련되었기 때문에 굳이 운영체제(OS : Operation System)를 사용한다는 것은 낭비가 되었고 그럴 필요조차 없었다.

최근의 임베디드 시스템 분야에서는 그 시스템 자체가 상당히 커지게 되고, 네트워크나 멀티미디어가 시스템에 기본으로 포함되면서 임베디드 시스템이 해야 할 일들도 많아지고 복잡해졌기 때문에 순차적인 프로그램을 작성하기가 매우 어렵게 되었다.

따라서 임베디드 시스템에서는 운영체제의 개념이 필요하게 되었고 임베디드 시스템의 특성상 실시간(real time)이라는 요소를 만족해야 하였으므로 실시간 운영체제가 임베디드 시스템에 도입되게 되었다.

지금도 실시간 RTOS를 채택하여 개발 되는 제품들이 점점 늘어나고 있는 추세이며, 이제는 수 많은 임베디드(embedded)시스템에서 그 목적에 맞게 실시간 운영체제와 함께 적절하게 사용되고 있는 실정이다.

그리고 임베디드 운영체제(embedded operating System)는 크게 아래와 같이 RTOS(Real Time OS)와 GPOS(General Purpose OS)로 분류할 수 있다.

► **Window CE**

Window CE는 마이크로소프트사에서 개발한 임베디드 시스템용 운영체제이다.

마이크로소프트社(이하 MS)는 임베디드 시장에 대한 공략을 위해 1996년 윈도우 CE를 발표했다. MS에서 제작된 기존의 윈도우 인터페이스에 모바일 네트워크 기능을 강화해 가전제품, PDA, 셋톱박스 등에 주로 사용되고 있다. 적외선 통신, 웹 브라우징 기능 이외에도 편리한 개발환경을 가지고 있으며 UI가 기존의 윈도우와 매우 유사하게 제작돼 있어 대부분의 사용자들은 별도의 학습 없이도 바로 사용이 가능하다. 또한 윈도우 CE 계열의 PDA는 흑백 및 컬러 디스플레이가 가능하며 동영상, WAV, MP3 등 멀티미디어 파일의 재생이 가능하여 PDA의 엔터테인먼트 기기화를 가져왔다.

또한 PC용의 윈도우 OS나 각종 오피스 프로그램들과 완벽한 호환이 가능해 기존의 데스크톱이나 노트북에서 가능하던 각종 애플리케이션들을 PDA에서도 그대로 사용할 수 있다는 이점이 있다. 그러나 제한적인 하드웨어를 가진 임베디드 시스템에 너무 많은 기능을 구현하려 했기 때문에 느린 실행 속도와 불편한 UI를 초래했다.

이를 개선해 MS는 2000년 4월 윈도우 CE 3.0을 개발하고 기존의 윈도우 CE와는 전혀 다른 것이라는 것을 강조하기 위해 그것을 포켓PC(PocketPC)라고 명명했다. 포켓PC의 등장으로 기존 윈도우 CE에서 보여주었던 수행속도의 저하와 비효율적인 하드웨어의 활용 등의 문제점들이 보완됐다. 윈도우 PC는 사운드와 동영상 재생 및 컬러 디스플레이 구현 등 다양한 멀티미디어 기능을 기본적으로 제공하며 PC와의 호환성이 뛰어나다. 또한 포켓 인터넷 익스플로러를 기본으로 내장해 모바일 인터넷을 실현했다. 더구나 데스크톱과 거의 흡사한 UI를 갖춤으로써 윈도우에 익숙한 사용자들을 쉽게 끌어들이고 있다. 그럼에도 불구하고 PDA 업계에서 윈도우 CE의 시장점유율은 팜 OS에 미치지 못했다. 하지만 유명 PDA 업체들이 윈도우 CE 채용 제품들을 대거 출시함에 따라 점유율은 계속 증가되어 역전 추세에 있다.

윈도우 CE는 성능이 상당히 우수하며, 특히 GUI환경과 많은 어플리케이션을 가지고 있어서 현재 널리 사용되고 있다. 멀티태스킹 오퍼레이팅 시스템인 Windows CE는 32개에 달하는 동시 프로세스를 지원하고, 각각의 프로세스는 어플리케이션의 단일 개체이다. 또한, 멀티스레딩 지원은 각각의 프로세스가 다중 실행 스레드를 생성할 수 있게 한다. 스레드(Thread)는 다른 부분들과 병행하여 실행되는 프로세스의 한 부분이며 스레드들은 독립적으로 실행되지만 각각의 스레드는 특별한 프로세스에 속하고 같은 메모리 공간을 공유한다.

스레드들의 총 수는 단지 사용 가능한 물리적인 메모리에 의해 제한된다. Windows CE는 최소의 프로세서 자원에서 스레드 동기화를 실현한다. 그리고 다른 많은 오퍼레이팅 시스템과는 다르게 Windows CE는 스레드와 관련된 작업, 즉 스케줄링, 동기화, 자원관리 등을 다루는 것은 커널을 이용한다.

따라서 어플리케이션은 다른 스레드 함수들로 프로세스나 스레드의 수행과 완료를 위한 폴(poll)이 필요하지 않다. Windows CE는 선점형이기 때문에 우선순위가 더 높은 프로세스나 스레드가 선점적인 실행을 해야 한다. 그것은 스레드 스케줄링을 위해 여섯 개 등급인 스레드 우선순위를 기초로 한 시분할 알고리즘을 사용한다. Windows CE는 사용자가 설정 한 만큼의 네트워크 스택(Stack)을 제공한다. 네트워크 통신들은 적외선 통신, 이더넷, 무선 통신을 포함한 여러 가지 하드웨어를 지원한다. 비록 네트워크 스택이 윈속(Winsock) 인터페이스를 통해 유일하게 접근할 수 있어도 Windows CE는 내부적으로 윈속 연결을 설정하고 관리하는 섬세한 부분을 다루는 여러 가지 상위 레벨의 API들을 제공한다.

WinInet API는 FTP와 HTTP 1.0을 포함한 인터넷 브로우징 프로토콜들을 지원한다. 또한 Secure Sockets Layer(SSL) 2.0, Secure Sockets Layer(SSL) 3.0 그리고 Private Communication Technology(PCT) 1.0을 포함한 세 가지 보안 프로토콜의 접근을 제공한다. WinInet API는 Common Internet File System(CIFS) 리디렉터를 통한 원격 파일 시스템의 접근을 제공한다. 적외선 통신을 위해 Windows CE는 산업 표준 IrDA 프로토콜들을 사용하는 소켓 기반 적외선 통신이 가능한 IrSock을 지원하며, 이

는 윈속에서 확장되었다.

Windows CE는 윈속으로써 네트워크 스택과 동일한 레벨인 RAS 클라이언트를 제공한다. 인터넷을 위해 개발된 TCP/IP 프로토콜 그룹은 가장 복잡하고 넓게 알려진 네트워크 프로토콜이다. 그것은 광범위한 시스템에 의해 지원되고 Windows CE 네트워크 스택의 핵심을 형성한다. 많은 윈도우 기반 이동 장치들은 무선 통신을 사용할 수 있다. 그러나 전통적인 TCP/IP 스택은 유선 네트워크에서 효과적인 함수에 의해서 만들어지기 때문에 무선 기술에서는 불충분하게 동작 할 수 있다.

그러나 Windows CE TCP/IP 스택은 무선 네트워킹을 위해 설정되게 디자인 되었다. 네트워크 스택의 기반에 있어서 Windows CE는 시리얼 연결 네트워크와 LAN을 위해 데이터 연결 계층을 지원한다.

많은 Windows CE 기반 장치들은 모뎀과 같은 시리얼 통신 연결을 사용하여 네트워크에 연결한다. 시리얼 연결 네트워크를 지원하기 위해 Windows CE는 많이 사용되는 Serial Line Internet Protocol(SLIP)와 Point-to-Point Protocol(PPP)를 구현하였다.

Password Authentication Protocol(PAP), Challenge Handshake Authentication Protocol(CHAP)와 Microsoft CHAP의 세 가지 프로토콜들은 시리얼 연결 통신에 사용하고 있다. LAN 연결에 대한 지원으로 Windows CE에서는 NDIS(Network Driver Interface Specification) 4.0으로 구현하였다.

그리고 Windows CE를 여러 가지 다른 플랫폼의 사용자 입력 요구를 받아들일 수 있게 선택할 수 있다.

키보드, 입력 패널, 음성 그리고 스타일러스는 Windows CE를 기반으로 한 장치들의 사용자 입력 방법이다.

MS는 윈도우 CE 3.0의 소스 코드를 공개한 후 2002년 초 코드명 탈리스커(Talisker)로 알려졌던 윈도우 CE 닷넷과 윈도우 XP 임베디드를 공식 발표했다. MS는 윈도우 CE 닷넷을 Non-X86 프로세서 계열이거나 실시간이 요구되는 시스템에 대해 사용을 권고하고 있으며 PC 운영체제인 윈도우 XP 프로페셔널의 컴포넌트 버전인 윈도우 XP 임베디드는 네트워킹과 서버 기능을 수행하는 시스템 개발에 권장하고 있다.

1.6. 임베디드 리눅스 시스템(Embedded Linux System)

► **리눅스란 ?**

리눅스는 운영체제이다. 운영체제란 하드웨어와 응용프로그램, 혹은 사용자 사이에서 시스템을 제어하고 운영하는 프로그램이다. 엄밀한 의미로 말하면, 리눅스는 프로세스 스케줄링, 가상 메모리, 파일 관리, 장치 입/출력이라는 기본적인 서비스를 제공하는 운영체제의 커널일 뿐이다.

초기의 리눅스는 핀란드 헬싱키 대학의 교수에 의해 개발된 유닉스 기반의 마이크로 커널 구조를 가지는 인텔 프로세스에서 동작하는 운영체제인 미닉스(Minix)를 이 대학 학생인 리누즈 토발즈(Linus Torvalds)가 수정하여 인터넷에 공개한데서 부터 출발한다. 그 이후 리눅스는 전 세계의 해커들에 의해서 지속적으로 수정 보완 되면서 급속히 발전하여 왔다.

또한 리처드 스톨만(Richard Stallman)에 의해 창시된 자유 소프트웨어 재단(FSF : Free Software Foundation)과 노선을 함께하여 GNU GPL (General Public License)하에 커널 소스를 공개하여 오늘에 이르고 있다. 이러한 소스 코드 공개에 기초한 자유 소프트웨어 정신에 입각하여 리눅스는 해커들에 의해 급속한 진전을 이루었으며, 비로소 1994년 5월에 커널 버전 (리눅스 커널 버전이 홀수이면 개발 버전, 짝수이면 안정 버전임을 의미한다) 1.0.0이 발표되었고 1996년 6월에는 커널 버전 2.0.0이 발표되었다. 그리고 2001년 1월에는 커널 버전 2.4.0이 발표되었다. 이제 리눅스는 저렴한 중소형 컴퓨터뿐만 아니라 서버급 컴퓨터에 널리 사용되고 있는 실정이다. 또한, 최근에는 크기를 현격히 줄여 임베디드 시스템에 리눅스가 포팅되어 임베디드 운영체제로 각광받고 있다.

리눅스는 유닉스 시스템의 표준 인터페이스로 자리 잡고 있는 POSIX 표준을 따르고 있으나, 진정한 자유 소프트웨어를 구현하기 위해 유닉스 소스 코드 사용을 배제하고, 모든 소스를 새로 작성하였다. 초기의 리눅스는 i386이상의 x86 CPU를 탑재한 PC에서 운영되는 것을 목표로 하였으나, 현재에는 Macintosh, SPARC, MIPS, Alpha 머신 등에서 동작하는 최고의 이식성을 자랑하는 운영체제가 되었다.

리눅스는 진정한 개념의 멀티태스킹이 가능하며, 가상 메모리를 구현하며, 공유 라이브러리, 메모리 관리, TCP/IP 네트워킹과 유닉스 계열 시스템들이 가지는 특징들을 포함하는 공개 운영체제인 것이다.

리눅스는 상용 임베디드 OS보다는 실시간적 요소를 충족하지 못하고 윈도우 CE보다는 개발환경이 좋지는 않지만, 오픈소스에 라이센스 비용이 없기 때문에 커널 크기를 줄여 다양한 임베디드 시스템의 개발에 유리하다.

리눅스는 소스를 공개하는 오픈소스 정책을 따르는 관계로 관련 개발자가 세계 곳곳에 있어 현지의 응용 프로그램을 개발할 수 있는 개발자 층이 넓다는 것이 다른 OS들과 구별되는 큰 장점이다. 이에 따라 리눅스를 채용한 임베디드 시스템은 다른 제품에 비해 가격 경쟁력이 우수하고 다양한 응용 프로그램의 개발이 가능할 것으로 기대된다.

임베디드 리눅스는 소스 공개와 아울러 안정성, 신뢰성 및 성능의 확보에 따라 활용도가 급격히 증대되고 있으며, 레드햇(RedHat), 몬타비스타(Montavista), 리니오(Lineo)등이 임베디드 리눅스 개발 및 기술 지원 사업에 주력하고 있다.

임베디드 리눅스 운영체제는 특정 어플리케이션에 맞도록 리눅스 커널을 최적화 한 것이다. 이는 라이센스비가 무료이며, 커널 소스 또한 공개되며 현재 전 세계의 수 많은 개발자들에 의해 지속적으로 업데이트 되고 있다.

그러나 임베디드 리눅스는 열악한 개발환경에 따른 개발기간에 대한 부담과 라운드로빈 방식의 스케줄링을 하므로 실시간 시스템에는 적합하지 않다는 문제점을 가지고 있다. New Mexico Tech. 대학에서 기존 리눅스 커널에 실시간 기능을 추가한 RT-Linux를 개발했다. 또한 오픈소스 진영에서는 임베디드 리눅스를 기반으로 한 표준화를 통해 시장 확대를 도모하였으며, 2000년에 Agilent, Alcatel, HP, IBM, Windriver, ARM, Motorola 등이 참여하는 세계 최대 규모의 임베디드 리눅스 컨소시엄(ELC : Embedded Linux Consortium)이 결성되어 임베디드 리눅스 및 실시간 운영체제 API 표준인 EL/IX(Embedded Linux based on POSIX)를 기반으로 플랫폼 표준화를 추진하고 있다.

임베디드 운영체제 시장은 전통적인 RTOS 중심에서 다기능 임베디드 OS 중심으로 발전하는 추세에 따라 VxWorks, pSOS 등의 RTOS의 시장 성장률이 둔화되고 있으며, 전용 실시간 임베디드 시스템에서 높은 시장 점유율을 보였던 VxWorks, pSOS, VRTX와 같은 전통적인 RTOS는 2001년을 기점으로 시장 점유율이 하락하고 있다.

2003년에는 임베디드 리눅스, 임베디드 윈도우 CE 및 팜 OS 등의 임베디드 OS 시장이 기존의 RTOS 시장을 능가할 것으로 예측된다. 전통적인 RTOS의 시장 점유 하락으로 임베디드 OS 시장에서는 MS와 임베디드 리눅스가 시장 선점을 위해 치열한 각축을 벌일 것으로 예상된다.

► **임베디드 리눅스의 장점**

- 산학연계에 걸친 수많은 사용자들로부터 지난 수년간 직접 사용되면서 검증되어, 효율적이고 안정적이다.
- 오픈 소스이기 때문에 소스 코드 자체가 공개되어 있고, 이의 공급에 따른 로열티 자체가 없기 때문에 부담 없이 쉽게 자체 개발 아키텍처에 공급할 수 있다.
- 리눅스 커널 자체가 태생적으로 모듈 형식의 코드로 이루어져 있어 쉽게 최소 및 최적화가 가능하다.
- 네트워킹 어플리케이션에 필수적인 TCP/IP, PPP, X.25, HDLC, FDDI 등의 네트워크 코드를 가지며 그 종류에 있어서도 다양하고 무료로 사용할 수 있어 개발에 용이하다.
- 네트워킹 디바이스에서 현존하는 거의 대부분의 프로세스에 포팅되어 있고 대부분의 컨트롤러를 위한 디바이스 드라이버가 제공되기 때문에 그 공급 영역 또한 방대하다
- 사용자뿐만 아니라 개발자 그룹의 크기도 오픈 소스이면서도 개발을 위한 자체 툴과 라이브러리를 가지고 있는 현대적인 운영체제라는 특성에 맞물려 전 세계적으로 거대한 수의 개발자들이 존재한다. 따라서 어플리케이션은 물론 자체 문서도 거의 모든 영역에 대해 상용 운영체제 못지않게 잘 이루어져 있다.
- 이미 PC상에 리눅스 어플리케이션과 커널의 개발에 익숙한 사람들에게 있어 임베디드 리눅스는 자신에게 익숙한 환경을 제공하기 때문에 쉽게 임베디드 어플리케이션을 개발할 수 있게 해준다. 또한, 개발 툴은 어떤 운영체제나 아키텍처 상에도 포팅이 되어 있으므로 한번 개발 툴에 익숙해지면 개발 환경에 제약이 없어진다는 장점이 있다.
- 실시간(Real-time)을 지원하여 지금까지 상용 OS에 열세였던 실시간성을 크게 확보하고 보다 다양한 분야에 공급을 할 수 있다.

► 임베디드 리눅스의 단점

- 임베디드 리눅스(Embedded Linux) 상에서 실행될 수 있는 어플리케이션이 상당히 부족한 실정이다. 따라서 임베디드 리눅스를 OS로 채택하고 이를 확산 시키는 데 걸림돌이 되고 있는 실정이다.
- 임베디드 리눅스를 이용하여 개발환경에 접근하는데 어려움이 존재한다. 커널을 비롯하여 네트워크 및 각종 개발 도구 등, 다루어야 하는 내용이 방대하므로 단시일 내에 전문적인 개발자 양성에 문제가 있다.

1.7. 임베디드 시스템 개발 환경

► 임베디드 시스템 개발 환경의 개요

임베디드 시스템을 개발할 때, 전체 시스템의 가격이나 소비되는 전력을 낮추기 위해 하드웨어 및 소프트웨어의 많은 제한을 가하게 된다. 따라서 임베디드 시스템에 사용하는 OS는 일반적인 일반 OS보다는 시스템에 특화된 운영체제를 사용한다.

임베디드 시스템을 개발하기 위해서, 기본적으로 다음과 같은 요소들이 갖춰져 있어야 한다. '호스트PC(Host PC)'는 임베디드 시스템 개발을 위한 컴퓨터를 말하며, '타겟PC(Target PC)'은 실제 임베디드 시스템이 설치된 개발하고자 하는 하드웨어를 말한다. 호스트에는 개발을 위한 개발 툴(Tool), 개발된 응용 프로그램을 임시로 수행해 볼 수 있는 타겟 시뮬레이터, 타겟과 연결되어 타겟에 개발된 이미지를 업로드하거나 타겟에 반응하는 디버그 에이전트를 통해 원격 디버깅을 할 수 있게 하는 타겟 서버가 설치돼 있다. 또한 타겟에는 호스트에서 만들어져서 설치된 여러 컴포넌트가 존재하는데 타겟을 부팅하기 위한 부트 로더와 커널, 그리고 임베디드 응용 프로그램이 존재하게 된다. 호스트에 설치된 개발 툴에는 타겟에서 수행될 수 있는 바이너리를 생성하는 크로스 컴파일러가 존재하며 그 밖에 오류를 검색해 주는 디버거 등으로 이루어져 있다.

► 임베디드 시스템 개발 과정

임베디드 시스템 개발 과정은 대략적으로 1)부트 로더 개발, 2)커널, 디바이스 드라이버 및 파일 시스템 개발, 3)응용 프로그램 개발의 세 단계로 볼 수 있다.

1) 부트 로더(Boot Loader) 개발

부트 로더는 타겟 보드에 전원이 인가되면 부트 롬(Boot ROM)으로부터 가장 먼저 수행되는 프로그램이다. 보통 부트 로더는 OS의 커널을 로드하는 순수 로더로서의 기능뿐만이 아니라 현재 레지스터나 메모리 값, 버스 상태 등을 살펴볼 수 있는 모니터 기능, 기초적인 네트워크 모듈을 내장해 네트워크를 통한 커널을 다운받아서 커널 로드를 할 수 있는 기능을 포괄하고 있다. 부트 로더는 보통 부트 롬에 내장되어 있으며 부트 로더를 새로 작성하여 타겟에 설치하려면 호스트와 JTAG 인터페이스 혹은 기타 인터페이스를 통하여 설치할 수 있으며 이외의 방법에는 롬 라이터를 이용하여 롬에 구워서 설치할 수 있다.

대부분 상용 임베디드 OS에서는 부트 롬 부분을 BSP(Board Support Package)라 불리는 패키지의 일부분으로 규정하고 있다. 반면 임베디드 리눅스의 경우는 규격화된 BSP가 존재하지 않으므로 하드웨어 벤더가 리눅스용 BSP를 제공하지 않을 경우 부트 롬 부분을 각 하드웨어 플랫폼에 맞게 작성해야 한다.

2) 커널, 디바이스 드라이버 및 파일 시스템 개발

커널 및 디바이스 드라이버의 개발은 호스트의 임베디드 시스템 개발 툴에서 이루어진다. 개발을 위해서는 개발자가 먼저 시스템에 대한 하드웨어 사양을 숙지해야 하며 이를 바탕으로 커널 및 디바이스 드라이버를 설정하게 된다. 이렇게 생성된 커널 및 디바이스 드라이버들은 부트 롬과 같이 하나의 이미지 파일 형태로 되어 부트 롬에 저장되거나 별도의 저장 장치에 파일 시스템을 통한 파일 형태로 구현된다. 만일 부트 롬의 용량이 작거나 기타 저장장치가 없는 경우 부트 로더에서 네트워크 모듈을 통해 별도의 서버로부터 커널을 다운받아 부팅이 진행될 수도 있다. 특히 부트 롬이나 저장장치의 용량이 제한적일 경우는 커널 이미지 자체를 압축해 저장되는 것이 일반적이다.

3) 임베디드 응용 프로그램

임베디드 응용 프로그램은 앞에서 구현된 커널과 파일 시스템을 바탕으로 수행된다. 응용 프로그램의 개발은 커널과 마찬가지 방법으로 호스트에서 생성이 가능하며 호스트에 설치된 개발 툴의 크로스 컴파일러에 의해 타겟 보드에 맞는 바이너리가 생성되게 된다. 생성된 응용 프로그램의 실행은 임베디드 OS 개발 툴 내의 타겟 에뮬레이터나 실제로 타겟 보드에 옮겨서 실행이 가능하다. 또한 응용 프로그램은 네트워크를 이용한 원거리 디버깅을 이용하거나, JTAG 인터페이스를 이용한 디버깅을 통하여 에러를 확인해 볼 수 있다.

02

X-Hyper320TKU 임베디드 시스템 구성 및 성능

2.1. X-Hyper320TKU 임베디드 시스템 특징

본 장에서는 마벨 모나한(Manahan) PXA320기반의 X-Hyper320TKU 임베디드 시스템에 대한 주요특징 및 임베디드 시스템 사양에 대하여 서술하였다.

본 임베디드 시스템은 최신의 임베디드 시스템 기술이 적용된 교육용 실험 실습장비이다. Bulverde 후속인 Marvell PXA320 프로세서 기반으로 제작되어 모바일용에 적합한 멀티미디어 및 전력관리 기술이 강화 된 첨단 교육 임베디드 실험 장비이다.

2.1.1. 주요 특징

► 본 장비는 CPU보드 + 메인보드 + IEB 보드 로 모듈별 구성되어 있어 추가 기능을 위한 확장 및 CPU 업그레이드, FPGA 독립 실험 등 이 가능한 특징이 있다.

► PXA320은 PXA270 보다 더 빠른 Core Speed (806MHz)를 제공한다.

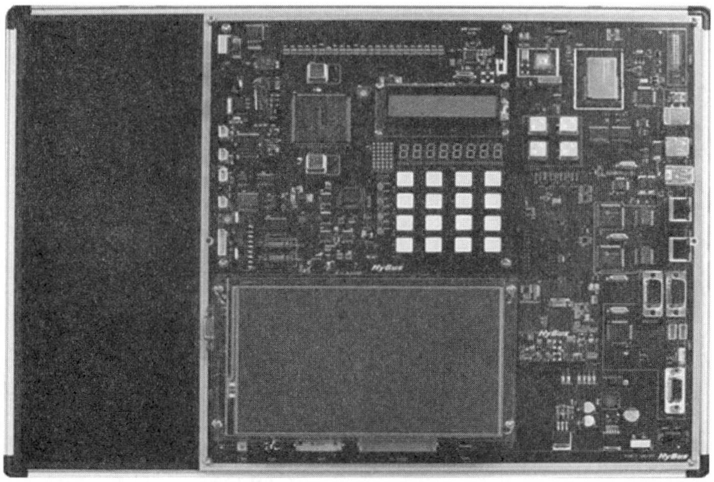

[그림 2-1] X-Hyper320TKU 임베디드 시스템 장비 모습

► 266MHz DDR SDRAM의 사용으로 SDRAM보다 성능이 뛰어나, 빠른 프로그램 실행 속도를 가지고 있다(266MHz DDR SDRAM 128Mbyte).

► PXA320은 내부 SRAM용량이 768K Byte(PXA270은 256K)이어서 800 x 480 LCD를 사용했을 경우, Refresh를 위한 Frame Buffer를 내부 SRAM으로도 사용이 가능하다. 따라서 저 전력으로 LCD를 구동할 수 있고, 인터페이스 또한 빠르게 동작한다.

► NAND Flash의 사용으로, NOR Flash보다 가격이 저렴하며, 보드 수정 없이도 용량이 더 큰 NAND Flash로 교체가 가능하다.

► LCD 및 Mini LCD Controller를 가지고 있어 2개의 LCD를 필요로 하는 Smart Phone에 적용에 가능하다.

► Touch Controller가 기본 내장되어 별도의 외장 Touch controller가 필요 없다.

► DMB 장착으로 DMB 시청 및 교육이 가능하다.

► Wireless LAN 모듈이 기본 장착되어 있다.

2.2. X-Hyper320TKU 임베디드 시스템 구성

2.2.1. X-Hyper320TKU 하드웨어 사양

► CPU 보드

X-Hyper320TKU 임베디드 시스템은 CPU 보드가 별도로 제작되어 있다. 모듈형태로 제작되어 PXA310, PXA300 등 다른 CPU로 업그레이드 및 변경이 가능하게 설계되어있다. 본 CPU 모듈을 사용하여 사용자가 별도 임베디드 장비 제작도 가능하다. CPU보드 하드웨어 사양은 <표 2-1>과 같으며 [그림 2-2]는 실제 CPU보드의 실물 사진이다.

<표 2-1> CPU 보드 사양

분 류	항 목	내 용
CPU	PXA320(806MHz)	Monahans-P
메모리	NAND Flash memory 128MByte	
	266MHz DDR SDRAM 128MByte	
PMIC	PMIC(Power Management IC)	MAX8660

[그림 2-2] X-Hyper320TKU 임베디드 시스템 (CPU 보드)

► 메인 보드

X-Hyper320TKU 임베디드 시스템의 메인보드이며 DMB, TFT 7" LCD, Wireless LAN, Ethernet, USB 등 고급 디바이스들이 장착되어 첨단 장비 개발이 가능하다. 하드웨어 사양은 <표 2-2>와 같으며 [그림 2-3]은 실제 메인보드의 사진이다.

<표 2-2> 메인보드 사양

분 류	항 목	내 용
외부 장치	CPLD	Xilinx CoolRunner-II
	USB Host 2.0 2 Port	TD242LP
	Display	7" Wide TFT Color LCD
	Touch Screen	CPU 에 내장
	IDE I/F	mini IDE
	Analog RGB(VGA Monitor)	THS8135
	Ethernet(10/100)	2 Port
	Wireless LAN	Max 54Mbps, IEEE802.11g/b
	Audio-AC97 (WM9712)	Speaker 내장
	DMB	DMB 모듈
	Camera	CMOS Camera 1.3M Pixel
	GPS	GPS Module
	USB	USB Host/Client 1.1 각 1 port
		USB Host 2.0 2 port
		USB Client 2.0 1 port
	UART	Debug(RS232), GPS(TTL), FFUART(RS232) : 3 port
		Bluetooth(RS232), IrDA(TTL), RS232, TTL : 4 port
	VGA	VGA I/F
	Key Button / LED	GPIO 4 EA
	Mic, Speaker	Jack Type
	MMC/SD	MMC/SD 1Slot
확장 커넥터	160 pin	2.54mm pitch

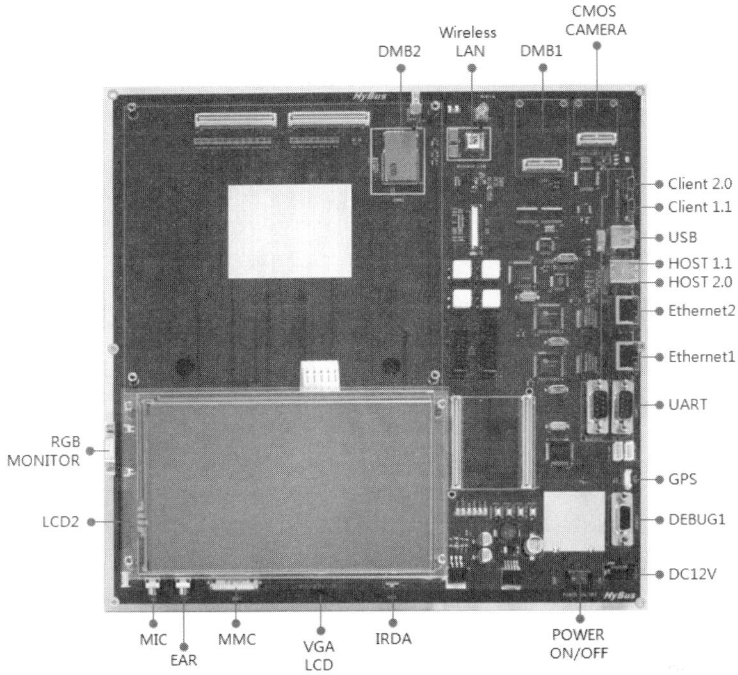

[그림 2-3] X-Hyper320TKU 임베디드 시스템 (메인 보드)

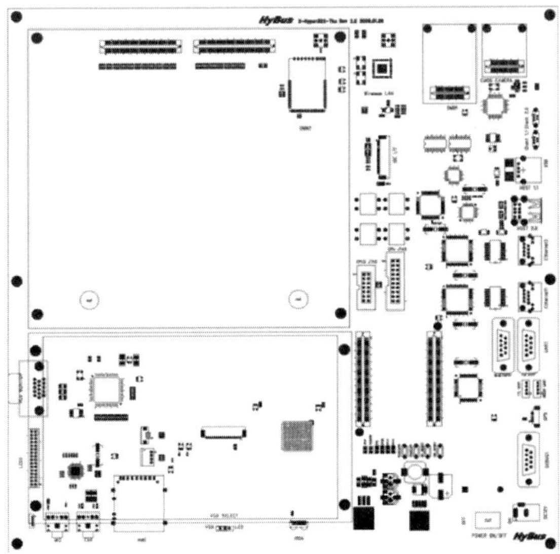

[그림 2-4] X-Hyper320TKU 임베디드 시스템 (메인 보드) 부품 배치도

► IED 확장 보드

임베디드 시스템의 기초 실험을 위해 기본 디바이스만을 모아 놓은 IEB 확장 보드를 제작하여 학생들이 기본 디바이스로 처음에 교육하고 추후에 고급 디바이스로 공부 할 수 있도록 단계별 교육이 가능한 장비이다. IEB 확장보드의 사양은 <표 2-3>과 같으며 [그림 2-5]는 IEB 확장 보드의 실물 사진이다. [그림 2-6]은 X-Hyper320TKU의 전체 블록도를 나타낸다.

<표 2-3> IEB 확장 보드의 하드웨어 사양

분류	항 목	내 용
FPGA	EP1C6240PQFP	Cyclone (PQFP-240)
Programming ROM	EPC2	EP2(PLCC/SOCKET)
RF 디바이스	CC2420	CC2420(QLP48)
DC 모터 제어	L298	DIP
Step 모터 제어	L297	DIP
ADC	ADC0804	8 bit
DAC	DAC0800	8 bit
7-Segment	7-Segment * 8	8
DOT Matrix	DOT Matrix	5 x 7
문자 LCD	문자 LCD	2 x 16

[그림 2-5] X-Hyper320TKU 임베디드 시스템(IEB확장 보드)

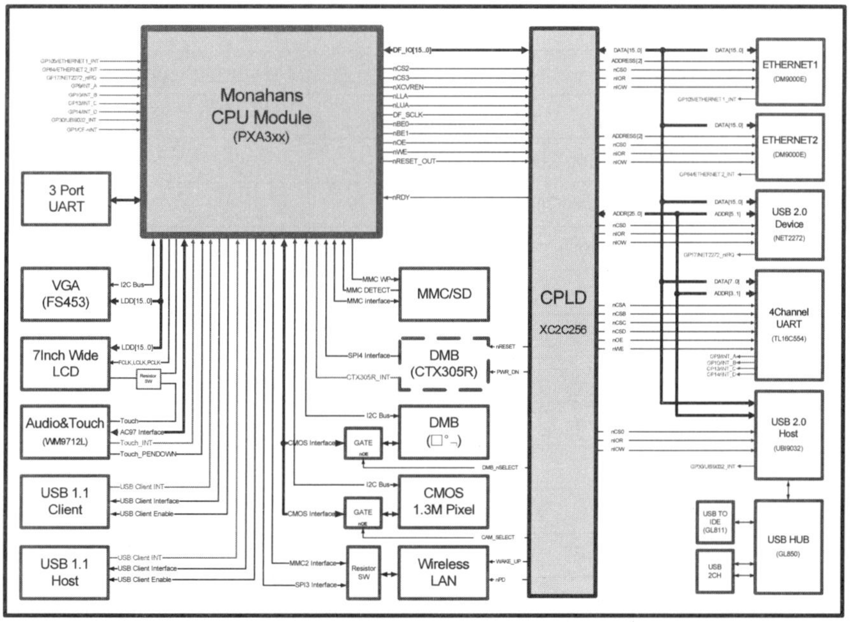

[그림 2-6] X-Hyper320TKU 블록 다이어그램

2.2.2. X-Hyper320TKU 소프트웨어 사양

► 소프트웨어 사양

<표 2-4> 소프트웨어 사양

분 류	항 목	내 용
O/S	Linux	Linux 2.6.11
Compiler	GNU Tool for ARM	
JTAG	XDB	OPTION
파일시스템	JFFS2(Rootfile system) ext2, ext3, YAFFS, RAMFS, NFS	
Bootloader	hybus-boot320	
GUI	GTK QT/Embedded	
디바이스 드라이버	Ethernet	10/100Base-T
	Wireless LAN	Max 54Mbps, IEEE802.11g/b
	TFT LCD	7 inches TFT LCD Interface
	Touch Screen	Touch Screen Controller(int.)
	AC'97 Codec	Audio
	PMIC	Power Management IC
	MMC/SD	
	USB 1.1 Host/Client	
	USB 2.0 Host/Client	
	CMOS Camera	CMOS Camera 1.3M Pixel
	PCMCIA/CF	
	VGA	
	IDE	mini-IDE
응 용	Tiny X-Server	
	MatchBox	Windows manager
	MP3 Player	
	동영상 Player	MPEG1,2,4, WMV1/2/3, DivX 5
	Web Browser	
	USB Cam	OV511 CAM 지원
	Access Pointer	802.a, 802.b

► IEB 확장보드의 소프트웨어 사양

<표 2-5> IEB 확장보드의 소프트웨어 사양

분 류	항 목	내 용
디바이스 드라이버	DC Mocter Control	L298
	Step Mocter Control	L297
	ADC	ADC0804
	DAC	DAC0800
	7-Segment	8 ea
	DOT Matrix	5 * 7
	Character LCD	2 * 16
응 용	IEB Test Program	

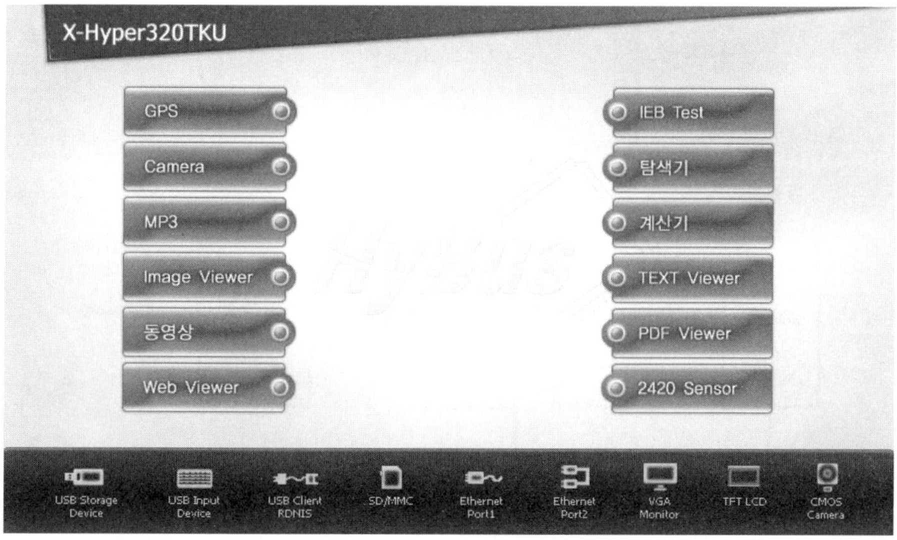

[그림 2-7] X-Hyper320TKU 응용 GUI 화면

► X-Hyper320TKU GUI Application

본 장비는 [그림2-7]처럼 응용 프로그램을 GUI 형태로 제작하여 동작할 수 있도록 제작되어 있다. 임베디드 시스템에서 응용프로그램에 대한 요구가 많아지는 실정에서 이와 같은 아이콘을 학생들이 직접 제작하여 연동 실험한다면 좋은 효과가 있을 것이다.

2.3. X-Hyper320TKU 임베디드 시스템 세부 장치 설명

2.3.1. 전원

X-Hyper320TKU의 전원 구성은 [그림 2-8]의 블록다이어그램으로 구성되어 있다.

X-Hyper320TKU 보드는 DC 12V(2A 이상)를 사용한다. DC 12V 전원 소스는 IEB 보드에 전원을 공급하며, CPU Module은 DC 5V 전원 소스로 전원을 공급한다. 보드 내부의 전원 공급은 DC 5V와 DC 3.3V로 분리되어, 보드 전체 디바이스에 전원을 공급해 주고 있다.

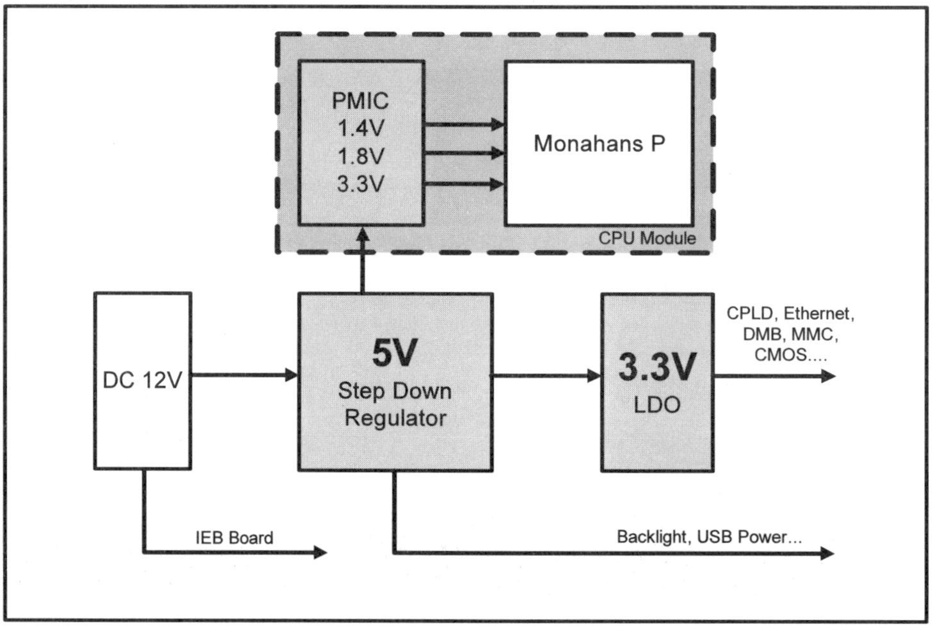

[그림 2-8] X-Hyper320TKU 전원 블록 다이어그램

2.3.2. 시스템 버스

PXA320 CPU의 System Bus는 두 가지 종류가 있다. 하나는 DDR SDRAM 전용 Bus(EMPI)와 다른 하나는 FLASH 및 외부 디바이스를 위한 DFI Bus이다. DFI Bus는 기존 Intel PXA CPU들과 달리 16bit Bus이며, 순차적으로 Address /Address /Data 순으로 access하는 Multiplex 방식을 사용한다. 이는 3개(nLLA, nLUA, nXCRVEN) Signal에 의해 상/하위 Address, Data로 구분된다. 외부 디바이스들을 제어하기 위해서, 이와 같은 Multiplex 방식을 VLIO(Variable Latency)방식이나 SRAM Interface 방식으로 변환해 주어야 한다. X-Hyper3320TKU에서는 이와 같은 변환 과정이 CPLD에 구현 되어 있다.

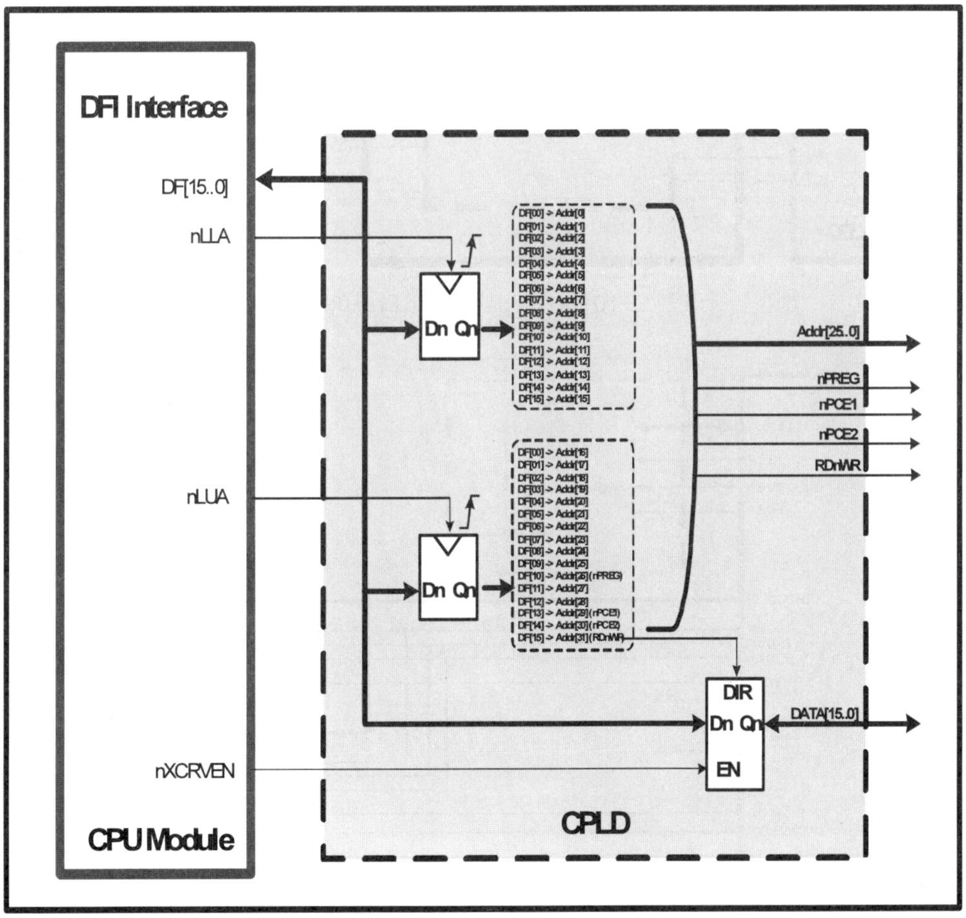

[그림 2-9] X-Hyper320TKU 시스템 버스 블록 다이어그램

2.3.3. Ethernet

10/100 Mbps 속도를 지원하는 DM9000E는 CPU와 16bit Data Bus로 결선되어 있고, CPU의 Address[2] bit가 DM9000E의 CMD와 연결되어 있다. CMD의 High/Low에 따라서 DM9000E는 16Bit Bus가 Data/Address로 동작한다.

DM9000E의 Chip Select와 이를 구동하기 위한 로직 신호들은 모두 CPLD(Address Decoding)에 의해 구현되어 있다.

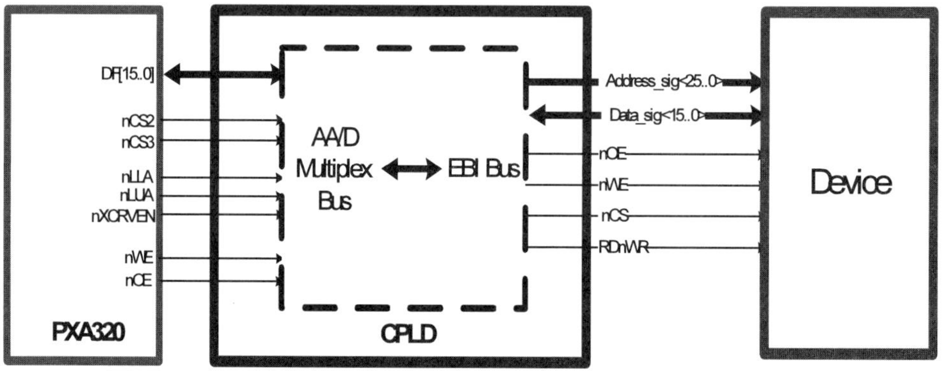

[그림 2-10] X-Hyper320의 디바이스 통신

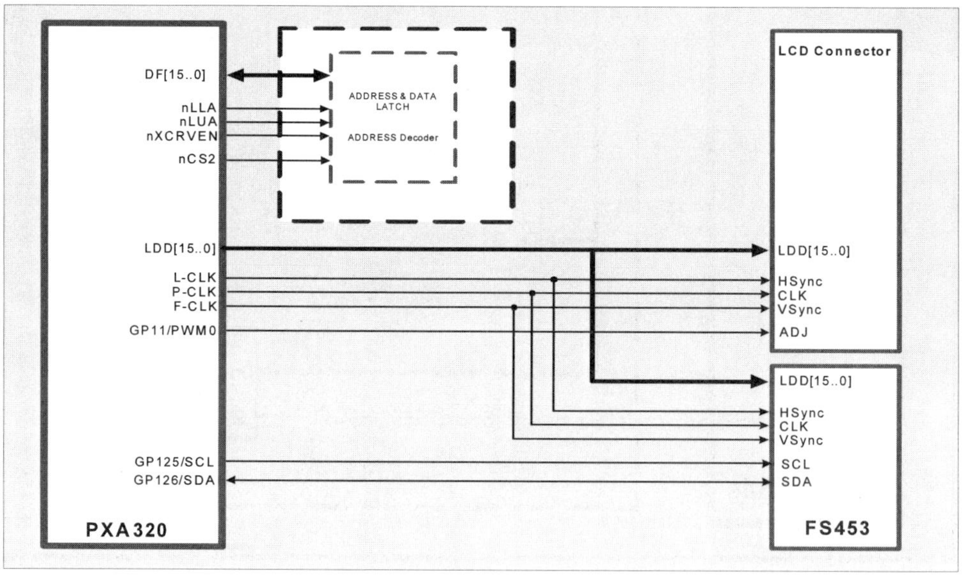

[그림 2-11] X-Hyper320TKU TFT LCD 블록 다이어그램

2.3.4. TFT LCD

PXA320 CPU의 LCD 출력 핀은 18핀(18Bit)으로 구성되어 있으나, X-HYPER320TKU에서는 16Bit로 사용하고 있다. 본 LCD는 LED Backlight 내장 타입이라 Back light용 5V 전원만 공급해 주면 Back light는 동작하며, Logic Input Voltage는 3.3V, 밝기 조절은 PWM 방식을 사용한다. 그리고 FS453은 일반 컴퓨터용 모니터 RGB 출력을 위해 사용되었다.

2.3.5. USB(Internal)

PXA320은 USB HOST 1.1과 USB Client 1.1 Controller를 내장하고 있다. USB Client는 Vbus에 의해 CPU에게 Interrupt를 발생 시키고, CPU의 전압 레벨을 맞추기 위해 이들 사이 중간에 buffer를 사용했다. CPU의 Interrupt에 의해 USB 접속을 확인하고, GPIO로 USB를 활성화 시킨다.

USB HOST는 USB Connector와 직접 연결되어 있으며, CPU의 USBH1_EN 신호를 사용하여 USB Power를 enable하고 USB Over current flag인 USBH1_PWR로 USB Power를 관리 한다.

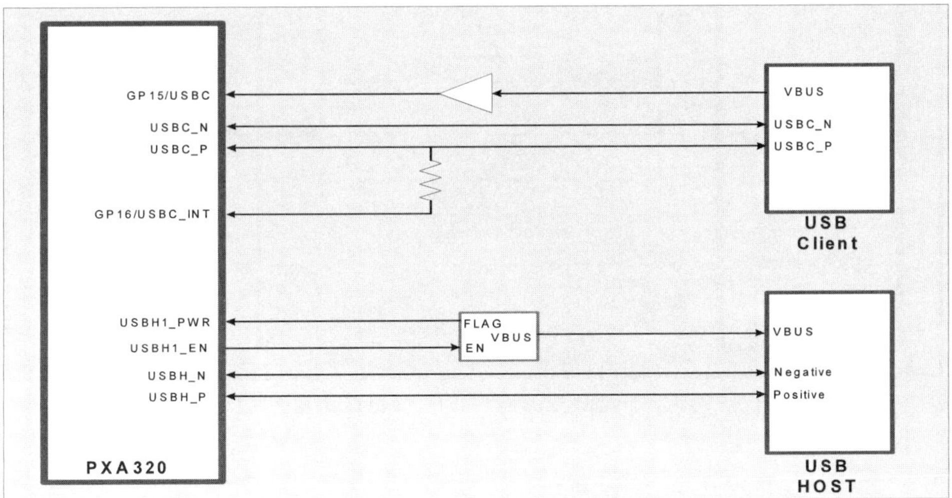

[그림 2-12] X-Hyper320TKU USB 블록 다이어그램

2.3.6. USB Host 2.0(External)

UBI9032는 Host 2.0으로 Hi-Speed를 지원하며, 16Bit Data Bus를 사용한다. Chip Select 신호를 포함하여 모든 구동 신호들은 모두 CPLD(Address Decoding)에 구현되어 있다.

X-Hyper320TKU에서는 USB Hub Controller(GL850)를 사용하여 USB Port를 확장 하였다. GL850은 Hardware적으로 구성되어 있어, USB Interface가 동작하면 GL850도 자동적으로 동작하게 되어 있다. GL850의 4 Port중 2 Port는 USB Connector로 연결되어 있고, 1 Port는 USB TO IDE Controller(GL811)를 사용하여 1.8 Inch Mobile Hard Disk를 연결하였다. GL811 역시 USB interface가 동작하면 GL811도 자동으로 동작을 시작하여 수행한다.

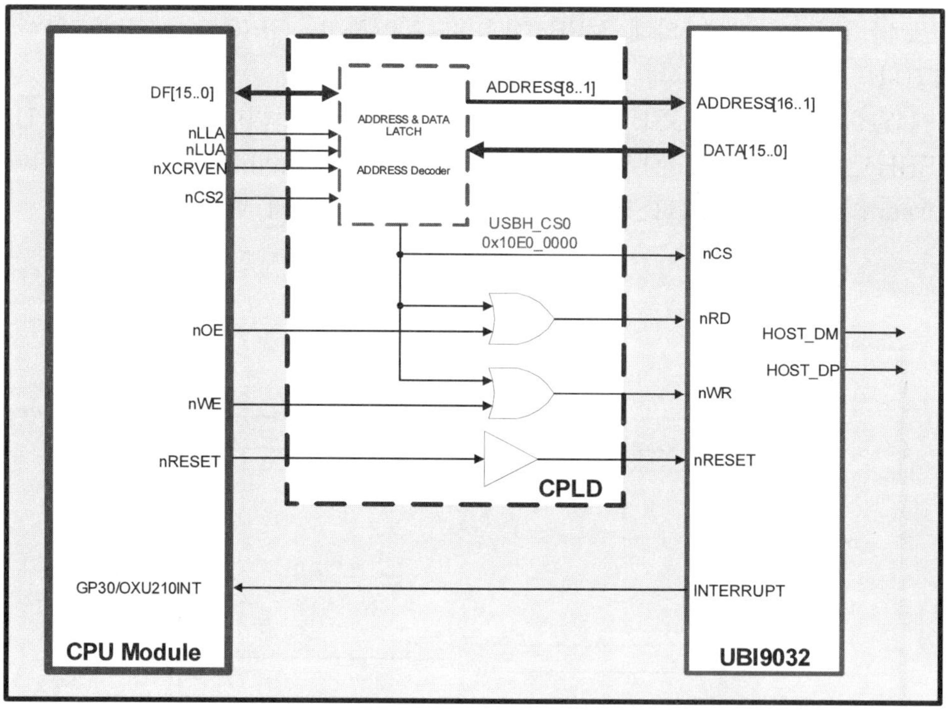

[그림 2-13] X-Hyper320TKU USB Host 2.0 블록 다이어그램

2.3.7. USB Client 2.0(External)

USB Client 2.0을 지원하는 NET2272는 3가지의 Address Mode를 지원한다. 각 Mode에 따라서 하드웨어 방식이 상이하며, X-Hyper320 TKU에서는 Non-Multiplexed Direct Address Mode를 사용하였다.

Chip Select와 이를 구동하기위한 간단한 로직 신호들은 마찬가지로 모두 CPLD(Address Decoding)에 구현되어 있다.

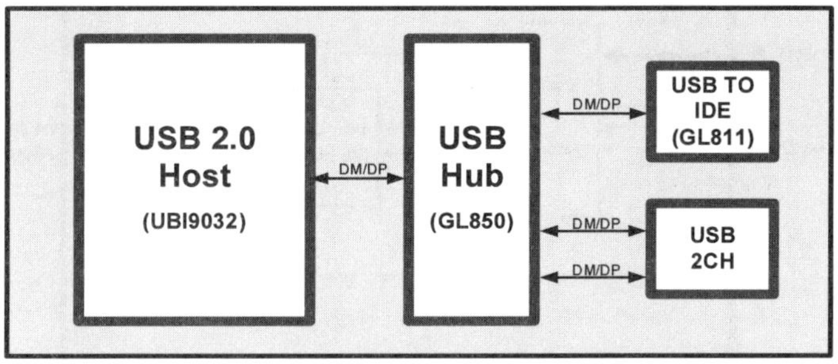

[그림 2-14] X-Hyper320TKU USB Host 데이터 통신

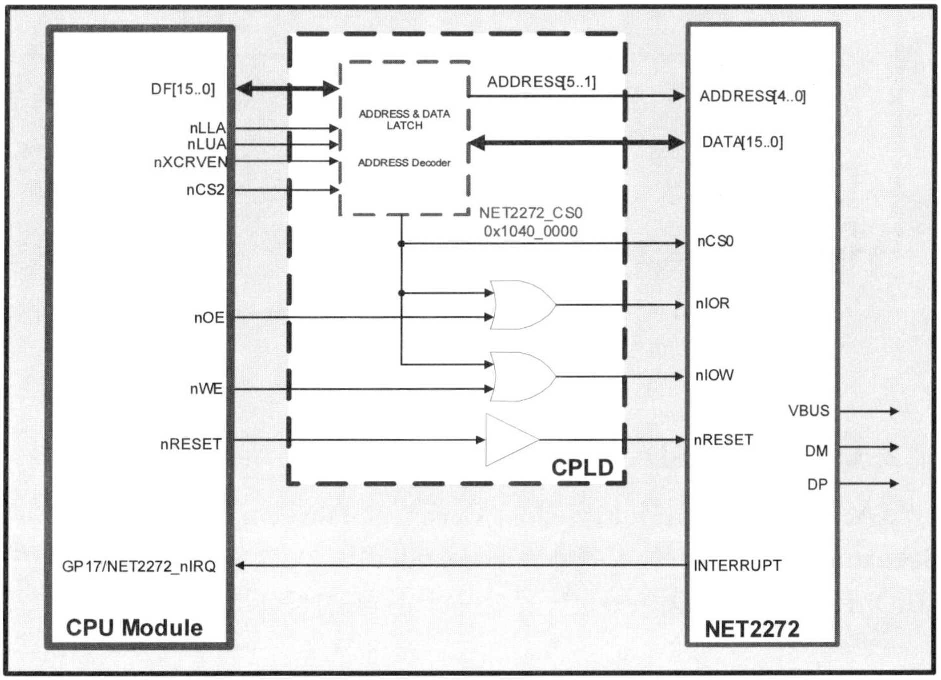

[그림 2-15] X-Hyper320TKU USB Client 2.0 블록 다이어그램

2.3.8. Wireless LAN

모듈로 구성되어 있는 Wireless LAN은 IEEE802.11b/g와 호환되어 동작하며, SPI interface로 이를 제어한다. Wireless LAN의 기본 제어 Signal (WLAN_nPD, WAKEUP_WLAN)들은 CPLD에서 제어 할 수 있도록 구성되어 있다.

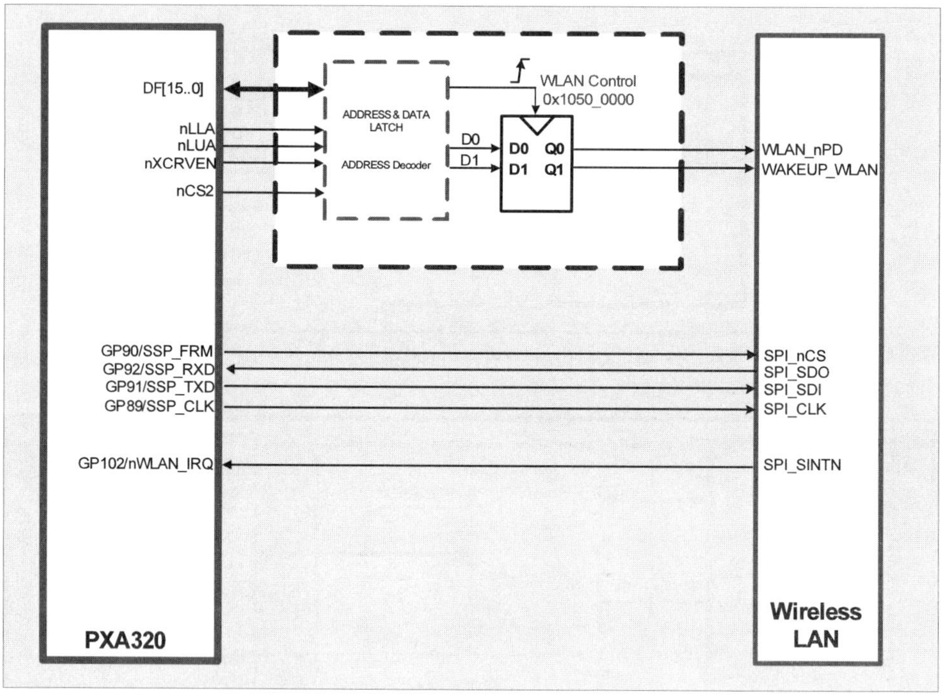

[그림 2-16] X-Hyper320TKU Wireless LAN 블록 다이어그램

2.3.9. MMC / SD / SDIO

PXA320은 MMC(MultiMedia Card), SD(Secure Digital), SDIO (Secure Digital I/O)를 지원하는 controller를 2포트 제공한다. MMC/SD /SDIO에 대한 통신 protocol을 지원하며 아래 사양을 만족한다.

- MultiMedia Card System Specification Version 4.0
- Secure Digital Memory Card Specification Version 1.10
- Secure Digital I/O Card Specification Version 1.0

X-HYPER320TKU 보드에서 MMC/SD/SDIO Controller를 사용하기 위해서는 CPU의 MMC/SD/SDIO Controller에 전원을 공급해야 한다. 본 보드에서는 MAX8660의 6번 전원 출력 단자 신호가 PXA320 CPU의 MMC/SD/SDIO Controller로 공급되는 전압으로 설계되어 있다. 우선 MAX8660에 접근해서 6번 전원 출력을 3.3V로 설정해 주어야 한다.

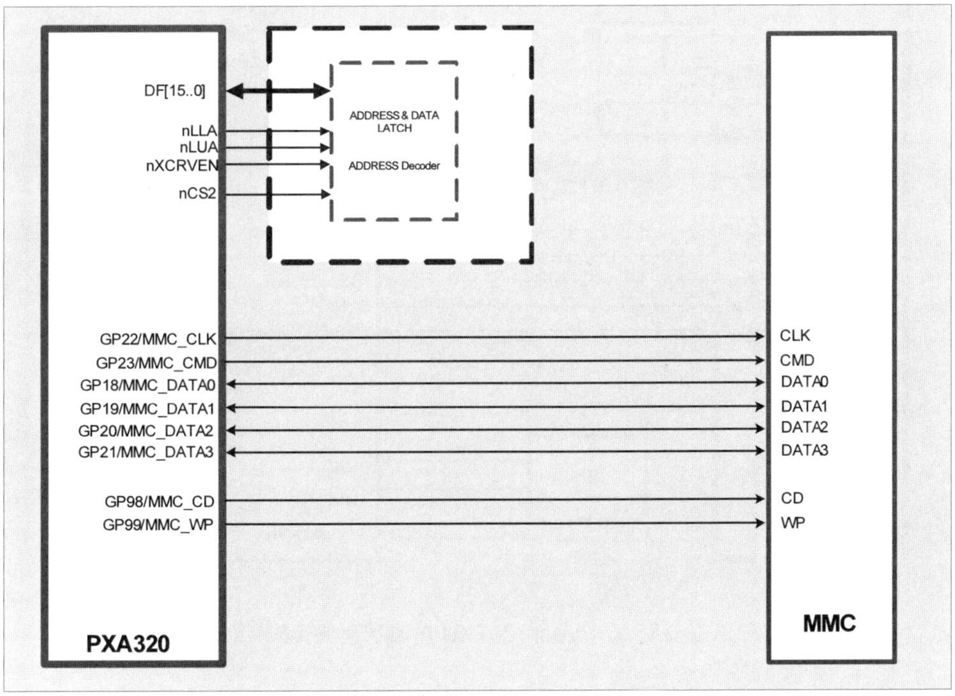

[그림 2-17] X-Hyper320TKU MMC/SD 블록 다이어그램

2.3.10. Audio

X-Hyper320TKU 보드에서는 EAR JACK, MIC JACK, 그리고 2개의 스피커로 구성되어 있다. 그리고 DMB에서 출력되는 오디오 Signal들이 Audio Codec의 LINE Input에 연결되어 있다.

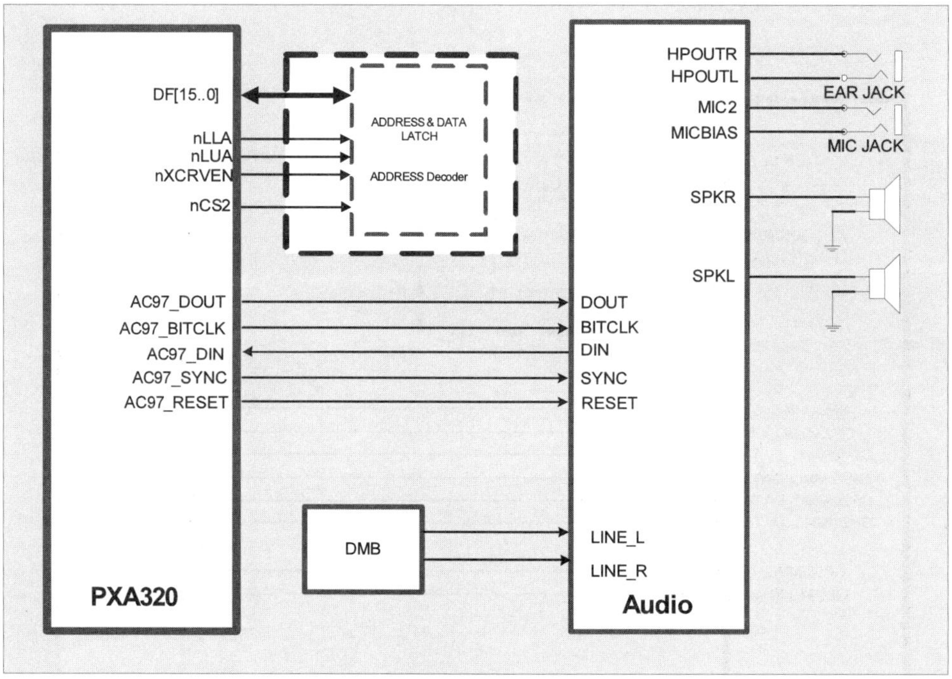

[그림 2-18] X-Hyper320TKU Audio 블록 다이어그램

2.3.11. UART

X-Hyper320TKU는 Internal 3 Port, External 4 Port로 총 7 Port의 UART를 지원하며, Internal중 Standard UART는 Debug용으로, FF UART는 Full UART용으로, BT UART는 GPS 전용으로 설계되어 있다.

External 4 Port중 Port A는 BLUE TOOTH(Bluetooth Module 바로 사용 가능)전용으로, Port B는 IrDA 전용으로, 나머지 2 Port는 Connector로서 구성되어 있다.

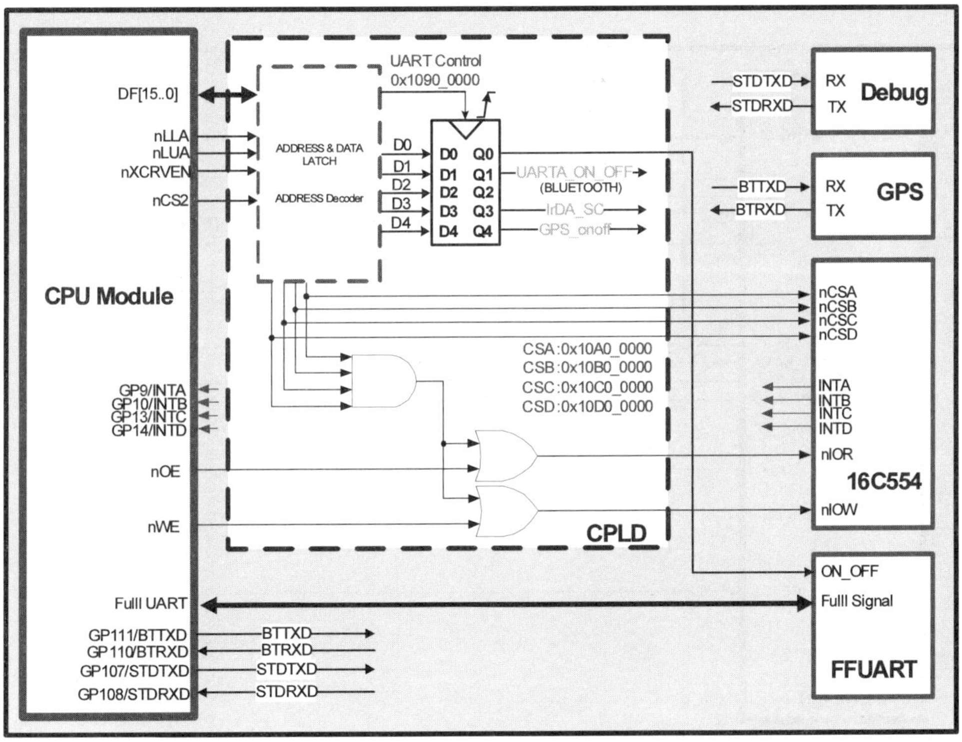

[그림 2-19] X-Hyper320TKU UART 블록 다이어그램

2.3.12. DMB

CTX305R DMB는 Interface가 SPI로 되어 있으며, Control Interface와 Data Interface로 분리되어 있다. DMB를 제어하기 위한 기본 Control Signal들은 CPLD에서 출력이 이루어지며, 각각의 Chip Select에 SPI 신호라인들이 연결되어 있다.

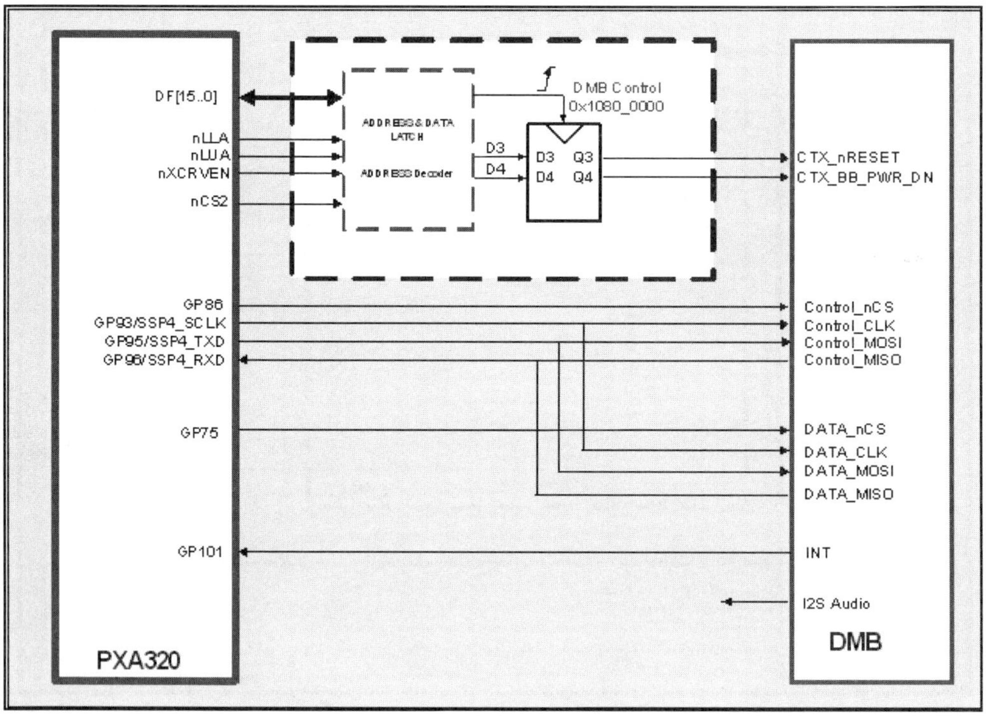

[그림 2-20] X-Hyper320TKU DMB 블록 다이어그램

2.3.13. PMIC

X-Hyper320TKU는 각각의 디바이스들의 동작을 ON/OFF 할 수 있도록 설계되어 있다. 이는 CPLD에서 담당하며, CPLD의 ON/OFF 동작에 의해 각각의 디바이스들에게 전원이 공급된다.

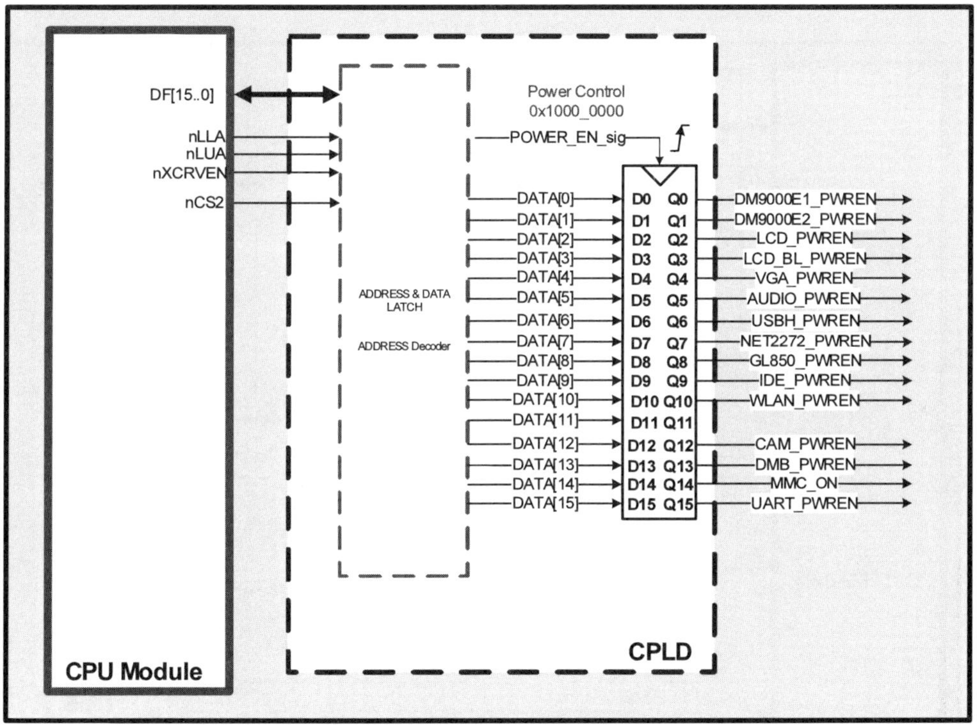

[그림 2-21] X-Hyper320TKU PMIC 블록 다이어그램

2.3.14. CMOS Camera

X-Hyper320TKU에서는 C-MOS Camera와 DMB Module에서 CIF Interface를 입력 받는다. 회로 설계상 두 개의 장치는 동시에 사용이 불가능하며, 어느 한순간에 한 개의 디바이스만 사용이 가능하다.

따라서 이들 장치 사이 중간에 Buffer Gate를 사용하여 이들 장치를 선택할 수 있도록 설계 되어 있다.

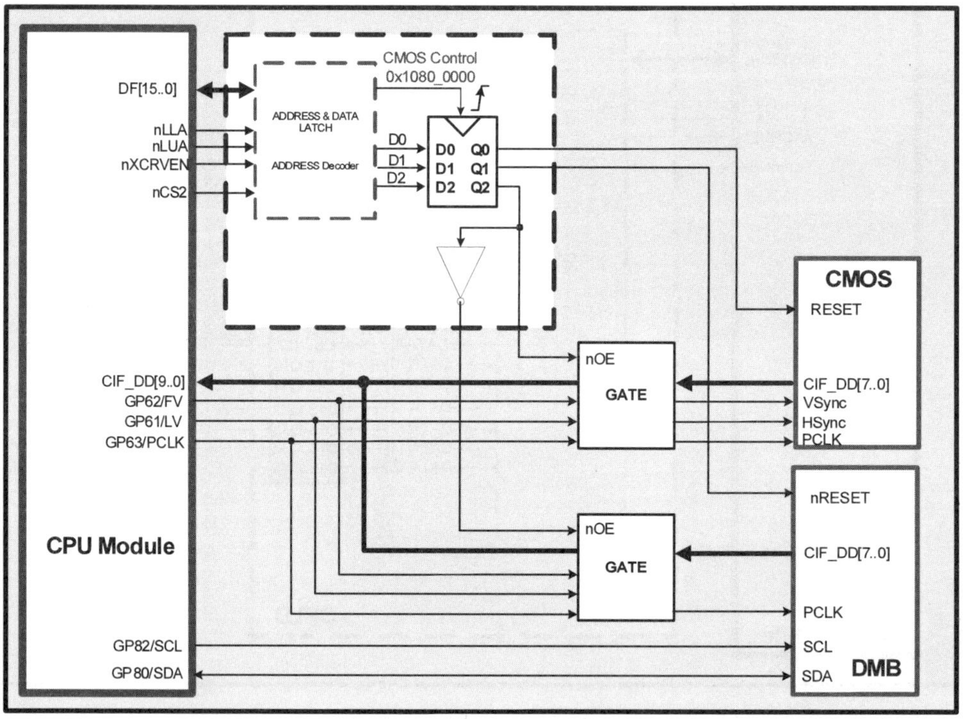

[그림 2-22] X-Hyper320TKU CMOS Camera 블록 다이어그램

2.4. X-Hyper320TKU 임베디드 시스템 Address Map

2.4.1. Flash 메모리 맵

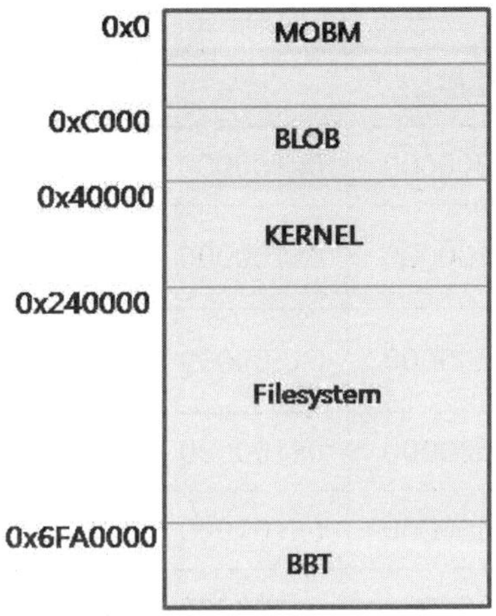

[그림 2-23] 플래시 메모리 맵

2.4.2. SDRAM 메모리 맵

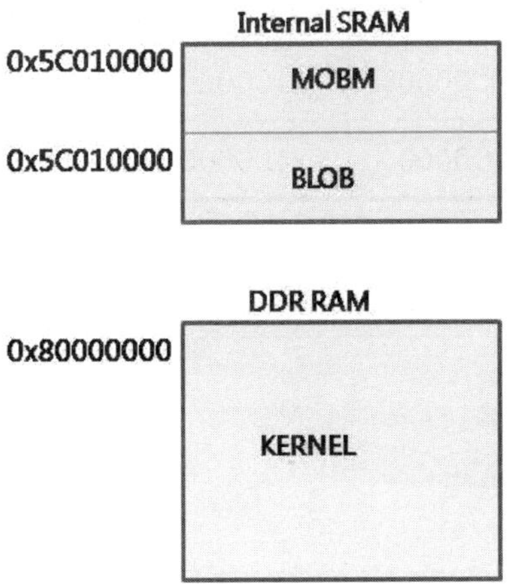

[그림 2-24] SDRAM 메모리 맵

2.4.3. Static 메모리 맵

► **메인 보드**

<표 2-6> 메인보드 메모리 맵

이름	어드레스	범위	설명
CPLD	0x10000000	0x100000	XHYPER320TKU CPLD Power
DM9000-1	0x10100000	0x100000	10/100 Base-T Ethernet Controller
DM9000-2	0x10200000	0x100000	10/100 Base-T Ethernet Controller
CPLD ID	0x10300000	0x100000	CPLD ID
NET2272	0x10400000	0x100000	USB2.0 Slave
WLAN	0x10500000	0x100000	Wireless module
CMOS	0x10800000	0x100000	CMOS camera
UART ON_OFF	0x10900000	0x100000	External UART power on/off
16C554 CSA	0x10A00000	0x100000	Serial Controller CS A
16C554 CSB	0x10B00000	0x100000	Serial Controller CS B
16C554 CSC	0x10C00000	0x100000	Serial Controller CS C
16C554 CSD	0x10D00000	0x100000	Serial Controller CS D

► IEB 확장보드

<표 2-7> IEB확장보드 메모리 맵

이 름	어드레스	범위	설명
FND1	0x11000000	0x100000	7-segment 1
FND2	0x11100000	0x100000	7-segment 2
FND3	0x11200000	0x100000	7-segment 3
FND4	0x11300000	0x100000	7-segment 4
FND5	0x11400000	0x100000	7-segment 5
FND6	0x11500000	0x100000	7-segment 6
FND7	0x11600000	0x100000	7-segment 7
FND8	0x11700000	0x100000	7-segment 8
DOT_1 Col	0x11800000	0x100000	Dot collumn 1
DOT_2 Col	0x11900000	0x100000	Dot collumn 2
DOT_3 Col	0x11A00000	0x100000	Dot collumn 3
DOT_4 Col	0x11B00000	0x100000	Dot collumn 4
DOT_5 Col	0x11C00000	0x100000	Dot collumn 5
KEY_W	0x11D00000	0x100000	Key Write
KEY_R	0x11E00000	0x100000	Key Read
DAC	0x11F00000	0x100000	Digital to Analog Convertor
ADC	0x12000000	0x100000	Analog to Digital Convertor
STEP Motor	0x12100000	0x100000	Step Motor controller
DC Motor	0x12200000	0x100000	DC Motor controller
Character LCD	0x12300000	0x100000	Character LCD Control
LED	0x12400000	0x100000	LED

2.4.4. X-Hyper320TKU Pin Assignment

► **CPLD JTAG Connector (J1)**

<표 2-8> JTAG 핀

No	Name	Description
1	GND	Ground
2	Vref	CPLD Reference Volatage
3	GND	Ground
4	TMS	CPLD Test Mode Select
5	GND	Ground
6	TCK	CPLD Test Clock
7	GND	Ground
8	TDI	CPLD Test Data Input
9	GND	Ground
10	TDO	CPLD Test Data Output
11	GND	Ground
12	NC	Not Connect
13	GND	Ground
14	NC	Not Connect

► **Ethernet Standard Connector (J2, J3)**

<표 2-9> Ethernet Connector 핀 배열

No	Name	Description
1	TPOP	Ground
2	TPNP	CPLD Reference Voltage
3	TPIP	Ground
4	COM11	CPLD Test Mode Select
5	COM11	Ground
6	TPIN	CPLD Test Clock
7	COM12	Ground
8	COM12	CPLD Test Data Input
9	Link LED	Ground
10	DC3P3V	CPLD Test Data Output
11	LAN LED	Ground
12	LAN LED	Not Connect

► **Touch Connector (TOUCH1, TOUCH2)**

<표 2-10> Touch Connector 핀 배열

No	Name	Description
1	XM	X Minus
2	YM	Y Minus
3	XP	X Plus
4	YP	Y Plus

► **LCD Connector (LCD1)**

<표 2-11> LCD Pannel 핀 배열 1

No	Name	Description
1	U/D	Display Control (Up or Down)
2	DMS	Selection(DE or SYNC)
3	Hsync	Horizontal SYNC
4	VDD	Power Supply for LED Driver circuit
5	VDD	Power Supply for LED Driver circuit
6	VDD	Power Supply for LED Driver circuit
7	VCC	Power Supply for Digital circuit
8	Vsync	Vertical SYNC
9	DE	Data Enable
10	Vss	Power Ground
11	Vss	Power Ground
12	ADJ	Adjust for LED brightness
13	B5	Blue Data 5(MSB)
14	B4	Blue Data 4
15	B3	Blue Data 3
16	Vss	Power Ground
17	B2	Blue Data 2
18	B1	Blue Data 1
19	B0	Blue Data 0
20	Vss	Power Ground
21	G5	Green Data 5(MSB)
22	G4	Green Data 4
23	G3	Green Data 3
24	Vss	Power Ground
25	G2	Green Data 2
26	G1	Green Data 1
27	G0	Green Data 0
28	Vss	Power Ground
29	R5	Red Data 5(MSB)
30	R4	Red Data 4
31	R3	Red Data 3
32	Vss	Power Ground
33	R2	Red Data 2

► LCD Connector (LCD2)

<표 2-12> LCD Pannel 핀 배열 2

No	Name	Description
1	GND	Power Ground
2	PCLK	Pixel Clock
3	NC	Not Connect
4	LCLK	Line Clock
5	FCLK	Frame Clock
6	GND	Power Ground
7	LDD12	LCD DATA 12
8	LDD13	LCD DATA 13
9	LDD14	LCD DATA 14
10	LDD15	LCD DATA 15
11	LDD16	LCD DATA 16
12	LDD17	LCD DATA 17
13	GND	Power Ground
14	LDD6	LCD DATA 6
15	LDD7	LCD DATA 7
16	LDD8	LCD DATA 8
17	LDD9	LCD DATA 9
18	LDD10	LCD DATA 10
19	LDD11	LCD DATA 11
20	GND	Power Ground
21	LDD0	LCD DATA 0
22	LDD1	LCD DATA 1
23	LDD2	LCD DATA 2
24	LDD3	LCD DATA 3
25	LDD4	LCD DATA 4
26	LDD5	LCD DATA 5
27	GND	Power Ground
28	BIAS	LCD BIAS
29	NC	Not Connect
30	DC3P3V	DC 3.9V Power
31	DC3P3V	DC 3.9V Power
32	DC3P3V	DC 3.9V Power

► **Backlight Connector (BL1)**

<표 2-13> BL1 핀 배열

No	Name	Description
1	DC5V	DC 5V Power
2	DC5V	DC 5V Power
3	LCD_BL_PWREN	LCD Backlight Power Enable
4	DC5V	DC 5V Power
5	GND	Power Ground

► **RGB Output Connector (VGA)**

<표 2-14> VGA 핀 배열

No	Name	Description
1	RED	Red Video
2	GREEN	Green Video
3	BLUE	Blue Video
4	GND	Monitor ID Bit 2
5	GND	Ground
6	RGND	Red Ground
7	GGND	Green Ground
8	BGND	Blue Ground
9	GND	Key(No Pin)
10	SGND	Sync Ground
11	GND	Monitor ID Bit 0.
12	DDC DATA	Monitor ID Bit 1.
13	HSYNC	Horizonal Sync
14	VSYNC	Vertical Sync
15	DDC CLOCK	Monitor ID Bit 3.

► USB Mini Connector (CN2, J4)

<표 2-15> USB mini Connector 핀 배열

No	Name	Description
1	Vbus	DC 5V USB Power Supply
2	DN	Data Negative
3	DP	Data Positive
4	ID	ID
5	GND	Power Ground

► USB Connector (CN3)

<표 2-16> USB Connector 핀 배열

No	Name	Description
1	Vbus	DC 5V USB Power Supply
2	DN	Data Negative
3	DP	Data Positive
4	GND	Power Ground

► USB Dual Connector (CN4)

<표 2-17> USB Dual Connector 핀 배열

No	Name	Description
1	VBus	DC 5V USB Power Supply
2	DN	Data Negative
3	DP	Data Positive
4	GND	Power Ground
5	VBus	DC 5V USB Power Supply
6	DN	Data Negative
7	DP	Data Positive
8	GND	Power Ground

► **1.8" HDD Disk (IDE1)**

<표 2-18> HDD Disk 핀 배열

No	Name	Description
1	Factory use	Not Connect
2	Factory use	Not Connect
3	RESET	Reset
4	GND	Ground
5	DD7	DATA 7
6	DD8	DATA 8
7	DD6	DATA 6
8	DD9	DATA 9
9	DD5	DATA 5
10	DD10	DATA 10
11	DD4	DATA 4
12	DD11	DATA 11
13	DD3	DATA 3
14	DD12	DATA 12
15	DD2	DATA 2
16	DD13	DATA 13
17	DD1	DATA 1
18	DD14	DATA 14
19	DD0	DATA 0
20	DD15	DATA 15
21	GND	Ground
22	DMARQ	DMA request
23	GND	Ground
24	DIOW_	Write strobe signal
25	DIOR_	Read strobe signal
26	GND	Ground
27	IORDY	Data transfer ready

28	GND	Ground
29	DMACK_	DMA acknowledge signal
30	INTRQ	Interrupt signal for the host system
31	DA1	Register address signal 1
32	PDIAG_	Not Connect
33	DA0	Register address signal 0
34	DA2	Resister address signal 2
35	CS0_	Device chip select(Command black)
36	CS1_	Device chip select(Control black)
37	DASP	Indicates that a device is active
38	3.3V	DC 3.3V Power
39	3.3V	DC 3.3V Power
40	Reserved	Reserved

► **CMOS Camera Connector (J6)**

<표 2-19> CMOS Camera Connector 핀 배열

No	Name	Description
1	DC3P3V	3.3V Power Supply
2	DC3P3V	3.3V Power Supply
3	DC3P3V	3.3V Power Supply
4	DC3P3V	3.3V Power Supply
5	NC	Not Connect
6	CAM_PCLK	CIF Pixel Clock
7	NC	Not Connect
8	CAM_VSYNC	CIF Frame Clock
9	NC	Not Connect
10	CAM_HSYNC	CIF Line Clock
11	NC	Not Connect
12	CAM_D9	CIF DATA 9

13	NC	Not Connect
14	CAM_D8	CIF DATA 8
15	CAM_RESET	Reset
16	CAM_D7	CIF DATA 7
17	NC	Not Connect
18	CAM_D6	CIF DATA 6
19	NC	Not Connect
20	CAM_D5	CIF DATA 5
21	NC	Not Connect
22	CAM_D4	CIF DATA 4
23	NC	Not Connect
24	CAM_D3	CIF DATA 3
25	NC	Not Connect
26	CAM_D2	CIF DATA 2
27	NC	Not Connect
28	CAM_D1	CIF DATA 1
29	NC	Not Connect
30	CAM_D0	CIF DATA 0
31	CMOS_GP0	CMOS GPIO
32	CIF_MCLK	CIF MCLK
33	CMOS_GP1	CMOS GPIO
34	GND	Ground
35	GND	Ground
36	GND	Ground
37	GND	Ground
38	CMOS_ID	CMOS Detect
39	GND	Ground
40	GND	Ground

► Cenronix DMB Connector (J16)

<표 2-20> DMB Connector 핀 배열

No	Name	Description
1	DC3P3V	3.3V Power Supply
2	DC3P3V	3.3V Power Supply
3	DC3P3V	3.3V Power Supply
4	DC3P3V	3.3V Power Supply
5	CTL_SPI_CS	DMB Control Chip Select(SPI)
6	NC	Not Connect
7	DATA_SPI_CS	DMB Data Chip Select(SPI)
8	NC	Not Connect
9	SSP4_RXD	SPI RXD
10	NC	Not Connect
11	SSP4_TXD	SPI TXD
12	NC	Not Connect
13	SSP4_SCLK	SPI Clock
14	NC	Not Connect
15	CTX_nRESET	DMB Reset
16	NC	Not Connect
17	I2SC_MCLK	No Use
18	NC	Not Connect
19	I2S_LCLK	No Use
20	NC	Not Connect
21	I2S_BCLK	No Use
22	NC	Not Connect
23	I2S_D0	No Use
24	NC	Not Connect
25	GND	Ground
26	NC	Not Connect

27	NC	Not Connect
28	NC	Not Connect
29	NC	Not Connect
30	NC	Not Connect
31	DMB_nINT	DMB Interrupt
32	NC	Not Connect
33	CTX_BB_PWR_DN	DMB Power Down
34	DMB_ID0	DMB DETECT ID
35	GND	Ground
36	DMB_ID1	DMB DETECT ID
37	GND	Ground
38	GND	Ground
39	GND	Ground
40	GND	Ground

► **16C554 A Port UART(for Bluetooth) (J8)**

<표 2-21> Bluetooth 핀 배열

No	Name	Description
1	DCDA	Data Set Ready
2	RXDA	Receive Data
3	TXDA	Transmit Data
4	DTRA	Data Terminal Ready
5	GND	Ground
6	DSRA	Data Set Ready
7	RTSA	Ready To Send
8	CTSA	Clear To Send
9	DC5V	DC 5V Power Supply

► 16C554 C Port UART (J12)

<표 2-22> 16C554 C Port UART 핀 배열

No	Name	Description
1	DC3P3V	DC 3.3V Power Supply
2	TXD	RS232 Level TXD
3	RXD	RS232 Level RXD
4	GND	Ground

► 16C554 D Port UART (J10)

<표 2-23> 16C554 D Port UART 핀 배열

No	Name	Description
1	DC5V	DC 5V Power Supply
2	TXD	TTL Level TXD
3	RXD	TTL Level RXD
4	GND	Ground

► Standard UART (J9)

<표 2-24> Standard UART 핀 배열

No	Name	Description
2	TXD	RS232 Level Standard UART
3	RXD	RS232 Level TXD
5	GND	RS232 Level RXD

► Full Function UART (J7)

<표 2-25> Full Function UART 핀 배열

No	Name	Description
1	DCDA	Data Set Ready
2	RXDA	Receive Data
3	TXDA	Transmit Data
4	DTRA	Data Terminal Ready
5	GND	Ground
6	DSRA	Data Set Ready
7	RTSA	Ready To Send
8	CTSA	Clear To Send
9	RI	Ring indicator

► GPS Connector (J11)

<표 2-26> GPS Connector 핀 배열

No	Name	Description
1	GPS_ONOFF	GPS On Off Signal
2	DC5V	DC 5V Power Supply
3	BTRXD	Bluetooth UART RXD
4	BTTXD	Bluetooth UART TXD
5	GND	Ground

► CPU Connector (U68)

<표 2-27> CPU Connector(U68) 핀 배열

No	Name	Description	No	Name	Description
1	GND	Ground	2	GND	Ground
3	GND	Ground	4	GND	Ground
5	PAD_DDR_EVAL	Reserved	6	nRDY	GPIO2
7	PAD_EMPI_CLK	Reserved	8	nCD2	GPIO3
9	PAD_nOE	Reserved	10	nCD3	GPIO4
11	PAD_nWE	Reserved	12	DF_ADDR0	DF ADDR0
13	PAD_nCS0	Reserved	14	DF_ADDR1	DF ADDR1
15	PAD_nCS1	Reserved	16	DF_ADDR2	DF ADDR2
17	PAD_nADV	Reserved	18	DF_ADDR3	DF ADDR3
19	PAD_nADV2	Reserved	20	nXCVREN	nXCVREN
21	GND	Ground	22	DF_SCLK	DF SCLK
23	DF0	DF0(DFI Bus)	24	nBE0	nBE0
25	DF1	DF1(DFI Bus)	26	nBE1	nBE1
27	DF2	DF2(DFI Bus)	28	nLLA	nLLA
29	DF3	DF3(DFI Bus)	30	nLUA	nLUA
31	DF4	DF4(DFI Bus)	32	DF_nRE	DFI nRE
33	DF5	DF5(DFI Bus)	34	DF_nWE	DFI nWE
35	DF6	DF6(DFI Bus)	36	DF_nCS0	DFI nCS0
37	DF7	DF7(DFI Bus)	38	DF_nCS1	DFI nCS1
39	DF8	DF8(DFI Bus)	40	DF_CLE_nCE	DFI CLE_nCE
41	DF9	DF9(DFI Bus)	42	DF_CLE_nWE	DFI CLE_nWE
43	DF10	DF10(DFI Bus)	44	DF_ALE2	reserved
45	DF11	DF11(DFI Bus)	46	DF_UNLOCK	reserved
47	DF12	DF12(DFI Bus)	48	DF_RnB	DFI RnB
49	DF13	DF13(DFI Bus)	50	GND	Ground
51	DF14	DF14(DFI Bus)	52	GP5/nPIOR	GPIO5
53	DF15	DF15(DFI Bus)	54	GP6/nPIOW	GPIO6
55	GND	Ground	56	GP7/nIOIS6	GPIO7

57	GP0/ETNERNET1_INT	GPIO0	58	GP8/nPWAIT	GPIO8
59	GP1/CF_nINT	GPIO1	60	GP11/PWM0	GPIO11
61	GP9/TL16C554_INTA	GPIO9	62	GP12/PWM1	GPIO12
63	GP10/TL16C554_INTB	GPIO10	64	GND	Ground
65	GP13/TL16C554_INTC	GPIO13	66	GP59/CIF_MCLK	GPIO59
67	GP14/TL16C554_INTD	GPIO14	68	GP60/CIF_PCLK	GPIO60
69	GP15/USBC	GPIO15	70	GP61/CIF_LV	GPIO61
71	GP16/USBC_INT	GPIO16	72	GP62/CIF_FV	GPIO62
73	GP17/NET2272_nIRQ	GPIO17	74	GP49/CIF_DD0	GPIO49
75	GP30/OXU210INT	GPIO30	76	GP50/CIF_DD1	GPIO50
77	GND	Ground	78	GP51/CIF_DD2	GPIO51
79	GP22/MMC_CLK	GPIO22	80	GP52/CIF_DD3	GPIO52
81	GP23/MMC_CMD	GPIO23	82	GP53/CIF_DD4	GPIO53
83	GP31/CPLD2	GPIO31	84	GP54/CIF_DD5	GPIO54
85	GP18/MMC_DATA0	GPIO18	86	GP55/CIF_DD6	GPIO55
87	GP19/MMC_DATA1	GPIO19	88	GP56/CIF_DD7	GPIO56
89	GP20/MMC_DATA2	GPIO20	90	GP57/CIF_DD8	GPIO57
91	GP21/MMC_DATA3	GPIO21	92	GP58/CIF_DD9	GPIO58
93	GP28/MMC_CLK	GPIO28	94	GND	Ground
95	GP29/MMC2_CMD	GPIO29	96	GP32/SCL	GPIO32
97	GP24/MMC2_DATA0	GPIO24	98	GP33/SDA	GPIO33
99	GP25/MMC2_DATA1	GPIO25	100	GP42/FFTXD	GPIO42
101	GP88	GPIO88	102	LLDD7	GPIO13_2
103	GP87	GPIO87	104	LLDD6	GPIO12_2
105	GP86	GPIO86	106	LLDD5	GPIO11_2
107	GP85	GPIO85	108	LLDD4	GPIO10_2
109	GP78	GPIO78	110	LLDD3	GPIO9_2
111	GP77	GPIO77	112	LLDD2	GPIO8_2
113	GP76	GPIO76	114	LLDD1	GPIO7_2
115	GP75	GPIO75	116	LLDD0	GPIO6_2
117	DC5V	DC5V	118	DC5V	DC5V
119	DC5V	DC5V	120	DC5V	DC5V

► CPU Connector (U69)

<표 2-28> CPU Connector(U69) 핀 배열

No	Name	Description	No	Name	Description
1	GND	Ground	2	GND	Ground
3	GND	Ground	4	GND	Ground
5	TCK	TCK	6	GP0_2/ONE_wire	GPIO0_2
7	TDI	TDI	8	USBH1_N	USBH1_N
9	TDO	TDO	10	USBH1_P	USBH1_P
11	TMS	TMS	12	USBH1_EN	USBH1_EN
13	nTRST	nTRST	14	USBH1_PWR	USBH1_PWR
15	GND	GND	16	USBC_N	USBC_N
17	nRESET_CPU	nRESET_CPU	18	USBC_P	USBC_P
19	EXT_nRST	EXT_nRST	20	GND	Ground
21	WAKEUP0_SW	WAKEUP0_SW	22	GP119/ADC_INT	GPIO119
23	WAKEUP1_SW	WAKEUP1_SW	24	GP120/RADIO_PKT_INT	GPIO120
25	GP_nRST	GP_nRST	26	GP121/RADIO_RESET	GPIO121
27	PWR_SCL	PWR_SCL	28	GP122/RADIO_GP0	GPIO122
29	PWR_SDA	PWR_SDA	30	GP123/RADIO_PG1	GPIO123
31	GND	Ground	32	GP124/RADIO_SFD	GPIO124
33	nRESET_OUT	nRESET_OUT	34	GP125/Soft_SCL	GPIO125
35	GP4_2/VGA	GPIO4_2	36	GP126/Soft_SDA	GPIO126
37	TOUCH_PENDOWN	GPIO1_2	38	GP127/CPLD0	GPIO127
39	GP118/PUSH4	GPIO118	40	GP5_2/CPLD1	GPIO5_2
41	GP117/PUSH3	GPIO117	42	TSI_YP	TSI_YP
43	GP116/PUSH2	GPIO116	44	TSI_XP	TSI_XP
45	GP115/PUSH1	GPIO115	46	TSI_YM	TSI_YM
47	GND	Ground	48	TSI_XM	TSI_XM
49	GP114/LED4	GPIO114	50	GP111/BTTXD	GPIO111
51	GP113/LED3	GPIO113	52	GP110/BTRXD	GPIO110
53	GP106/LED2	GPIO106	54	GP109/BTCTS	GPIO109
55	GP105/LED1	GPIO105	56	GP107/BTRTS	GPIO107

57	TOUCH_INT	GPIO103	58	GP106/STDTXD	GPIO106
59	GP102/nWLAN_IRQ	GPIO102	60	GP105/STDRXD	GPIO105
61	GP99/SD_WP	GPIO99	62	GP100	GPIO100
63	GP98/SD_CD	GPIO98	64	GP101	GPIO101
65	GP97/USBH_INT	GPIO97	66	GP104	GPIO104
67	GND	Ground	68	GND	Ground
69	GP82/DMB_SCL	GPIO82	70	L_PCLK	GPIO16_2
71	GP80/DMB_SDA	GPIO80	72	L_FCLK	GPIO14_2
73	GP81/RTC_CE	GPIO81	74	L_LCLK	GPIO15_2
75	GP79/RTC_CLK	GPIO79	76	L_CS	GPIO73
77	GP83/RTC_SDA	GPIO83	78	L_VSYNC	GPIO74
79	GP84/ETHERNET2_INT	GPIO84	80	L_BIAS	GPIO17_2
81	GND	Ground	82	L_LDD17	GPIO72
83	GP89/SSP3_SCLK	GPIO89	84	L_LDD16	GPIO71
85	GP90/SSP3_FRM	GPIO90	86	L_LDD15	GPIO70
87	GP91/SSP3_TXD	GPIO91	88	L_LDD14	GPIO69
89	GP92/SSP3_RXD	GPIO92	90	L_LDD13	GPIO68
91	GP93/SSP4_SCLK	GPIO93	92	L_LDD12	GPIO67
93	GP94/SSP4_FRM	GPIO94	94	L_LDD11	GPIO66
95	GP95/SSP3_TXD	GPIO95	96	L_LDD10	GPIO65
97	GP96/SSP3_RXD	GPIO96	98	L_LDD9	GPIO64
99	GND	Ground	100	L_LDD8	GPIO63
101	GP88	GPIO88	102	L_LLDD7	GPIO13_2
103	GP87	GPIO87	104	L_LLDD6	GPIO12_2
105	GP86	GPIO86	106	L_LLDD5	GPIO11_2
107	GP85	GPIO85	108	L_LLDD4	GPIO10_2
109	GP78	GPIO78	110	L_LLDD3	GPIO9_2
111	GP77	GPIO77	112	L_LLDD2	GPIO8_2
113	GP76	GPIO76	114	L_LLDD1	GPIO7_2
115	GP75	GPIO75	116	L_LLDD0	GPIO6_2
117	DC5V	DC5V	118	DC5V	DC5V
119	DC5V	DC5V	120	DC5V	DC5V

► CPU JTAG

<표 2-29> CPU Connector(U69) 핀 배열

No	Name	Description
1	VREF	Reference Voltage
2	VTarget	Target Voltage
3	nTRST	Test Rest
4	GND	Ground
5	TDI	Test Data In
6	GND	Ground
7	TMS	Test Mode Select
8	GND	Ground
9	TCK	Test Clock
10	GND	Ground
11	RTCK	RTCK
12	GND	Ground
13	TDO	Test Data Output
14	GND	Ground
15	RST	Reset
16	GND	Ground
17	DBGRQ	Reserved
18	GND	Ground
19	DBGACK	Reserved
20	GND	Ground

03

임베디드 리눅스 시스템 개발 환경 구축

3.1. 개발 환경

다음은 Marvell PXA320 platform인 X-Hyper 320 TKU 보드에 리눅스 BSP(Board Support Package)를 설치, 컴파일 하는 방법 및 과정을 설명하기 위하여 작성한 것이다.

► **HOST PC 권장사항**

- 리눅스 배포판이 설치된 PC (권장 배포판: Fedora Core 10)

► **PC 사항**

- CPU : Pentium 2.4 G이상 / AMD sempron 2400이상 (x64인 경우 32bit용 배포판을 설치하여 사용한다)
- RAM : 256MB 이상
- HDD : 9GB 이상의 여유공간(모든 설치시)
- VGA : 리눅스 드라이버 호환 모델(ATI, GeForce, Matrox 등)
- Parallel : 1 port (xdb 사용시, USB to Parallel 사용 불가)
- Ethernet : 1 port (2 port 권장)
- Serial : 1 port (USB to Serial 사용가능)
- CD-ROM 드라이브 : 배속 24x 이상

► **배포판 설치시 주의사항**

- 파티션은 일반 ext3로 포멧해서 사용하며, 보안관련 체크를 하게될 경우 NFS등의 문제가 발생할 수 있다.
- xinetd, tftp, NFS, minicom 등의 패키지는 개발 시 꼭 필요하므로 최초 설치할 때, 동시에 함께 설치하는 것이 좋다.

✔ 주의 : VMWARE를 이용하여 리눅스를 설치할 경우, Host PC자원 분리로 컴파일 시간이 오래 걸리고 가상PC내에서 실제 디바이스 제어가 잘 안될 수 있어, 사용하는 것을 권장하지 않는다.

3.1.1. 보드 연결

X-Hyper320-TKU의 메모리, TFT LCD 및 CPU 등의 소형 칩셋은 작은 충격에도 손상될 우려가 있기 때문에 항상 조심히 다루어야 하고 전원이 인가 된 후에는 LCD 및 케이블 등에 항상 유의하기 바란다.

1. 직렬(Serial) 통신 연결

여기에서는 직렬통신 케이블 연결 방법에 대해 설명한다. X-Hyper320 TKU에는 [그림 3-1]과 같이 시리얼 케이블로 실습장치 보드의 DEBUG1이라고 표시되어 시리얼 커넥터와 호스트 PC의 직렬(COM 1/2) 포트에 연결해 주면 된다.

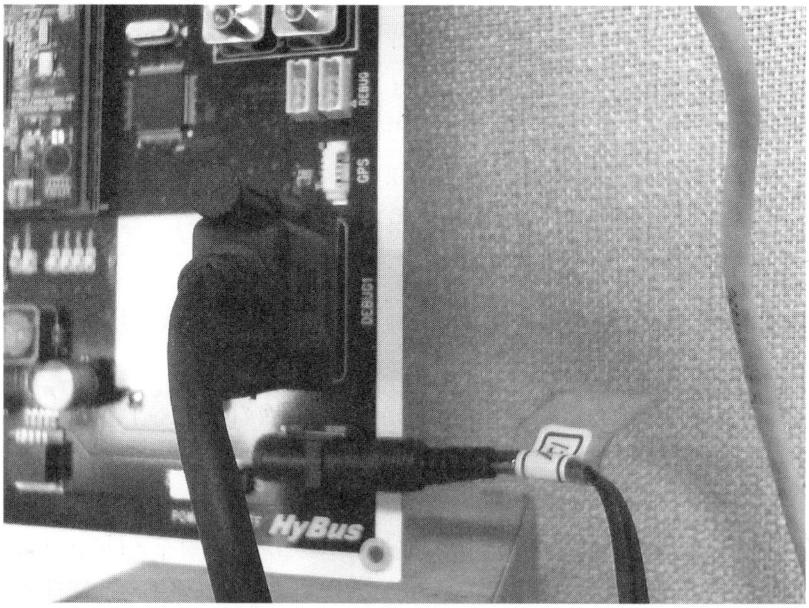

[그림 3-1] 타겟보드의 Serial 연결

2. Ethernet 연결

이더넷 크로스 케이블(Ethernet cross cable)을 [그림 3-2]와 같이 연결한다. X-Hyper320-TKU의 이더넷 포트(Ethernet port) (LAN)와 Host PC의 RJ45(이더넷 카드)를 제공한 크로스(Cross) LAN 케이블로 연결한다(X-Hyper320-TKU를 이더넷 허브에 직접 연결하려면 일반 Direct LAN cable을 연결하면 된다).

[그림 3-2] 타겟보드의 Ethernet 연결

3. 직렬통신 설정(Serial setting)

1). minicom 설정 (for Linux)

① -s 옵션으로 minicom 실행하며 설정 창은 [그림 3-3]과 같다.

```
☞ minicom –s
```

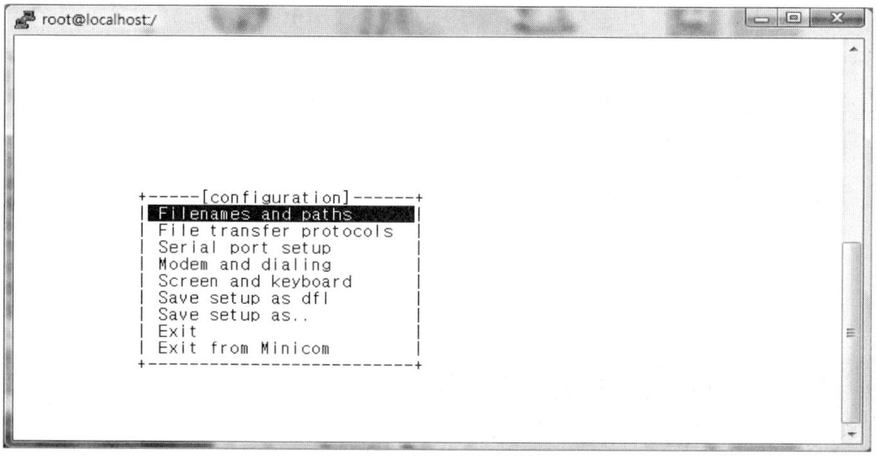

[그림 3-3] minicom 설정화면

② "Serial port setup" 에서 Bps 38400 8N1, Hardware Flow Control : NO로 설정 한다.

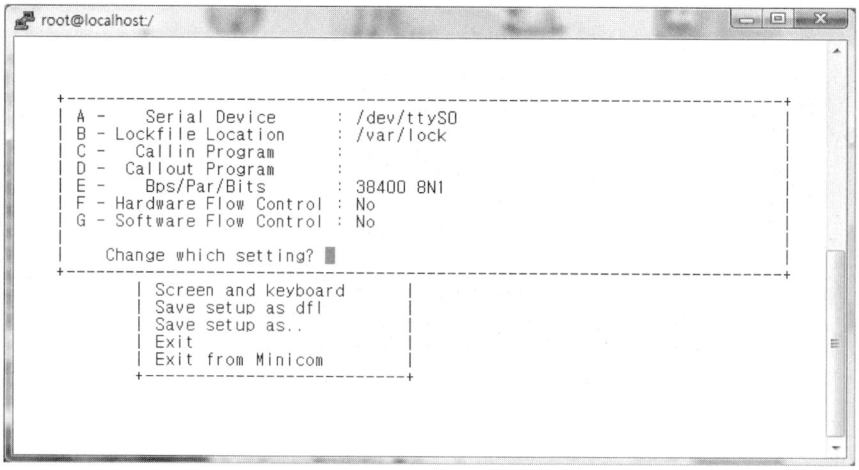

[그림 3-4] 타겟보드와 Serial 통신 설정화면

✔ Serial Device에서 /dev/ttyS0는 COM1, /dev/ttyS1은 COM2이다 USB to serial을 사용할 경우 /dev/ttyUSB0로 시작된다.

설정이 모두 완료되었으면 "Save setup as dfl"로 저장하고 종료한 후 다시 minicom을 실행한다.

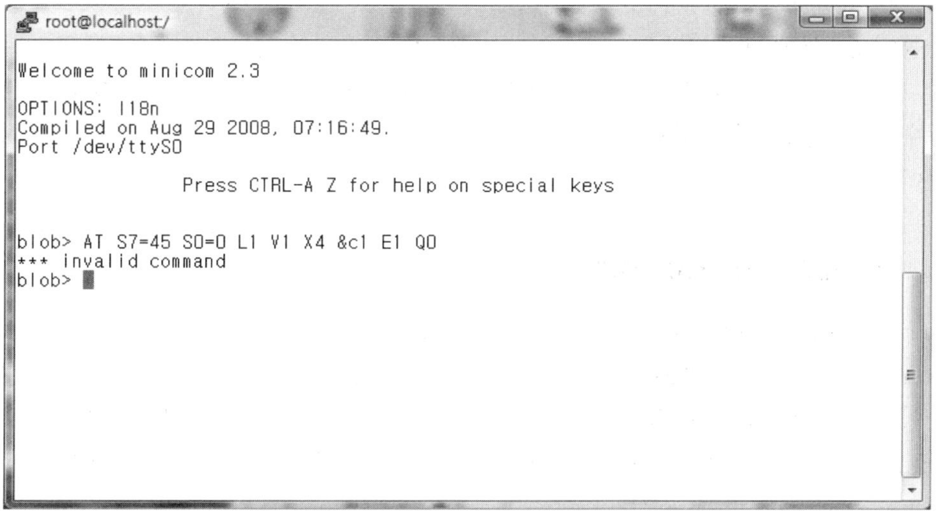

[그림 3-5] 설정 완료 후 타겟보드와 통신하는 장면

3.2. 부트로더

3.2.1. Toolchain 설치

► 크로스 컴파일러(Cross Compiler)

대부분의 프로그래머들은 PC라는 동일한 환경에서 프로그램을 작성한다. PC(개인용 컴퓨터)에서 프로그램을 작성하고 컴파일하면 실행파일이 생성되며, 생성된 실행 파일은 PC에서 수행된다. 이와 같이 컴파일한 시스템과 실행 하는 시스템이 같은 경우를 네이티브(Native) 컴파일러라고 한다. 이와 반대로 컴파일러가 동작하는 시스템과 실행 파일이 동작하는 시스템이 다를 때, 이 컴파일러를 크로스(Cross) 컴파일러라고 한다.

임베디드 시스템에서 동작하는 프로그램을 작성한다면 당연히 크로스 컴파일러 환경을 구축해야 한다. 일반적인 임베디드 시스템 개발 환경은 PC이고, 실행 파일이 동작하는 시스템은 다른 CPU 구성을 갖는 임베디드 시스템이기 때문이다. 그렇다고 모든 임베디드 시스템에 동작하는 프로그램들이 크로스 컴파일 환경을 필요로 하는 것은 아니다. PC와 같은 구조를 갖는 임베디드 리눅스 시스템을 만든다면 PC의 네이티브 컴파일러에서 만들어진 실행 파일을 그대로 임베디드 시스템에서 실행 할 수 있기 때문이다. 하지만 임베디드 시스템 대부분이 저렴한 가격대를 요구하거나, 또는 특수한 기능을 수행하는 구조를 가지므로 이와 같은 경우는 흔하지 않은 편이다.

► 개발환경 용어 정의

Toolchain이란, 말 그대로 툴들을 모아 놓은 것이다. 개발에 필요한 Compiler, 각종 Debugger, Library, Utility 프로그램 등을 모아 놓았다는 뜻이다. 가장 중요한 것은 gcc 컴파일러이며 gcc 사용하기 위해 필요한 binutils도 포함되며 binutils는 바이너리 파일들을 취급하는데 사용된다.

► toolchain 설치 및 크로스 컴파일 환경 설정

① 호스트PC 리눅스를 부팅 한 후 터미널을 열어 "/usr/local" 디렉토리로 이동한다 . 그 후 "arm-linux-4.1.1.tar" 을 복사하고 "tar zxvf arm-linux-4.1.1.tar" 을 실행해 압축을 해제한다.

```
☞ tar zxvf arm-linux-4.1.1.tar
```

② "/usr/local/arm-linux-4.1.1/bin" 디렉토리 내용을 확인한다.

```
root@localhost:/usr/local/arm-linux-4.1.1/bin
[root@localhost bin]#
[root@localhost bin]# ls
arm-iwmmxt-linux-gnueabi-addr2line  arm-linux-addr2line
arm-iwmmxt-linux-gnueabi-ar         arm-linux-ar
arm-iwmmxt-linux-gnueabi-as         arm-linux-as
arm-iwmmxt-linux-gnueabi-c++        arm-linux-c++
arm-iwmmxt-linux-gnueabi-c++filt    arm-linux-c++filt
arm-iwmmxt-linux-gnueabi-cpp        arm-linux-cpp
arm-iwmmxt-linux-gnueabi-g++        arm-linux-g++
arm-iwmmxt-linux-gnueabi-gcc        arm-linux-gcc
arm-iwmmxt-linux-gnueabi-gcc-4.1.1  arm-linux-gcc-4.1.1
arm-iwmmxt-linux-gnueabi-gccbug     arm-linux-gccbug
arm-iwmmxt-linux-gnueabi-gcov       arm-linux-gcov
arm-iwmmxt-linux-gnueabi-insight    arm-linux-ld
arm-iwmmxt-linux-gnueabi-ld         arm-linux-nm
arm-iwmmxt-linux-gnueabi-nm         arm-linux-objcopy
arm-iwmmxt-linux-gnueabi-objcopy    arm-linux-objdump
arm-iwmmxt-linux-gnueabi-objdump    arm-linux-ranlib
arm-iwmmxt-linux-gnueabi-ranlib     arm-linux-readelf
arm-iwmmxt-linux-gnueabi-readelf    arm-linux-size
arm-iwmmxt-linux-gnueabi-size       arm-linux-strings
arm-iwmmxt-linux-gnueabi-strings    arm-linux-strip
arm-iwmmxt-linux-gnueabi-strip
[root@localhost bin]#
```

[그림 3-6] /usr/local/arm-linux-4.1.1/bin 디렉토리 내용

③ "/root/.bash_profile" 내용을 vi 에디터를 이용해 "PATH = $PATH:$HOME/bin" 뒤에 조금 전 폴더의 위치인 ":/usr/local/arm-linux-4.1.1/bin/"을 추가한다.

```
root@localhost:/usr/local/arm-linux-4.1.1/bin
# .bash_profile

# Get the aliases and functions
if [ -f ~/.bashrc ]; then
        . ~/.bashrc
fi

# User specific environment and startup programs

PATH=$PATH:$HOME/bin:/usr/local/arm-linux-4.1.1/bin

export PATH
unset USERNAME
~
~
~
~
~
~
~
~
~
~
```

[그림 3-7] bash_profile의 변경된 내용

④ "/root/.bash-profile" 파일에서 PATH를 수정한 후 수정된 내용을 "source /root/.bash_profile" 로 적용시켜 준다.

⑤ [그림3-8]와 같이 . PATH가 적용된 것을 확인 할 수 있다.

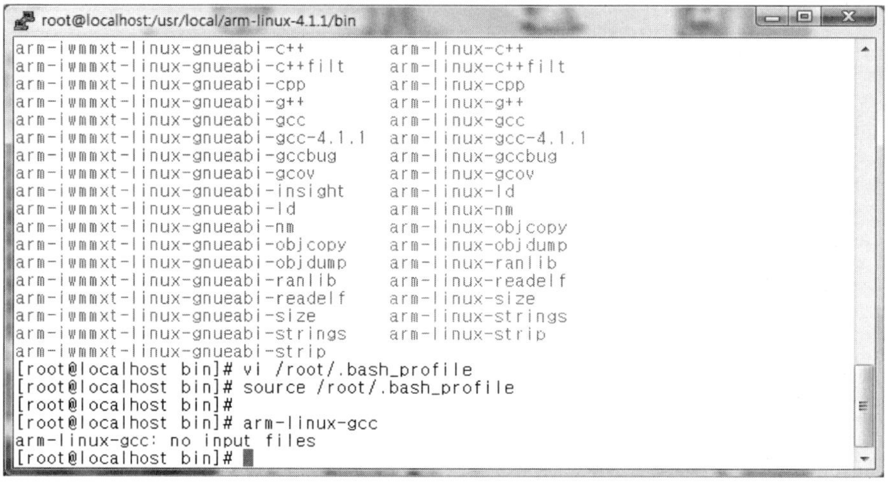

```
root@localhost:/usr/local/arm-linux-4.1.1/bin
arm-iwmmxt-linux-gnueabi-c++          arm-linux-c++
arm-iwmmxt-linux-gnueabi-c++filt      arm-linux-c++filt
arm-iwmmxt-linux-gnueabi-cpp          arm-linux-cpp
arm-iwmmxt-linux-gnueabi-g++          arm-linux-g++
arm-iwmmxt-linux-gnueabi-gcc          arm-linux-gcc
arm-iwmmxt-linux-gnueabi-gcc-4.1.1    arm-linux-gcc-4.1.1
arm-iwmmxt-linux-gnueabi-gccbug       arm-linux-gccbug
arm-iwmmxt-linux-gnueabi-gcov         arm-linux-gcov
arm-iwmmxt-linux-gnueabi-insight      arm-linux-ld
arm-iwmmxt-linux-gnueabi-ld           arm-linux-nm
arm-iwmmxt-linux-gnueabi-nm           arm-linux-objcopy
arm-iwmmxt-linux-gnueabi-objcopy      arm-linux-objdump
arm-iwmmxt-linux-gnueabi-objdump      arm-linux-ranlib
arm-iwmmxt-linux-gnueabi-ranlib       arm-linux-readelf
arm-iwmmxt-linux-gnueabi-readelf      arm-linux-size
arm-iwmmxt-linux-gnueabi-size         arm-linux-strings
arm-iwmmxt-linux-gnueabi-strings      arm-linux-strip
arm-iwmmxt-linux-gnueabi-strip
[root@localhost bin]# vi /root/.bash_profile
[root@localhost bin]# source /root/.bash_profile
[root@localhost bin]#
[root@localhost bin]# arm-linux-gcc
arm-linux-gcc: no input files
[root@localhost bin]#
```

[그림 3-8] 변경된 bash_profile 적용

3.2.2. 부트로더 컴파일

► 부트로더(Bootloader)

대부분의 임베디드 시스템(Embedded System)은 일반 PC와는 달리 여러 가지 다양한 기능을 갖는 ROM BIOS가 없다. 따라서 이를 대신하여 부트로더에서 각종 H/W(MPU, SDRAM, FLASH, UART, GPIO)를 초기화 한다. 이와 더불어 부트로더에서는 아래와 같은 다양한 기능을 제공하고 있다.

► 부트로더 기능

다음은 부트로더의 중요 기능이다.

- 부트로더에서 하드웨어에 대한 초기화(CPU speed, 메모리 타이밍, 인터럽트, UART, GPIO)
- 리눅스를 부팅 할 수 있게 해주는 본연의 부트로더 기능.

- 커널 이미지를 SDRAM에 저장한 후 커널 이미지의 주소로 점프하는 기능.
- 호스트상에서 컴파일된 커널이나 Root 이미지를 시리얼을 이용하여 SDRAM에 다운로딩이 가능하다(단, 다운로드는 이더넷을 통해서만 가능함)
- Ethernet tftp 및 bootp 실행
- 플래시 메모리 제어
  - 플래시 쓰기, 삭제 기능
  - 플래시 lock, unlock 기능

► 부트로더 컴파일 - 툴체인 설치

제공된 CD의 Bootloader 디렉토리의 내용을 /embedded 디렉토리로 복사한 후, 부트로더 빌드를 하기 위해 Bootloader.tgz 파일 압축을 풀면 blob ,image ,mobm ,util 디렉토리가 표시된다(tar zxvf Bootloader.tgz).

```
root@localhost:/embedded
./mobm/flash/flash.c
./mobm/flash/flash.o
./mobm/obm.map
./mobm/mobm
./util/
./util/link_image
./util/descr_v3_lb.txt
./util/descr_v2_lb.txt
./util/mkfs.jffs2
./util/descr_v2_sb.txt
[root@localhost embedded]# ls
Bootloader.tgz  Filesystem  Kernel  blob  image  mobm  util
[root@localhost embedded]#
```

[그림 3-9] embedded 디렉토리 안의 내용

1. BLOB빌드 명령

아래명령을 실행하기 전에, 우선 제공된 CD의 Kernel 디렉토리를 “/embedded/” 에 복사한 후에 linux.tgz 파일을 압축해제해야 한다.

```
☞ cd blob
☞ ./config.sh
```

```
root@localhost:/embedded/blob
checking for arm-linux-gcc... (cached) arm-linux-gcc
checking for C compiler default output file name... a.out
checking whether the C compiler works... yes
checking whether we are cross compiling... yes
checking for suffix of executables...
checking for suffix of object files... o
checking whether we are using the GNU C compiler... yes
checking whether arm-linux-gcc accepts -g... yes
checking for arm-linux-gcc option to accept ISO C89... none needed
checking for style of include used by make... GNU
checking dependency style of arm-linux-gcc... gcc3
checking for arm-linux-ranlib... (cached) arm-linux-ranlib
checking for a BSD-compatible install... /usr/bin/install -c
checking whether ln -s works... yes
checking dependency style of arm-linux-gcc... gcc3
checking target board... "HYBUS X-HYPER 320 TKU"
configure: WARNING: "NAND support is only for Monahans now."
checking if the Linux source tree in /embedded/blob/../../Kernel/linux/ is sane.
.. no
configure: error: /embedded/blob/../../Kernel/linux/ doesn't look like a configu
red Linux source tree.
make: *** ? 寃잪씘 吏 ?빨릶 吏 ?뤒븯 怨? 硫뷀씘? ы쏅?쇰씘 ?놁뒿?덈떎.     硫?
異?
Compiling BLOB done!
2009. 02. 12. (紐? 16:20:22 KST
[root@localhost blob]#
```

[그림 3-10] BLOB 빌드

2. MOBM빌드 명령

> ☞ cd mobm
> ☞ make

```
root@localhost:/embedded/mobm
make[1]: Entering directory `/embedded/mobm/download'
/usr/local/arm-linux-4.1.1/bin/arm-linux-ld -r -o down.o uart.o download.o uartd
ownload.o output.o
make[1]: Leaving directory `/embedded/mobm/download'
make -C  /embedded/mobm/flash
make[1]: Entering directory `/embedded/mobm/flash'
make[1]: `all'瑜? ? 꾩빐 ???쇱씠 ?놁뒿?덈떎
make[1]: Leaving directory `/embedded/mobm/flash'
make -C  /embedded/mobm/misc
make[1]: Entering directory `/embedded/mobm/misc'
make[1]: `all'瑜? ? 꾩빐 ???쇱씠 ?놁뒿?덈떎
make[1]: Leaving directory `/embedded/mobm/misc'
make -C  /embedded/mobm/dfc
make[1]: Entering directory `/embedded/mobm/dfc'
/usr/local/arm-linux-4.1.1/bin/arm-linux-ld -r -o dfc.o xllp_dfc_support.o xllp_
dfc.o
make[1]: Leaving directory `/embedded/mobm/dfc'
/usr/local/arm-linux-4.1.1/bin/arm-linux-ld -T /embedded/mobm/startup/startup.ld
s -e __main  -Map obm.map -o mobm-elf32 startup/startup.o main/obm.o dfc/dfc.o f
lash/flash.o download/down.o misc/misc.o
/usr/local/arm-linux-4.1.1/bin/arm-linux-strip -R .comment -R .note -S mobm-elf3
2 -o mobm-elf32-stripped
/usr/local/arm-linux-4.1.1/bin/arm-linux-objcopy -O binary -R .note -R .comment
-S mobm-elf32-stripped mobm
rm -f mobm-elf32*
[root@localhost mobm]#
```

[그림 3-11] MOBM 빌드

✔ Bootloader Sequence

(1) NAND Boot Sequence

CPU에 전원이 인가되면 Boot ROM에 있는 Boot코드가 실행된다. 이 Boot ROM은 NAND Flash 0번지에 있는 MOBM(OEM boot)로 이동되며, MOBM에서는 system startup, 내부 SRAM 초기화, NAND Flash controller 초기화 등을 수행하고 자기 자신과 Blob 이미지를 내부 SRAM에 복사한 후 BLOB의 startup 코드로 분기한다.

(2) MOBM StartUp

MOBM 소스 코드는 Bootloader/mobm에 있으며, startup 코드는 Bootloader/mobm/startup/StartUp.S 부터 시작하며 C code로 넘어와서 Bootloader/mobm/main/obm.c 파일의 OBMBootMain() 함수로부터 실행된다.

다음은 함수 마지막인 TransferControlToOSLoader()를 호출해서 BLOB으로 분기한다.

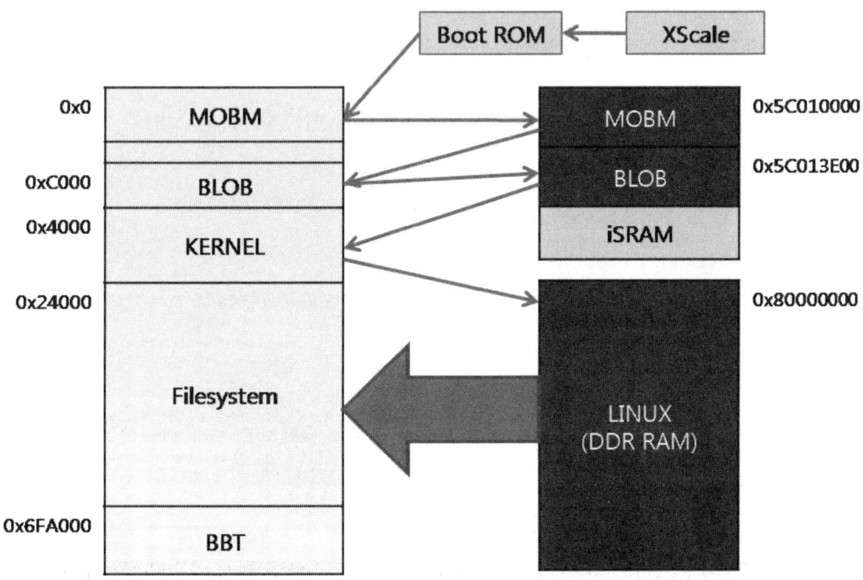

[그림 3-12] Boot Sequence

3. link_image

MOBM과 BLOB의 컴파일이 완료 되었으면 link_image util을 이용하여 하나의 바이너리로 재생성 한다. 이에 대한 생성 방법 및 프로그램 사용법은 프로젝트의 Bootloader/util 디렉토리에 mobm과 blob을 복사하고 # ./link_image -d descr_v2_lb.txt >/dev/null 2>&1 를 실행하면 된다.

이와 같은 과정이 복잡하고 번거롭기 때문에 Bootloader/image 폴더의 mk_boot.sh 스크립트를 이용해도 된다.

```
☞ cd image
☞ ./mk_boot.sh
```

./mk_boot.sh 명령으로 boot.bin 이미지가 생성되며, boot.bin 파일이 부트로더 이미지이다. 이와 같이 생성된 부트로더 이미지 파일을 타겟보드 플래시 메모리 0번지에 퓨징(Fusing)하며, 이에 대한 방법은 다음과 같다.

3.2.3. 부트로더 퓨징

X-Hyper320TKU 보드는 기본적으로 부트로더가 퓨징되어 출시되며

[그림 3-13] bootloader 동작 확인

[그림 3-13]과 같이 부트로더의 동작 메시지를 확인할 수 있다. 만약에 부트로더 퓨징이 필요하지 않는 경우에는 이 부분을 생략하고 다음 장인 "3. 커널" 장으로 넘어가면 된다.

부트로더 이미지(boot.bin)를 PXA320 Nand Flash에 Write하기 위해서는 XDB debugger가 필요하다. XDB debbuger는 하이버스 홈페이지에서 구할 수 있다. (hybus.net->제품소개->Emulator->XDB)

► XDB Debug 케이블 연결

[그림 3-14]의 그림과 같이 XDB를 Debugger 포트에 연결한다.

[그림 3-14] XDB 케이블 연결

► 프로그램 Install

XDB용 소프트웨어(Marvell C++ Software Development Tool Suite for Intel XScale® Microarchitecture) Professional v2.1를 PC에 설치한다.

XDB를 사용하기 위해서는 호스트PC ROM BIOS 설정 메뉴에서 페러럴 포트 모드를 ECP+EPP로 설정해야 한다.

► **프로그램 설정(Setup)**

Marvell® XDB Debugger 프로그램을 실행하고 New를 선택한다.

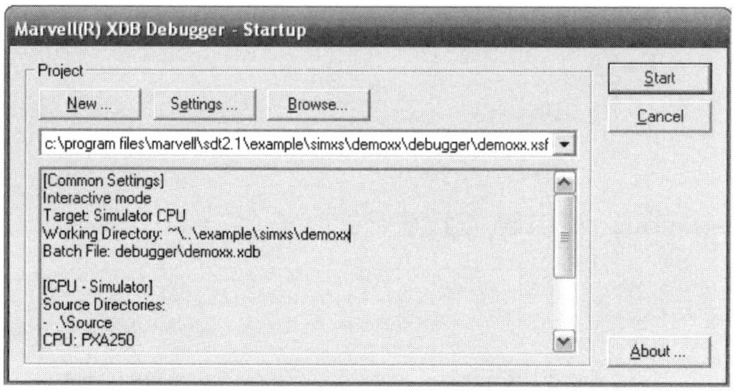

[그림 3-15] XDB Debugger 실행화면

Target과 Initial Batch File을 설정한다.

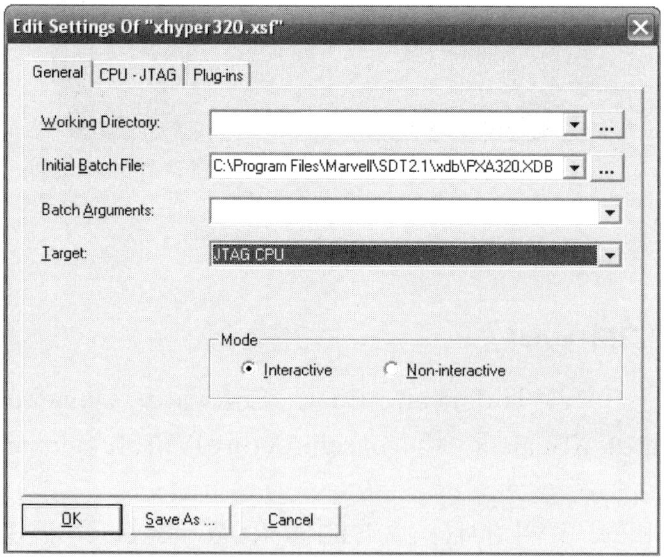

[그림 3-16] XDB Debugger 설정 화면 #1

CPU-JTAG에서 Board를 PXA3XX로 설정한다.

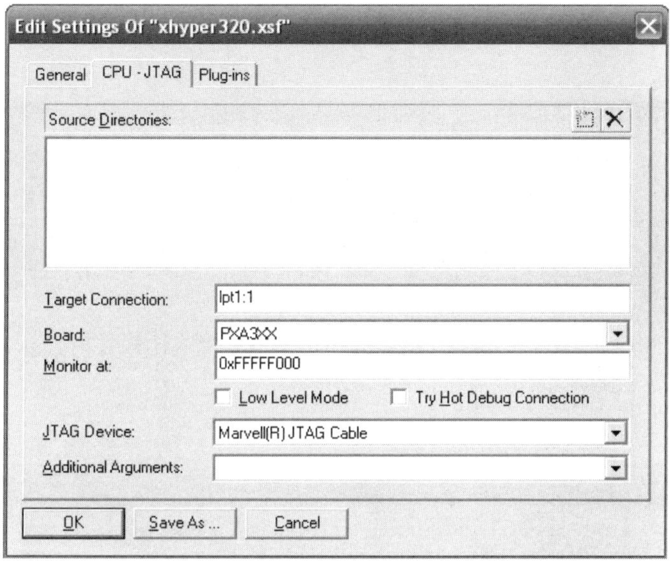

[그림 3-17] XDB Debugger 설정 화면 #2

완료 되었으면 Save As하여 pxa320_hybus.xsf 라고 저장한다.

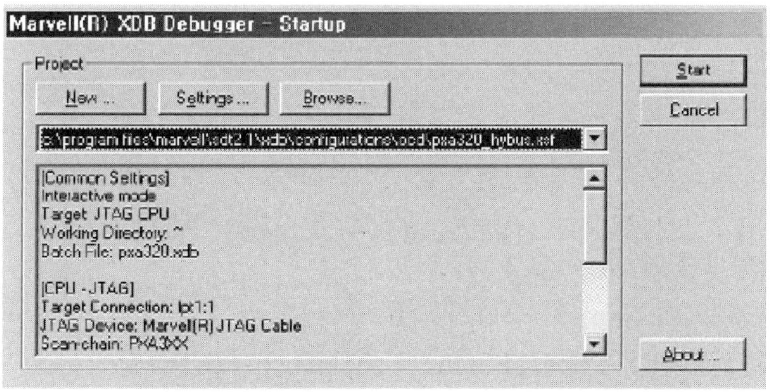

[그림 3-18] XDB Debugger 설정 저장

위와 같이 저장되었으면 보드에 전원을 인가하고 Start를 클릭하여 실행한다. 케이블 연결이 잘 되었는지 여부와, 그리고 시스템이 잘 구동되는지 확인한다.

위와 같이 제시한 방법에 따라 설정이 올바르게 수행되었다면 XDB가 시작되고 타겟 장치와 연결된다. 다음 디버거가 시작되고 [그림 3-19]와 같이 Marvell® XDB Debugger창을 화면에서 볼 수 있다.

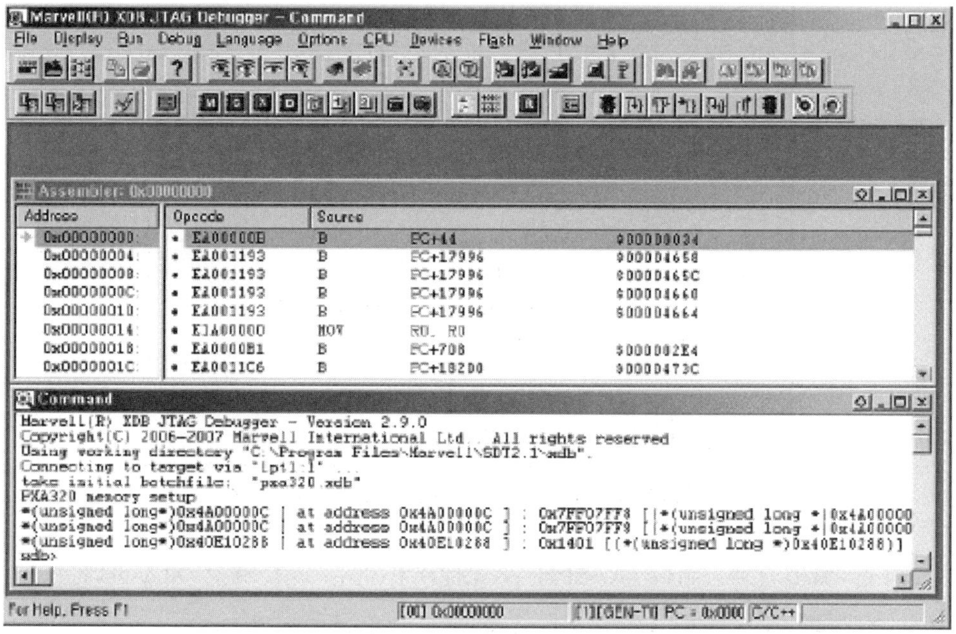

[그림 3-19] 타겟보드와 연결 확인

XDB가 타겟 JTAG장치에 연결이 불가능 하다면 사용자에서 다시 수행할 것인지, 하드웨어 설정을 확인할 것 인지 묻는 메시지를 출력한다. 사용자는 타겟 장치와 타겟 JTAG에 전원을 인가했는지 확인한 후, Yes를 클릭하여 재연결을 시도 하도록 한다.

Flash 퓨징(Fusing)은 상단의  아이콘을 클릭해서 수행한다.

실습 보드는 PXA320, Flash는 NAND Flash로 설정하고 offset in flash는 0x0번지로 지정하고 Burn을 클릭한다. Data File에는 Download 할 이미지를 지정한다.

먼저 Extended Flash Functionality 탭에서 Print bad block table을 선택하고 Execute를 클릭한다.

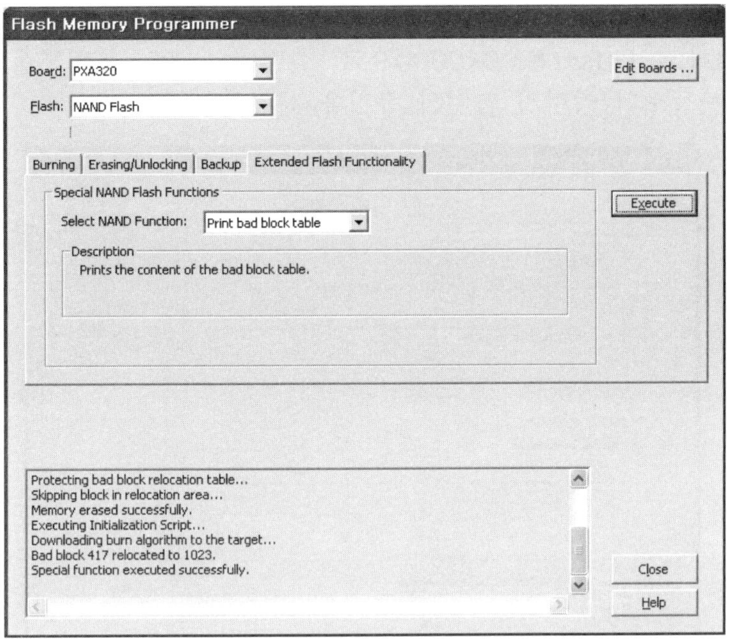

[그림 3-20] 타겟보드에 전송 준비 #1

Erasing/Unlocking 탭에서 All Blocks 을 선택하고 Erase를 클릭한다.

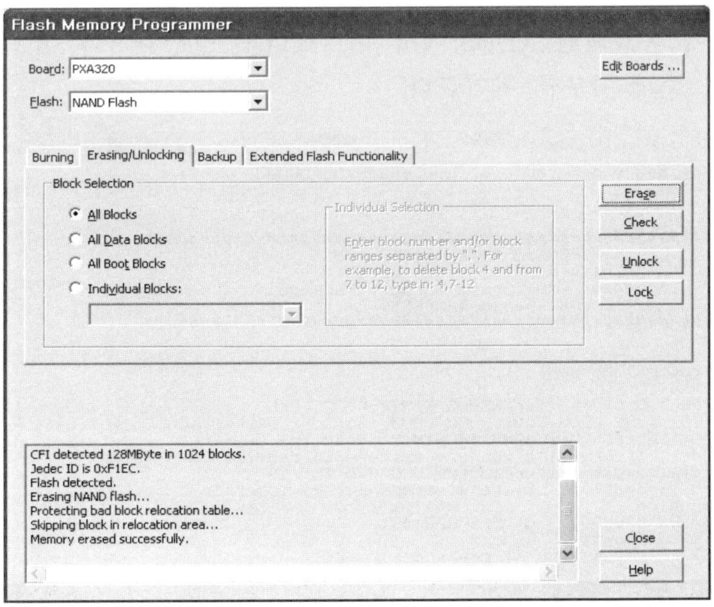

[그림 3-21] 타겟보드에 전송 준비 #2

All Blocks Erase을 실행한 후, 다음은 Burning 탭에서 퓨징할 부트로더를 선택하고 Offset은 0x0000으로 설정하고 Burn 버튼을 클릭하여 boot.bin 부트로더 이미지 파일의 퓨징을 시작한다.

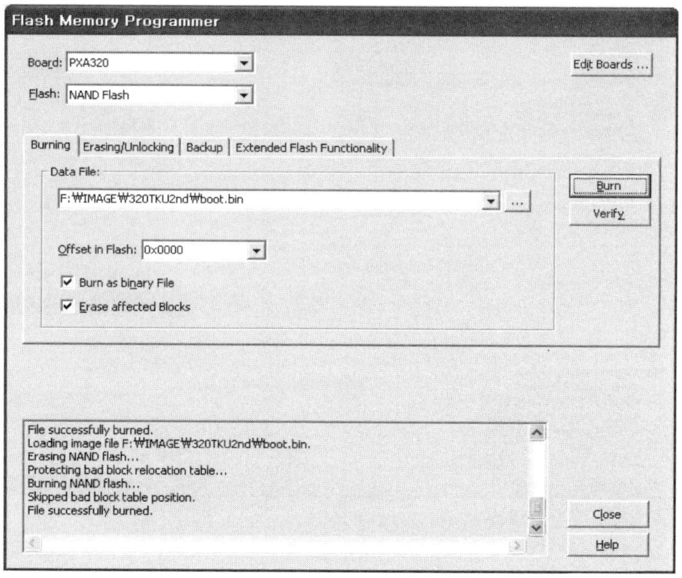

[그림 3-22] 타겟보드에 전송 준비 #3

Fusing이 종료되면 XDB상에서 부트로더를 실행하거나, 또는 시스템을 재부팅하여 동작 여부를 확인한다.

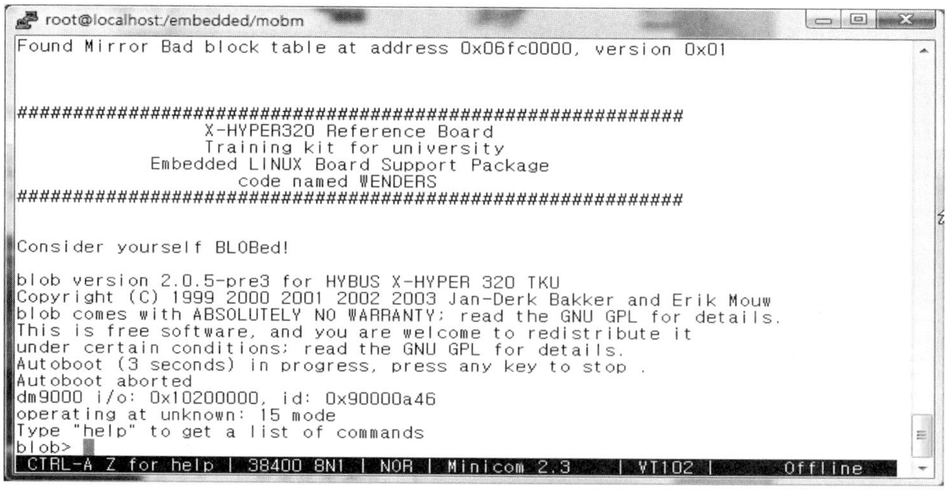

[그림 3-23] 전송 완료 후 확인

3.3. 커널

3.3.1. 커널 컴파일

커널이란 운영체제의 핵심을 이루는 요소로서 컴퓨터 자원을 사용자 프로그램에서 사용할 수 있도록 관리하는 프로그램이다. 이런 커널의 역할은 사용자가 작동시키는 응용프로그램과 하드웨어 사이의 조정자 역할을 담당한다. 이와 함께 동시에 수행되는 여러 프로그램(즉, 프로세스와 스레드)을 위해 메모리 관리를 해 주며 컴퓨터 자원을 배분하는 역할을 해 준다.

컴파일이란 컴파일러를 이용하여 프로그램 소스로부터 수행 가능한 바이너리 코드를 만드는 과정을 말한다. 리눅스 소스는 거의 대부분 C 언어로 작성되었으며 부팅 초기 프로그램과 같은 약간의 어셈블리 코드를 가지고 있다. 다음 과정은 리눅스 커널을 X-Hyper320-TKU 타겟보드에 알맞게 커널 환경을 설정하고 컴파일 하는 과정을 설명한다.

3.3.2. 커널 구성(Configuration)

커널 구성을 처음 사용 시에는 먼저 [그림3-24]와 같이 X-Hyper270-TKU 설정을 한 후에 menuconfig 화면으로 이동한다.

```
☞ make WENDERS_defconfig
```

```
root@localhost:/embedded/Kernel/linux
  CAST6 (CAST-256) cipher algorithm (CRYPTO_CAST6) [N/m/y/?] n
  TEA, XTEA and XETA cipher algorithms (CRYPTO_TEA) [N/m/y/?] n
  ARC4 cipher algorithm (CRYPTO_ARC4) [N/m/y/?] n
  Khazad cipher algorithm (CRYPTO_KHAZAD) [N/m/y/?] n
  Anubis cipher algorithm (CRYPTO_ANUBIS) [N/m/y/?] n
  Deflate compression algorithm (CRYPTO_DEFLATE) [N/m/y/?] n
  Michael MIC keyed digest algorithm (CRYPTO_MICHAEL_MIC) [N/m/y/?] n
  CRC32c CRC algorithm (CRYPTO_CRC32C) [N/m/y/?] n
  Testing module (CRYPTO_TEST) [N/m/y/?] n
*
* Hardware crypto devices
*
*
* Library routines
*
CRC-CCITT functions (CRC_CCITT) [Y/?] y
CRC16 functions (CRC16) [N/m/y/?] n
CRC32 functions (CRC32) [Y/?] y
CRC32c (Castagnoli, et al) Cyclic Redundancy-Check (LIBCRC32C) [N/m/y/?] n
[root@localhost linux]#
```

[그림 3-24] make WENDERS_deconfig 실행

다음은 커널 디렉토리 최상위 위치에서 다음과 같은 명령을 수행한다. make xhyper270tku_defconfig 명령은 커널을 컴파일 할 때 필요한 옵션을 X-Hyper320-TKU에 적합하도록 하는 명령이며, 이는 한번만 실행하면 된다(본 소스는 이미 320용으로 만들었으므로 할 필요가 없다).

그 후에 make menuconfig 명령으로 kernel configuration 창으로 들어가면 [그림 3-25]와 같은 화면이 출력된다.

```
☞ make menuconfig
```

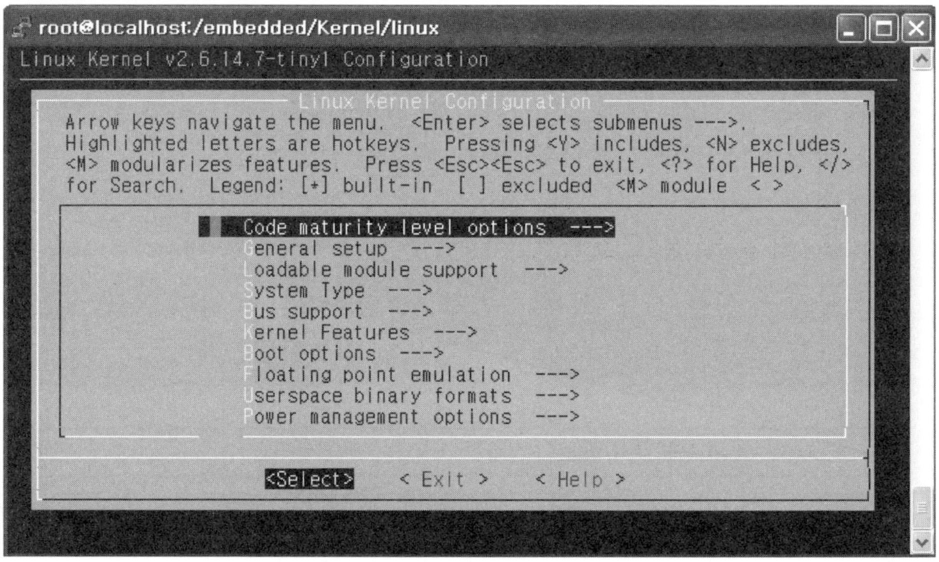

[그림 3-25] menuconfig 실행화면

여기에서는 커널을 Built-in 형태로 할 것인지, 아니면 Module(M) 형태로 할 것인지 등을 선택하고 컴파일 하는 과정이다. 또한 메뉴를 새로 추가 할 수도 있다. 이미지를 만들기 위해서는 메인 화면으로 이동 후 바로 빠져 나와 이미 기본 값으로 지정되어 있는 값들로 저장을 한다. 그러면 기본으로 제공되는 모든 기능들이 모두 선택된 상태에서 컴파일 되어 이미지를 만들 수 있다.

이미 기본적인 설정은 미리 되어있으므로 본 커널이 어떻게 구성되었는지 확인만 하고, "Exit" 으로 저장만 하고 빠져나오면 된다.

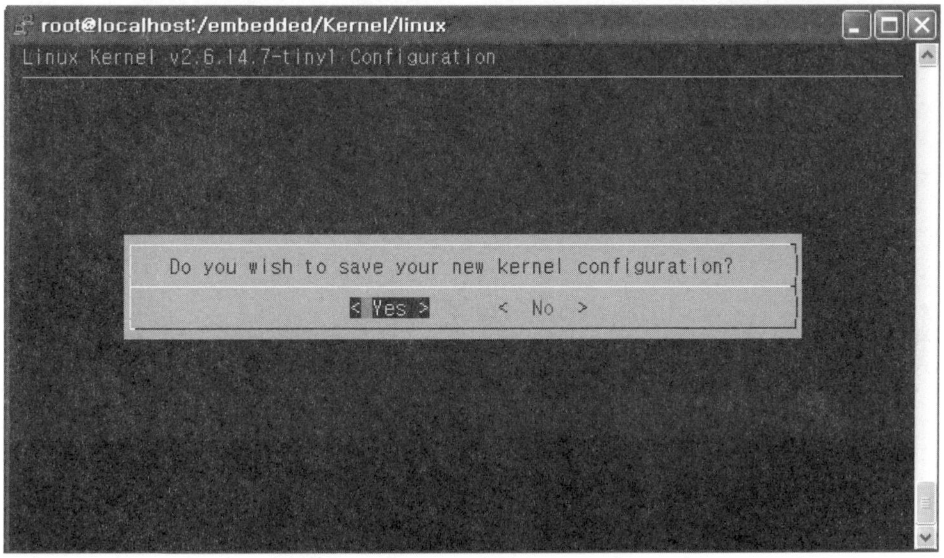

[그림 3-26] menuconfig 저장하기

다음의 아래 화면이 menuconfig의 최상위 선택 화면이며, 메뉴방식의 화면에서 단축 글쇠(황색 글자)와 방향키로 메뉴 사이를 옮겨 다닐 수 있으며 사용방법은 아래와 같다.

- " ---->" 표시가 있는 곳에서 엔터키를 누르면 하위 메뉴가 열린다.
- <ESC>를 두 번 누르거나 <Exit>를 선택하면 상위 메뉴로 올라간다.
- " h " 키를 누르거나 아래의 <Help>를 선택 하게 되면 도움말을 볼 수 있다.
- <Tab> 키를 누르면 컨트롤 사이를 옮겨 다닌다.
- 질문에 대해 Y는 커널에 포함, N은 제외, M은 모듈을 뜻한다.
- 설정 상태는 [ ] 또는< > 안에 " * " (선택), " M " (모듈), 빈칸(제외)로 표시된다.
- 모듈기능(M)은 "< >" 으로 표시된 질문에만 쓸 수 있다.

다음은 X-Hyper320TKU의 커널 설정항목에 대한 설명이다.

1. Code maturity level options ↵

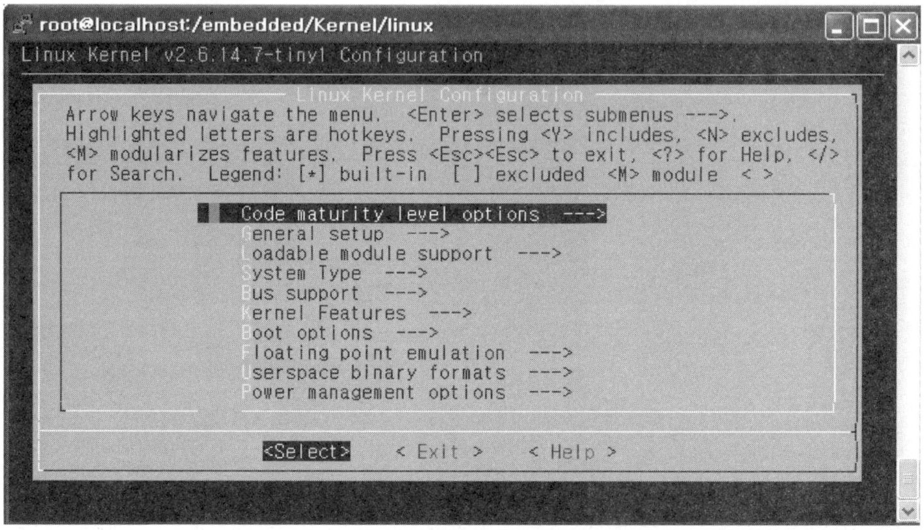

[그림 3-27] menuconfig 실행화면

► **[*] Prompt for development and/or incomplete Code/drivers**

커널 코드의 완성도를 선택하는 부분으로 개발버전 수준의 소스를 사용하게 선택해 주는 것이다.

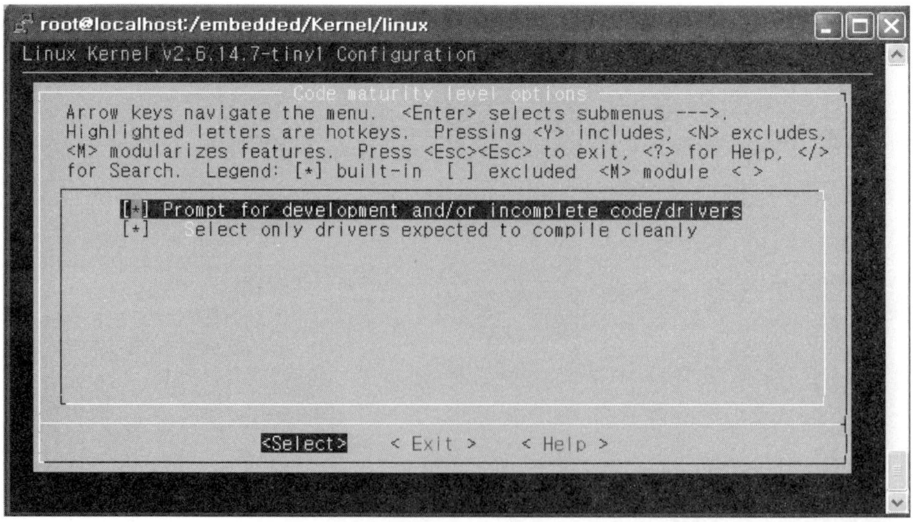

[그림 3-28] Prompt for development and/or incomplete Code/drivers

2. General setup

버스 프로토콜, 절전기능 등 시스템에 전반적으로 영향을 주는 설정

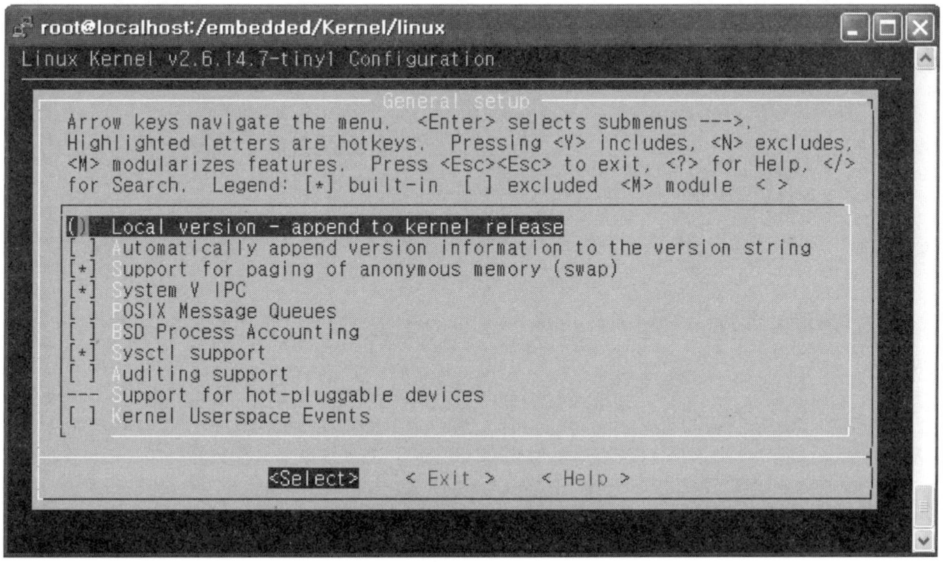

[그림 3-29] Gerneral Setup

3. Loadable module support

► **[*] Enable Loadable module Support↵**

- 버전 1.2 이후부터 리눅스 커널은 모듈 기능을 이용한다.
- 모듈을 이용하면 자주 쓰이지 않는 장치 드라이버나 기능들을 디스크에 모듈로 만들어 두었다가 필요할 때에만 동적으로 메모리에 적재하여 사용한다. 작업이 끝나면 메모리에서 다시 제거하므로 메모리를 효율적으로 사용할 수 있고, 커널 크기가 감소한다.
- 또한, 모듈은 스스로가 컴파일 되어 독자적인 기능을 가지므로 모듈로 설정한 기능에 변화가 있더라도 전체 커널에는 변화가 없다. 파일시스템, 장치 드라이버, 바이너리 포맷 등 많은 기능이 모듈을 지원하므로, 반드시 [*]를 선택한다.

► **[*] Module unloading**

► **[*] Forced module unloading**

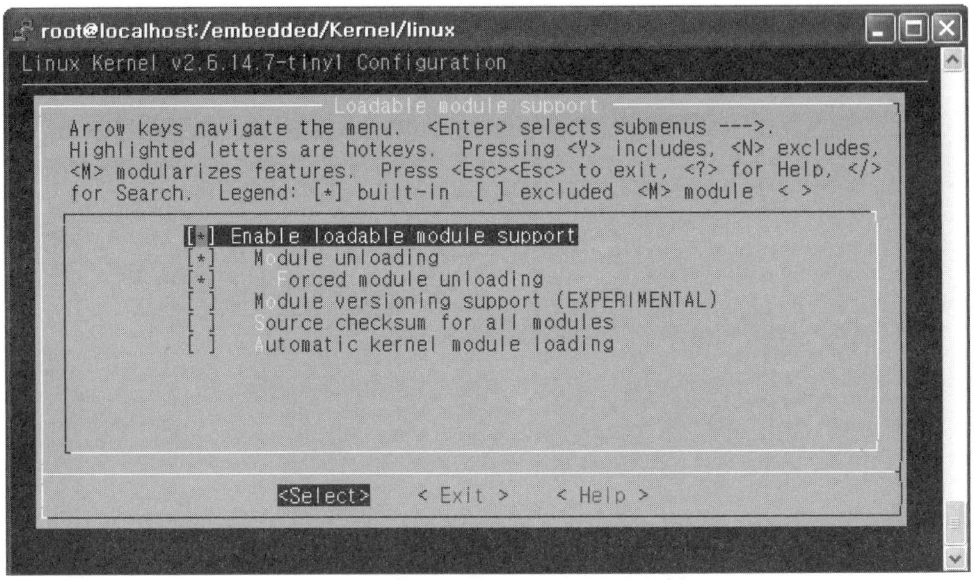

[그림 3-30] Loadable module support

4. System Type

► **ARM system type (PXA2xx-based)**

– 시스템 Type 중 X-HYPER PXA의 CPU 타입을 설정하는 창이다.

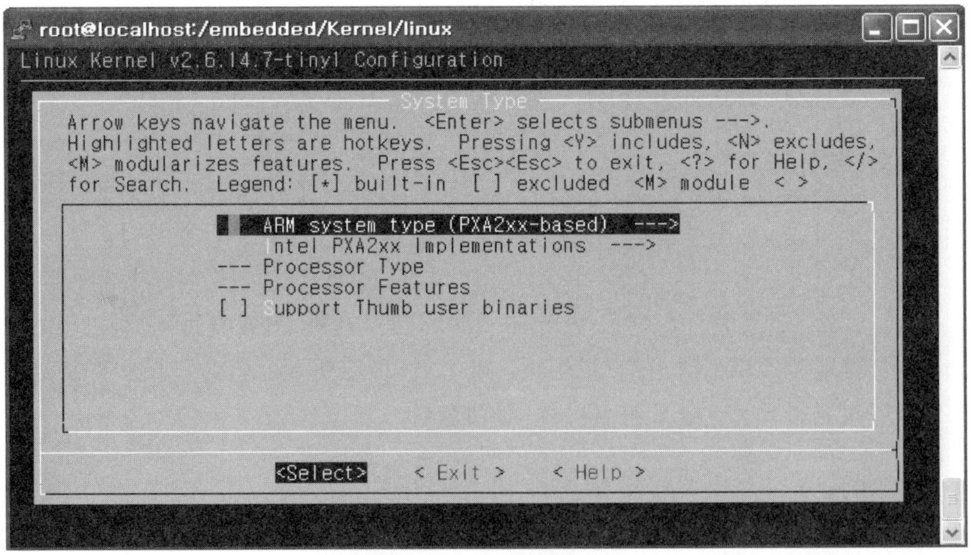

[그림 3-31] ARM system type (PXA2xx-based)

PXA2xx-based를 선택하여 그 안의 PXA2xx-based가 기본적으로 설정되어 있는 것을 확인한다.

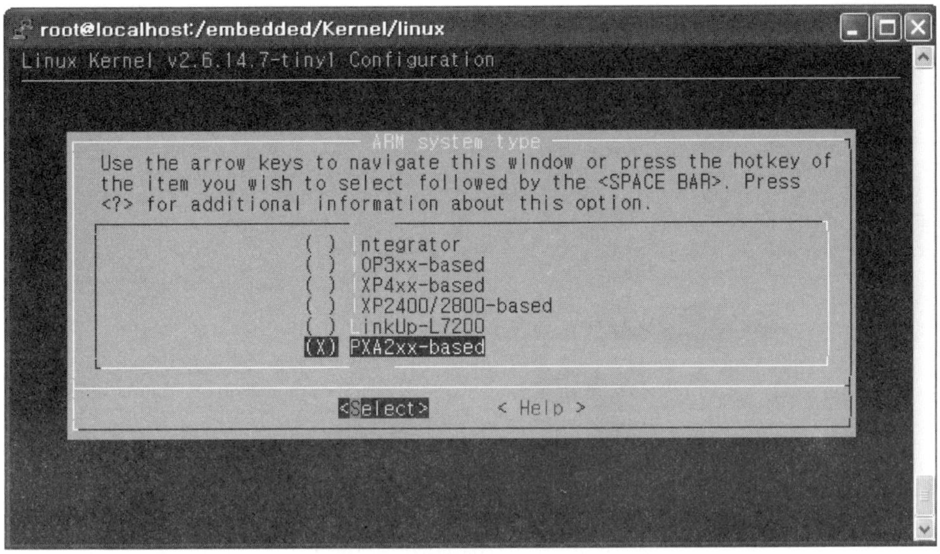

[그림 3-32] PXA2xx-based 설정

► **Intel PXA2xx Implementations**

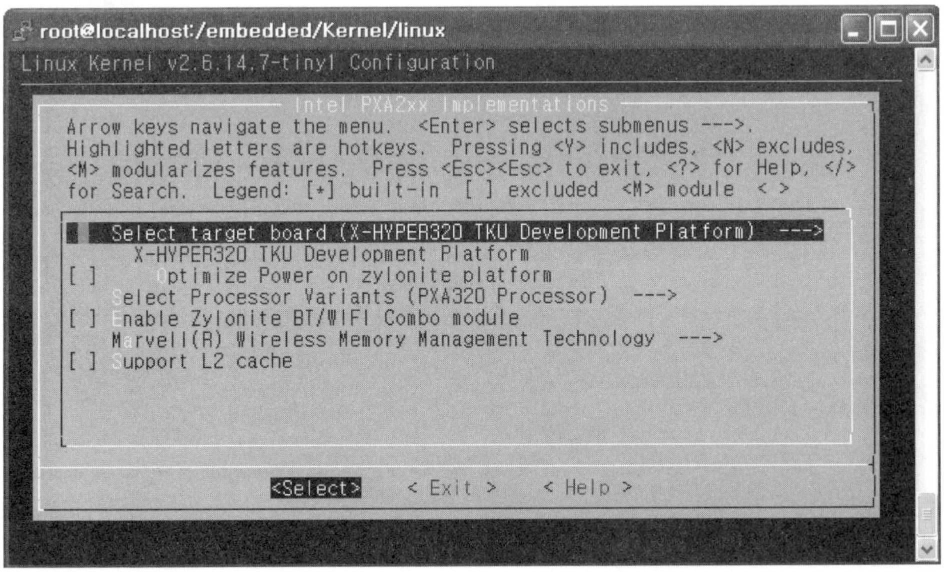

[그림 3-33] Intel PXA2xx Implementations 하위 화면

하위 창으로 이동하면 [그림 3-34]와 같이 X-hyper320 TKU Development Platform 가 선택되어 있는 것을 확인할 수 있다.

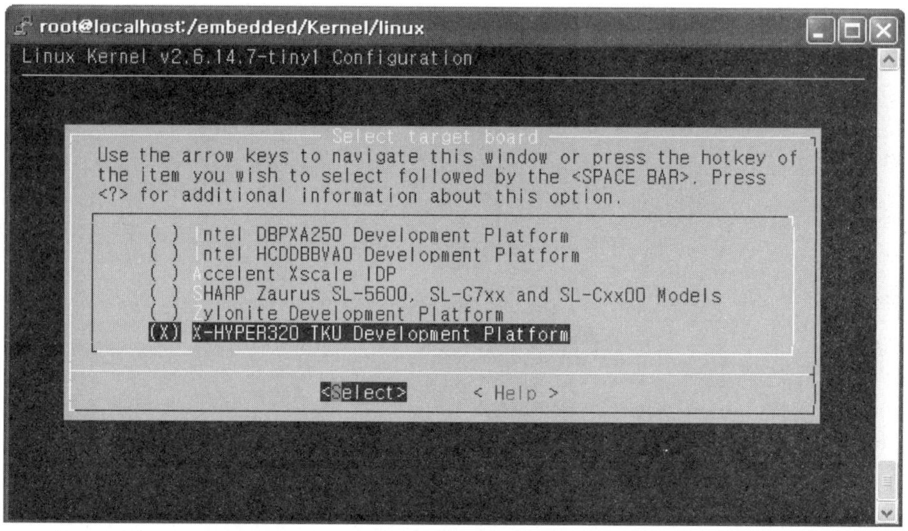

[그림 3-34] X-hyper320 TKU Development Platform 선택

► **Select Processor Variants (PXA320 Processor)**

– PXA320 Processor 선택를 선택한다.(기본으로 설정되어 있음)

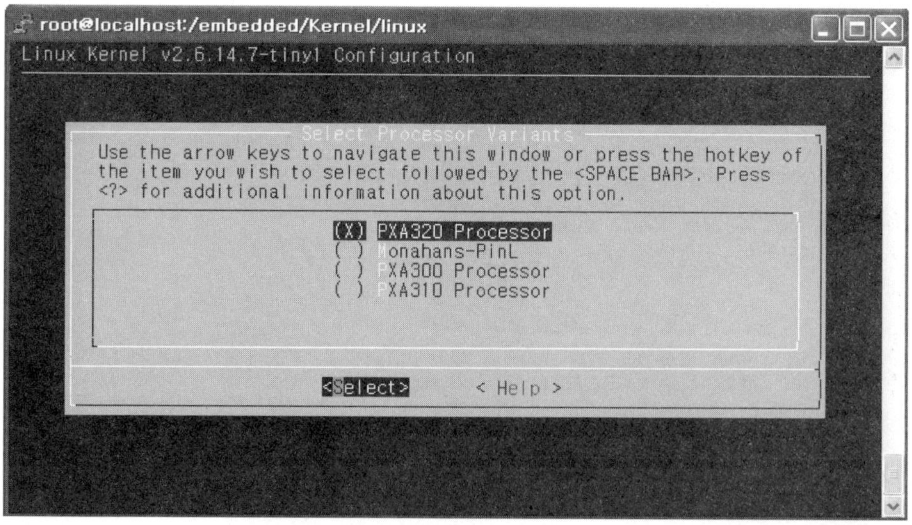

[그림 3-35] PXA320 Processor 선택

5. Kernel Features

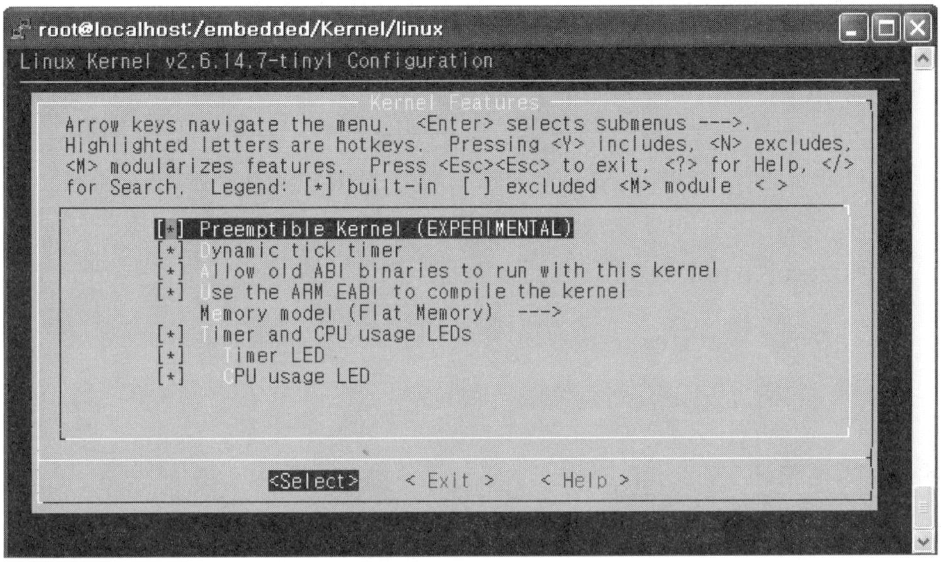

[그림 3-36] Kernel Features

► **Boot options**

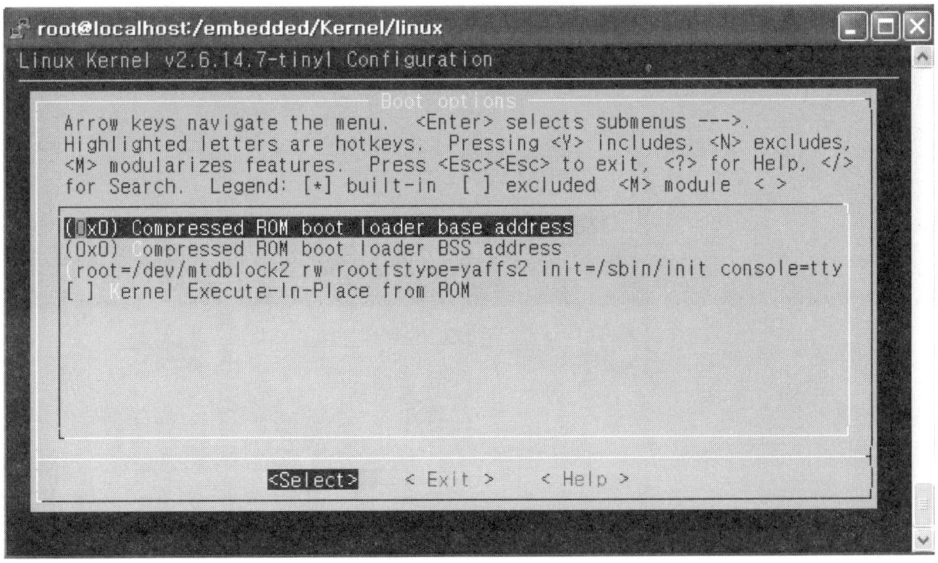

[그림 3-37] Boot option

커널 커맨드(3번째 줄)를 (CONFIG_CMDLINE) 아래와 같이 설정한다.

(root=/dev/mtdblock2 rw rootfstype=yaffs2 init=/sbin/init console=ttyS0,38400 rw mem=128M)

CONFIG_CMDLINE - Kernel로 넘겨지는 기본 인자들로, Console 세팅, 메모리 사이즈, Root file system의 종류 등을 설정한다.

6. Floating point emulation

- ► **NWFPE math emulation**
- ► **Support extended precision**

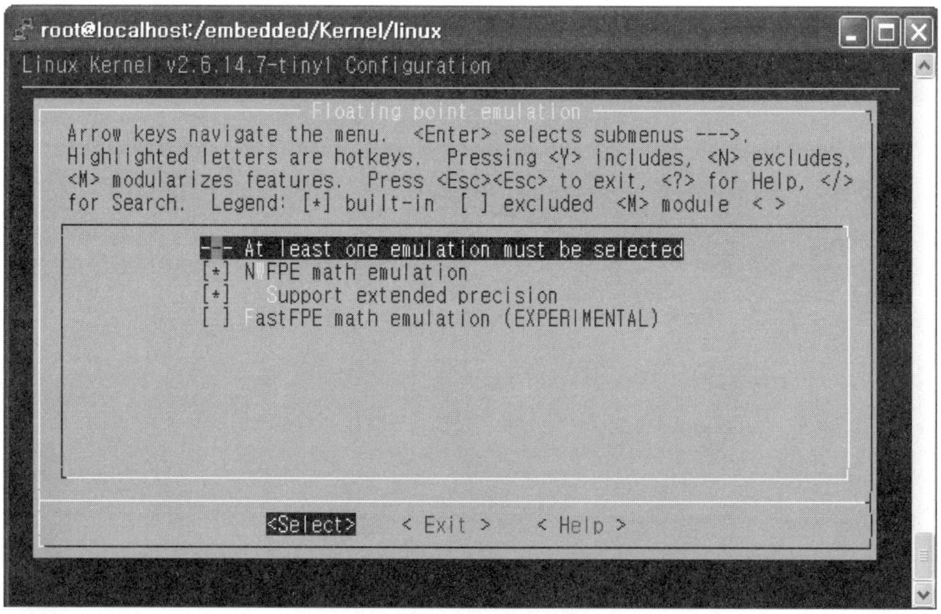

[그림 3-38] Floating point emulation

7. User space binary formats

► **[*] Kernel support for ELF binaries**

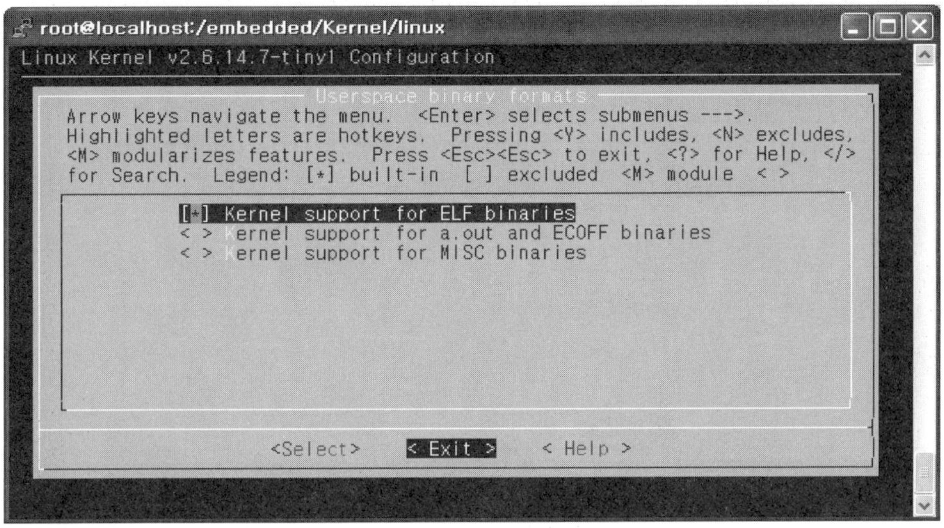

[그림 3-39] User space binary formats

8. Power management options

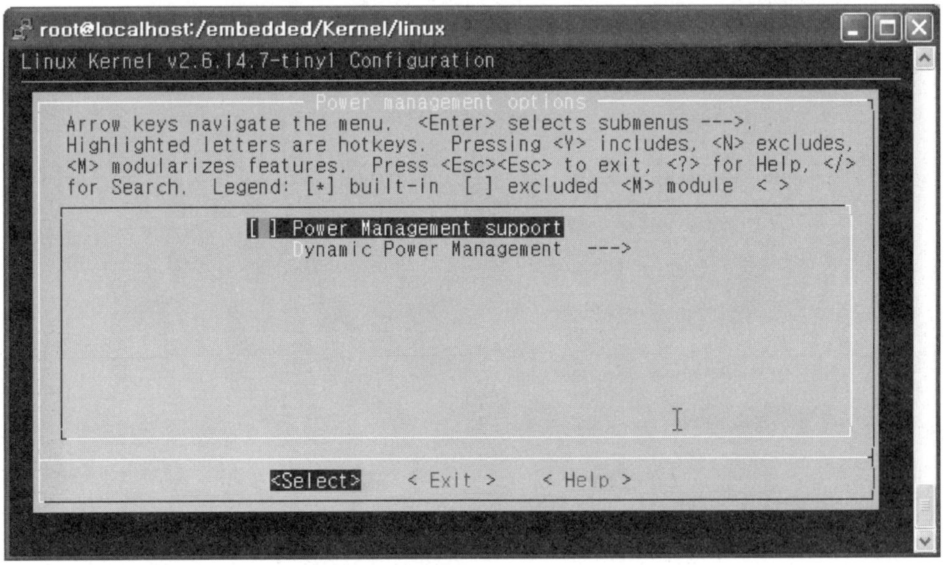

[그림 3-40] Power management options

9. Networking

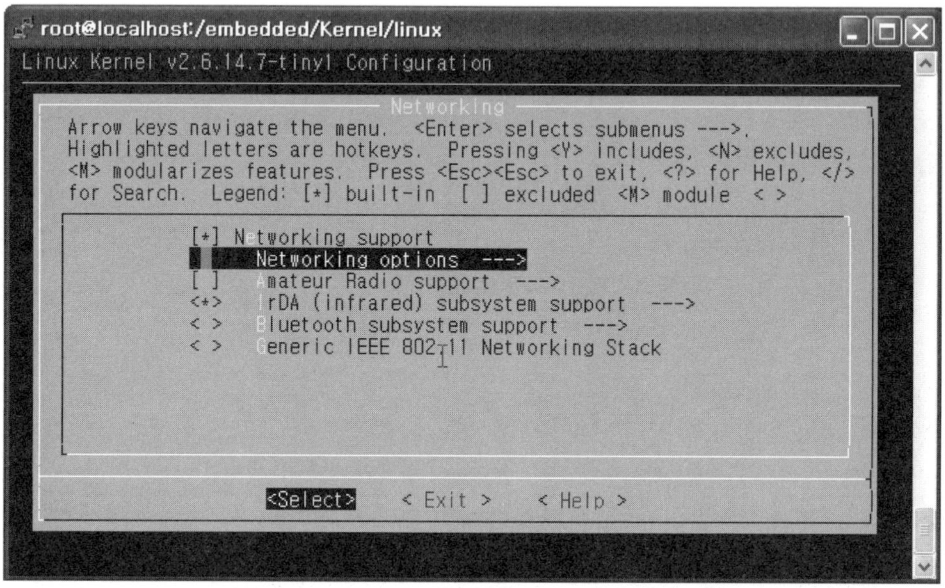

[그림 3-41] Networking

► **Networking options**

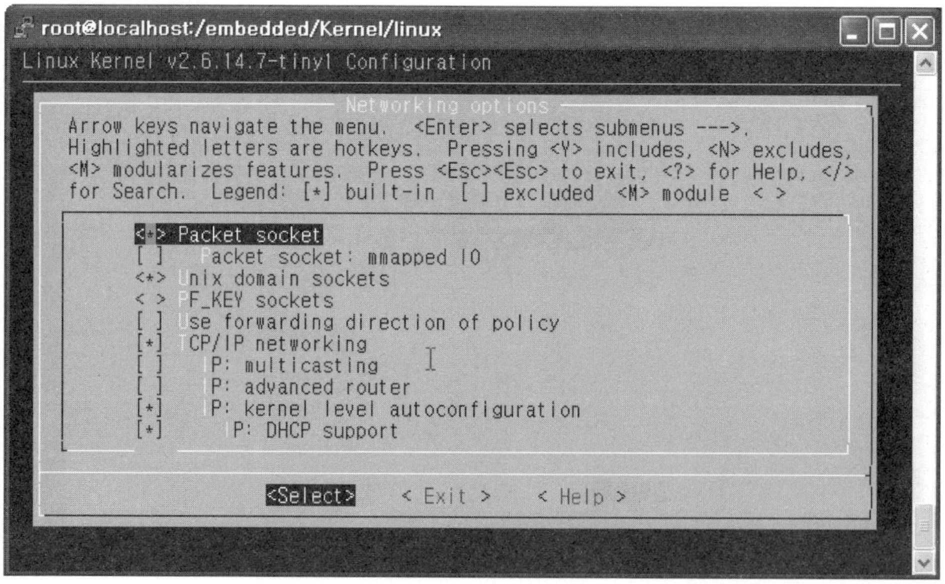

[그림 3-42] Networking options

Ⓐ <*> Unix domain sockets

Ⓑ [*] TCP/IP networking

리눅스 시스템이 TCP/IP 네트워크를 지원하는 기능이다. TCP/IP는 네트워크 및 인터넷 표준 프로토콜이며, 인터넷을 사용하지 않는 Standalone 컴퓨터라 할지라도, 터미널(term)과 XWindow 같은 프로그램은 TCP/IP 프로토콜를 지원하므로 필히 설치해야 한다.

Ⓒ [*] IP: kernel LeveL autoconfiguration:

Ⓓ [*] IP: DHCP Support

Ⓔ [*] IP: BOOTP Support

Ⓕ [*] IP: RARP Support

클라이언트 시스템이 부팅할 때 DHCP나 BOOTP 서버로부터 네트워크 설정 정보를 가져오는 기능이다. 디스크가 없이 부팅하는 시스템에 쓰이며, 이 설정을 사용하기 위해서는 "NFS를 통한 루트 파일 시스템" 항목도 역시 [Y]를 선택해야 한다.(파일시스템 설정 참고)

10. Device Drivers

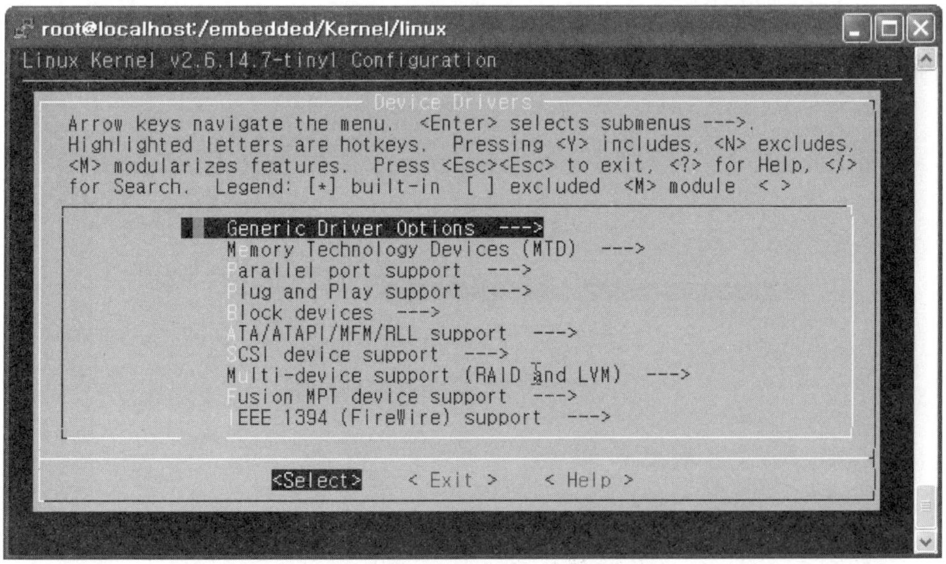

[그림 3-43] Device Drivers

► **Generic Driver Options**

– Hotplug firmware loading support 설정
  <*> Hotplug firmware loading support

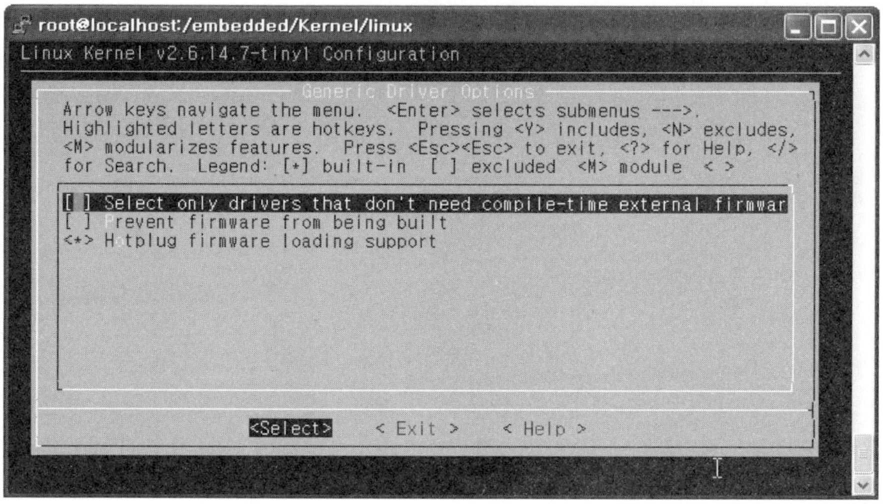

[그림 3-44] Hotplug firmware loading support

► **Memory Technology Devices(MTD)**

임베디드 디바이스에서 파일시스템을 구성하는데 사용하는 플래시 메모리, RAM, 그리고 칩셋 등 메모리 장치를 설정한다.

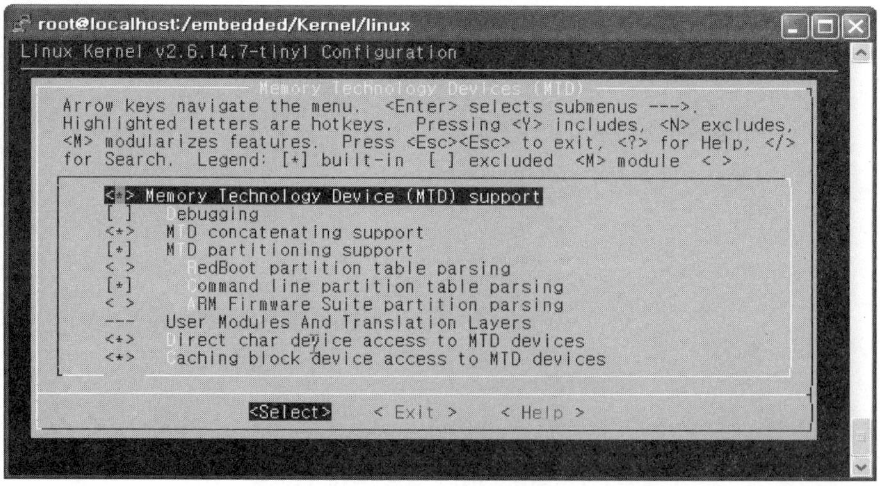

[그림 3-45] MTD 설정

► NAND Flash Device Drivers

<*> NAND Device Support

<*> NAND Flash device on X-HYPER320 TKU board

[*] support for PXA3xx Processor NAND flash DMA operation

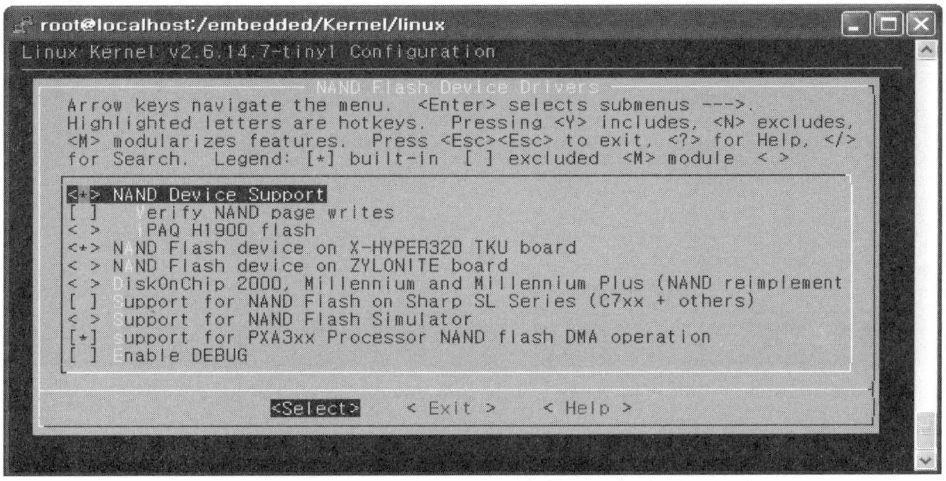

[그림 3-46] NAND Flash Device Drivers

► SCSI device support

디스크장치 사용을 위해 SCSI device support 선택한다.

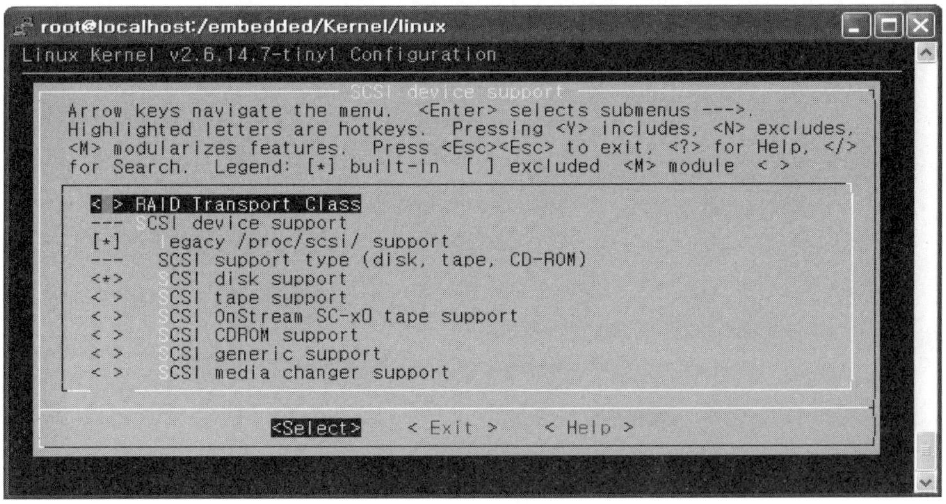

[그림 3-47] SCSI device support

► **Network device support**

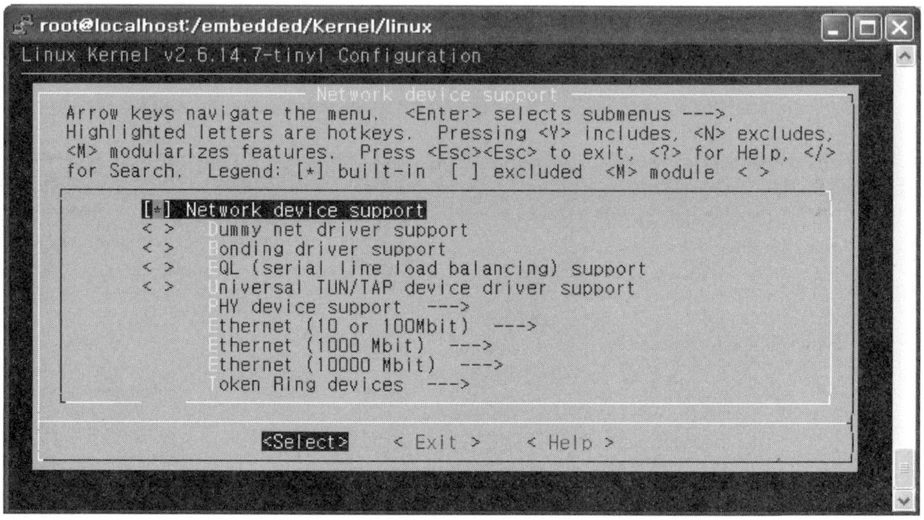

[그림 3-48] Network device support

네트워크 장치가 사용할 드라이버를 선택한다.

Ethernet (10 or 100Mbit)

<*> DM9000 support

X-HYPER320-TKU Ethernet 장치는 DM9000 지원한다.

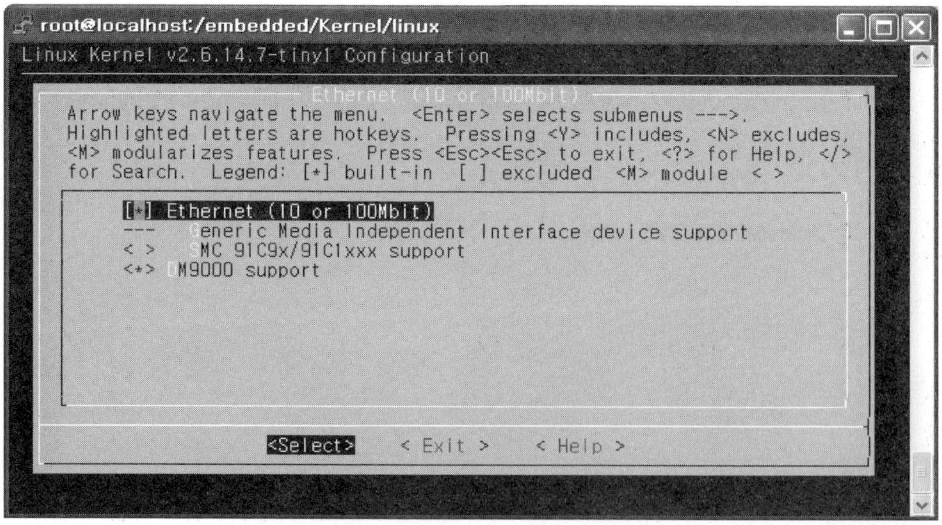

[그림 3-49] Etnernet 설정

► **Input device support**

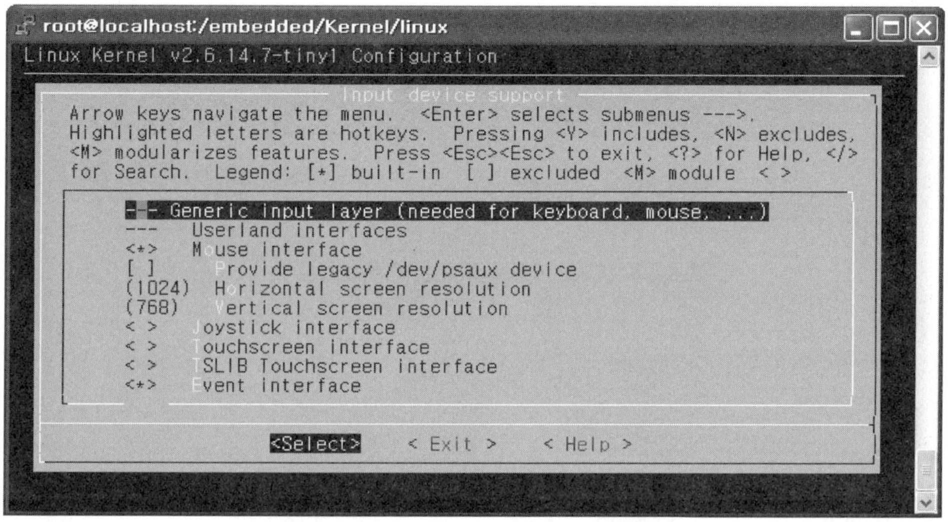

[그림 3-50] Input device support 설정

– Character devices

터미널, 비디오 Adapter, 마우스, 프린터 등 문자 단위로 데이터를 취급하는 다양한 장치들의 지원을 설정한다.

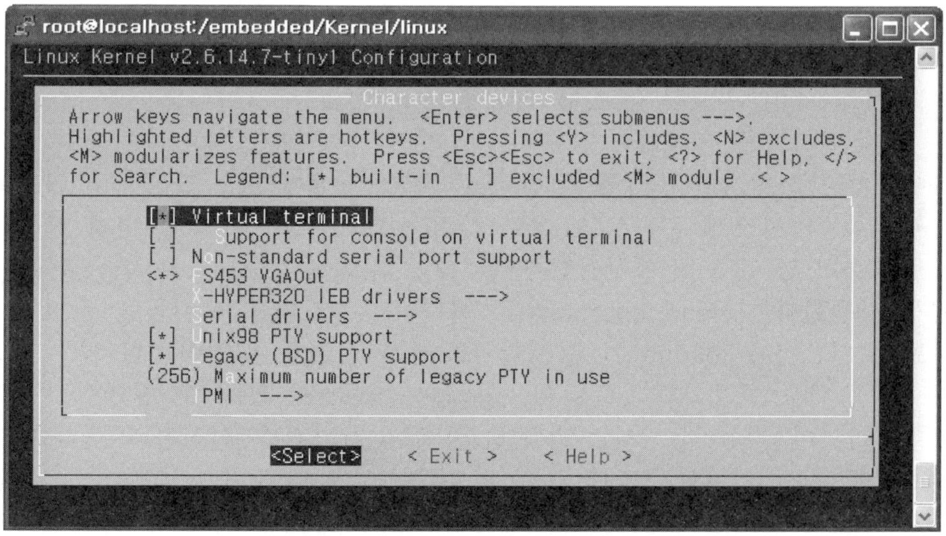

[그림 3-51] Character devices 설정

– X-HYPER320 IEB drivers

IEB보드 디바이스를 추가한다.

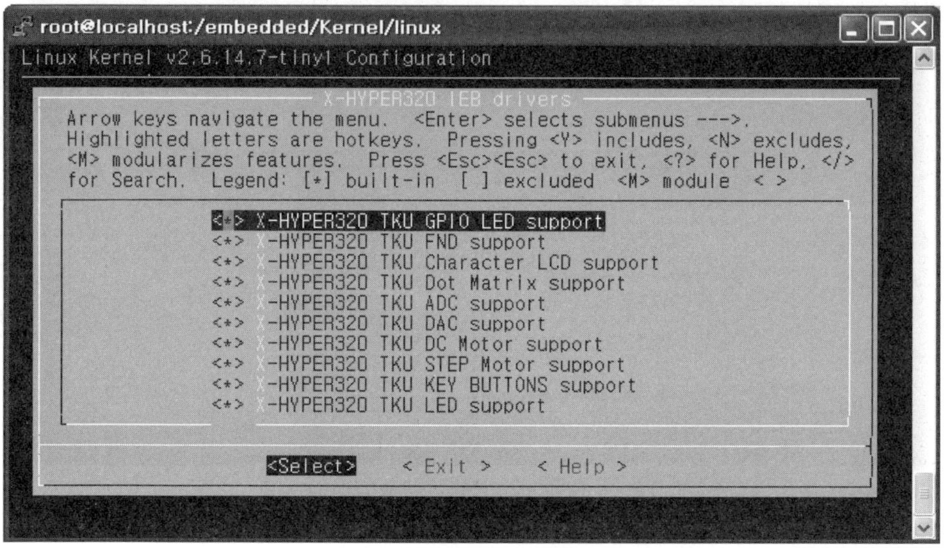

[그림 3-52] XHYPER 320 IEB드라이버 설정

– Serial drivers

Ⓐ [*] PXA2xx/PXA3xx Processor serial port support

Ⓑ [*] Console on PXA2xx/3xx Processor serial port

직렬(serial) 포트를 시스템 콘솔로 쓸 수 있는 옵션이다(시스템 콘솔은 커널 메시지를 출력하고 싱글 유저 모드로 로그인할 수 있게 해주는 디바이스이다). 여기서 [Y]를 설정해도 커널 파라미터를 조정하지 않으면 /dev/tty0가 시스템 콘솔로 그대로 잡혀 있다. 예를 들어 두 번째 시리얼 포트를 시스템 콘솔을 바꾸려면 커널 명령 라인에 "console=ttyS1" 명령을 사용한다. "man bootparam"이나 부트 로더용 문서들을 참고하면 부트 로더(lilo나 loadlin)가 부팅할 때 어떤 옵션을 설정하는지 알 수 있다. 이 옵션을 이용하면 VGA 카드가 없는 리눅스 시스템도 운영할 수 있으며, 커널이 자동으로 시스템 콘솔을 /dev/ttyS0로 설정한다. 임베디드 시스템에 직접 연결된 모니터와 비디오 카드, 키보드 등이 없어도 시리얼 포트로 연결된 다른 터미널에서 임베디드 시스템을 제어할 수 있으며, 이는 리눅스를 이용한 라우터, 공유기 등 네트워크 장비에서 많이 사용된다.

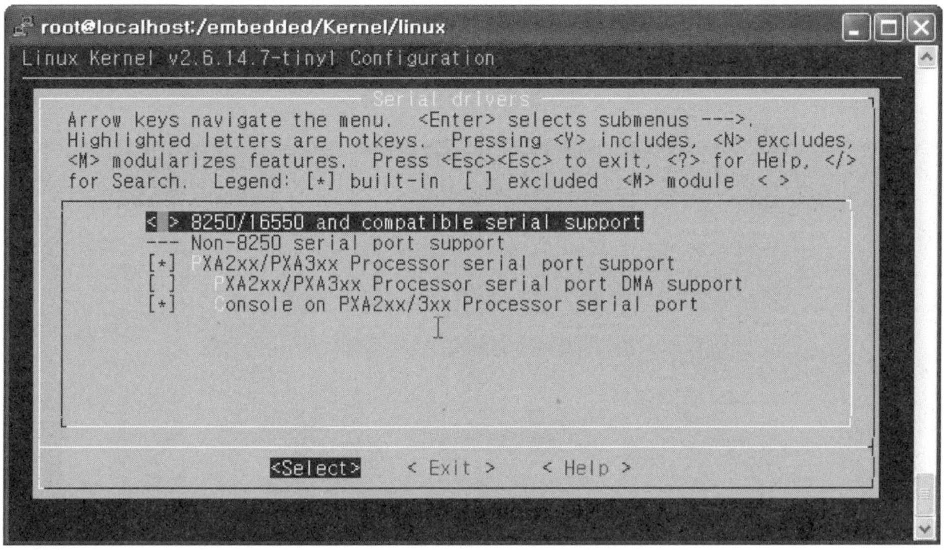

[그림 3-53] Serial Driver 설정

► **I2C support**

– I2C Hardware Bus support

PXA320 Processor의 I2C 기능의 사용을 설정한다.

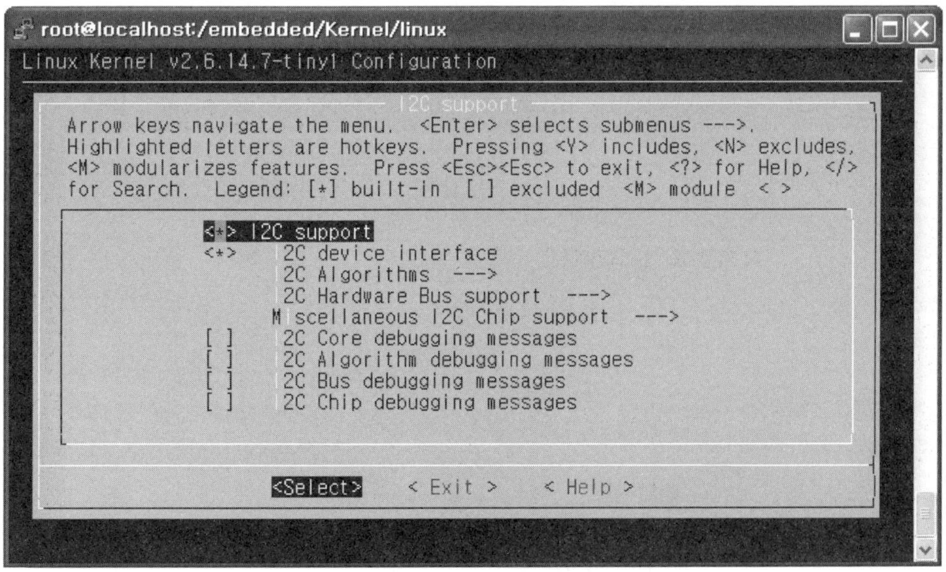

[그림 3-54] I2C support 설정

<*> PXA2xx/PXA3xx Processor I2C adapter (EXPERIMENTAL)
  [*] PXA2xx/PXA3xx I2C Polling support (EXPERIMENTAL)

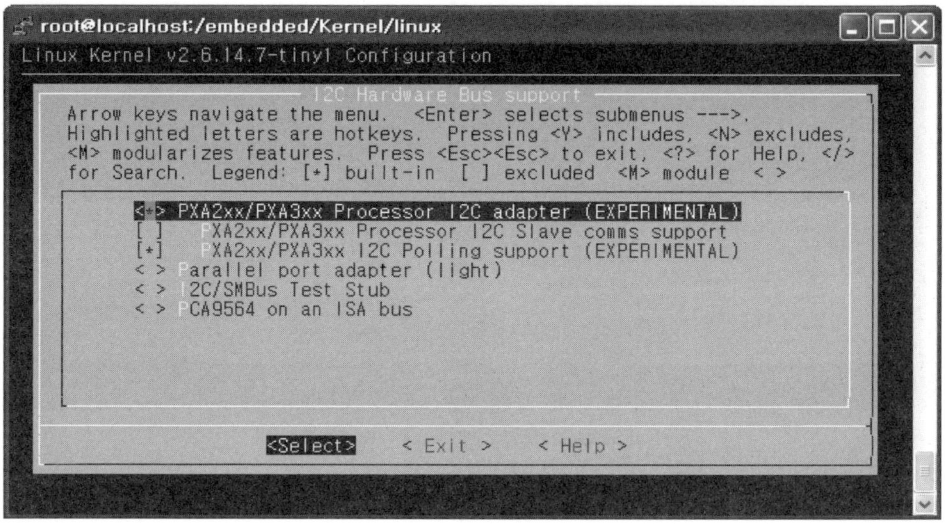

[그림 3-55] PXA2xx/PXA3xx Processor I2C adapter 설정

► **Multimedia devices**

<*> Video For Linux를 [그림 3-56]와 같이 설정한다.

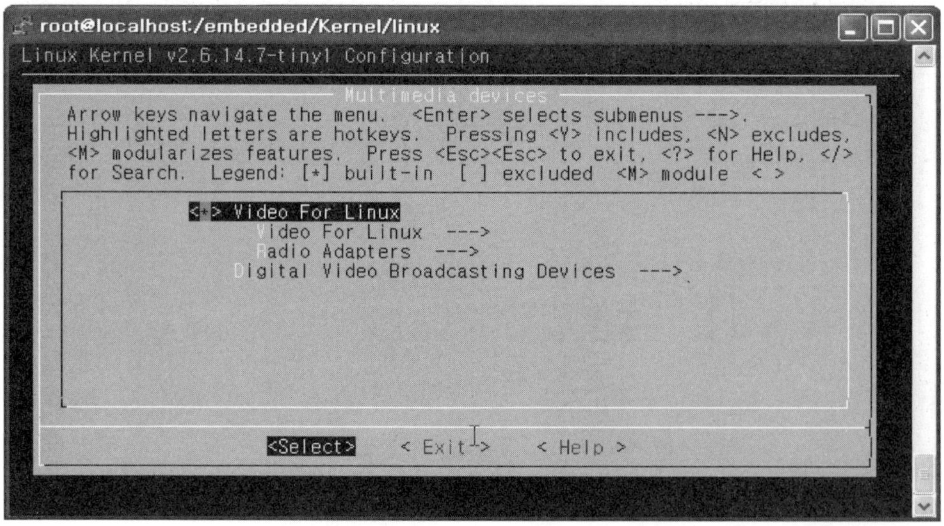

[그림 3-56] Video for Linux 설정

► **Graphics support**

Linux에서 사용하는 그래픽 장치의 설정 및 로고 등을 선택한다.

[*] Enable Video Mode Handling Helpers

<*> PXA2xx/PXA3xx Processor LCD framebuffer support

<*> LCD overlay support

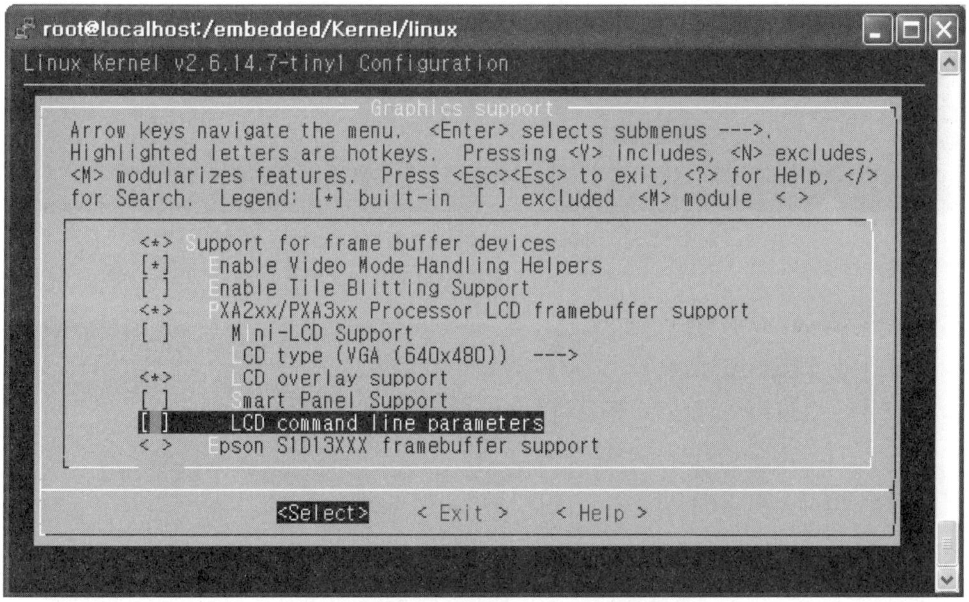

[그림 3-57] Video mode 설정

– Console display driver support

<*> Framebuffer Console support

[*] Select compiled-in fonts

[*] VGA 8x16 font

LCD에 콘솔 메세지를 출력하기 위한 폰트를 설정한다.

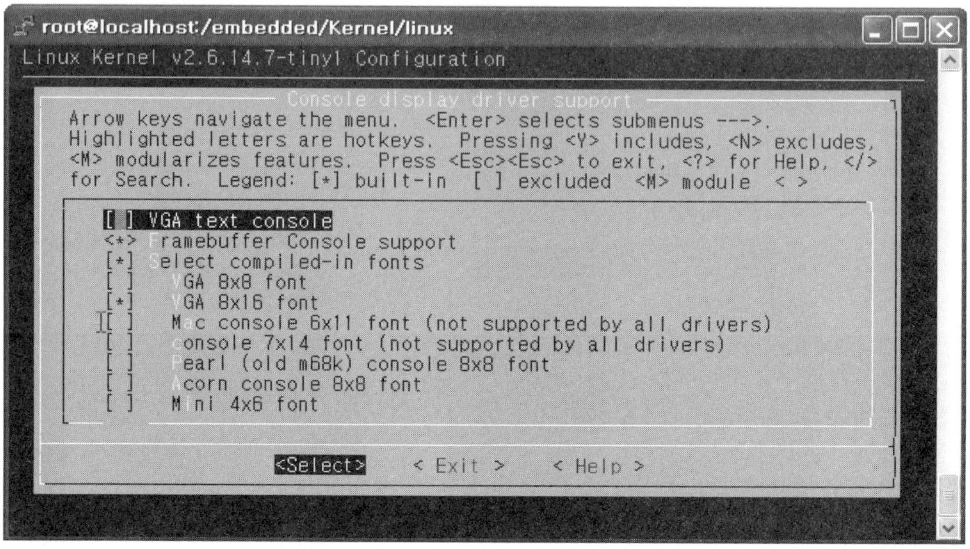

[그림 3-58] Console display driver support 설정

– Logo configuration

[*] Bootup logo

[*] XHYPER320 TKU Linux logo

XHYPER320 TKU용 로고 이미지를 사용하도록 설정된다.

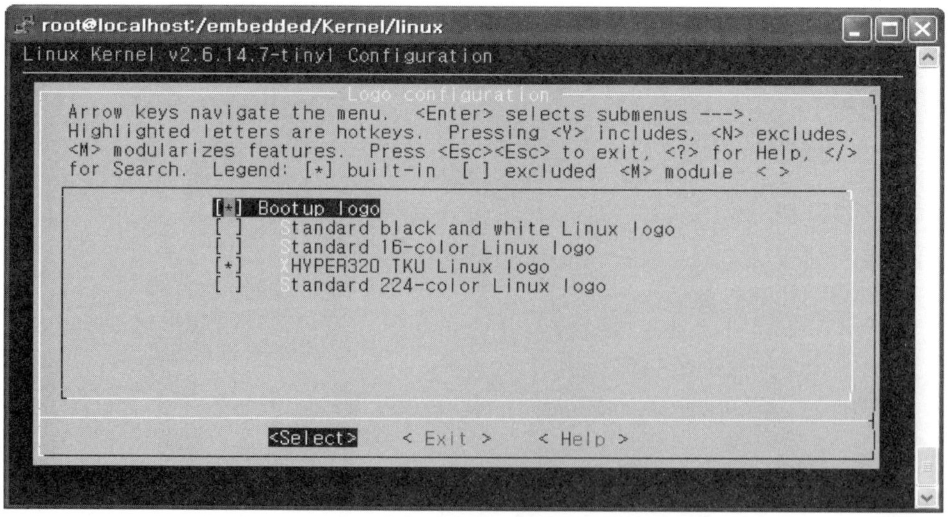

[그림 3-59] Bootup logo 설정

► **Sound**

<*> Sound card support
ALSA(Advanced Linux Sound Architecture) 드라이버 사용

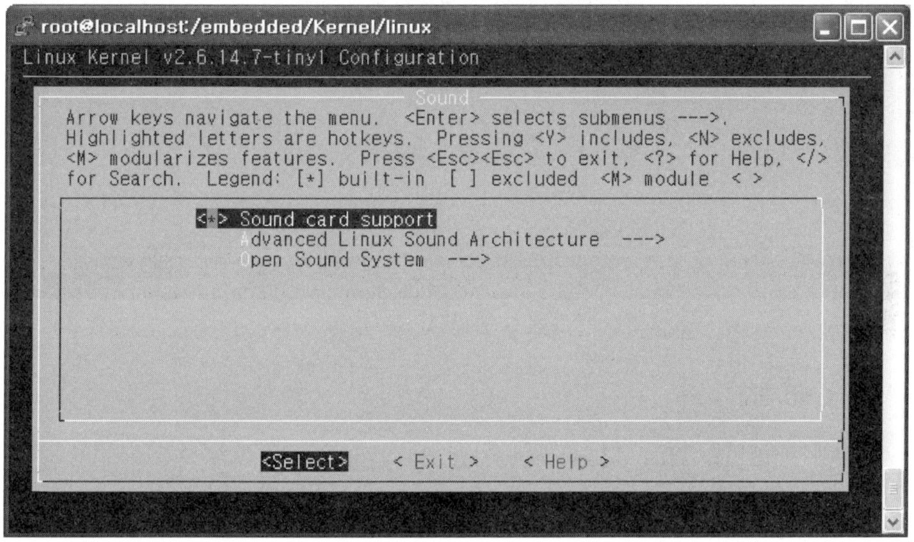

[그림 3-60] Sound card support 설정

<*> Advanced Linux Sound Architecture
<*> OSS Mixer API
<*> OSS PCM (digital audio) API
ALSA ARM devices —>
<*> AC97 driver for the Intel PXA2xx chip

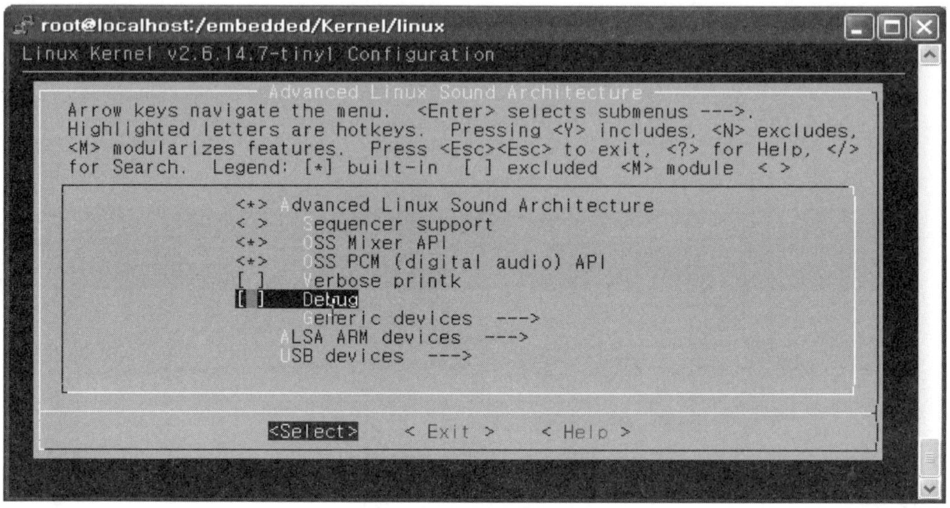

[그림 3-61] ALSA 설정

► **USB support** →

<*> Support for Host-side USB

<*> OHCI HCD support

<*> USB Mass Storage support

USB 장치들을 설정한다(Host, Class Driver, Slave Driver).

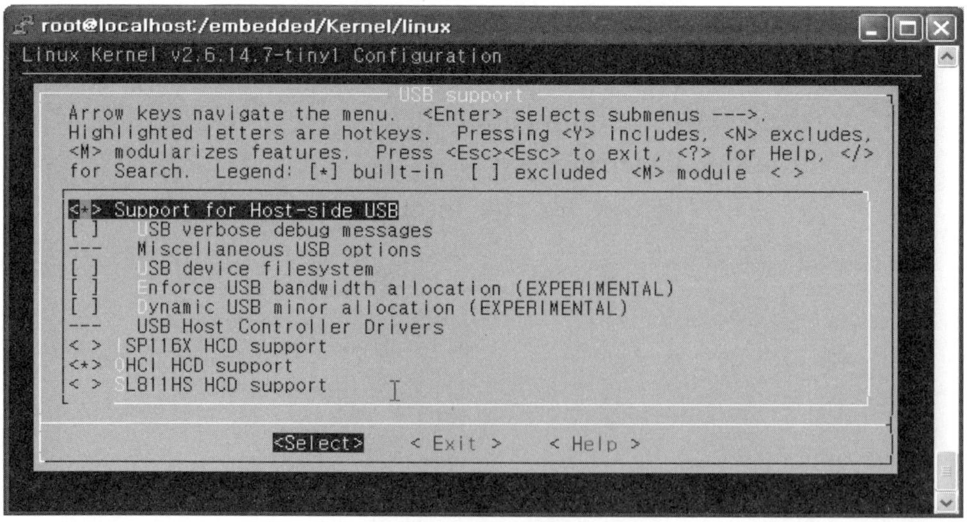

[그림 3-62] USB 설정

11. File systems

리눅스에서 접근할 수 있는 다양한 파일시스템에 대한 설정으로, 모든 운영체제는 고유한 파일시스템 형식을 가지고 있다. 일반적으로 다른 운영체제의 파일시스템으로부터 읽거나 쓰는 작업을 위해서는 특별한 응용프로그램들을 설치해야 한다. 그러나 리눅스에서는 커널 모듈을 통해서 이와 같은 일들이 수행가능하다.

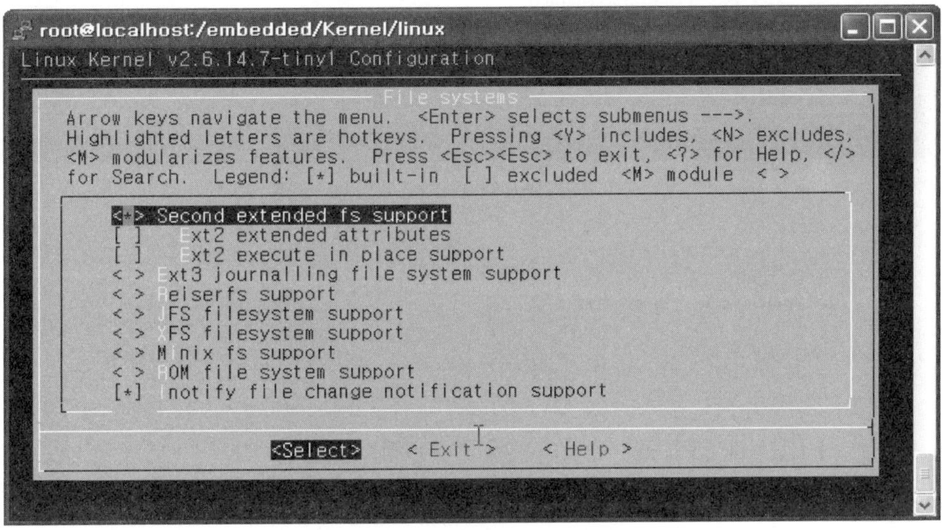

[그림 3-63] File systems

► **Miscellaneous filesystems**

<*> YAFFS2 file system support

대용량 NAND Filesystem으로 가장 많이 사용하는 YAFFS를 선택한다.
(참고 : http://www.aleph1.co.uk/yaffs/)

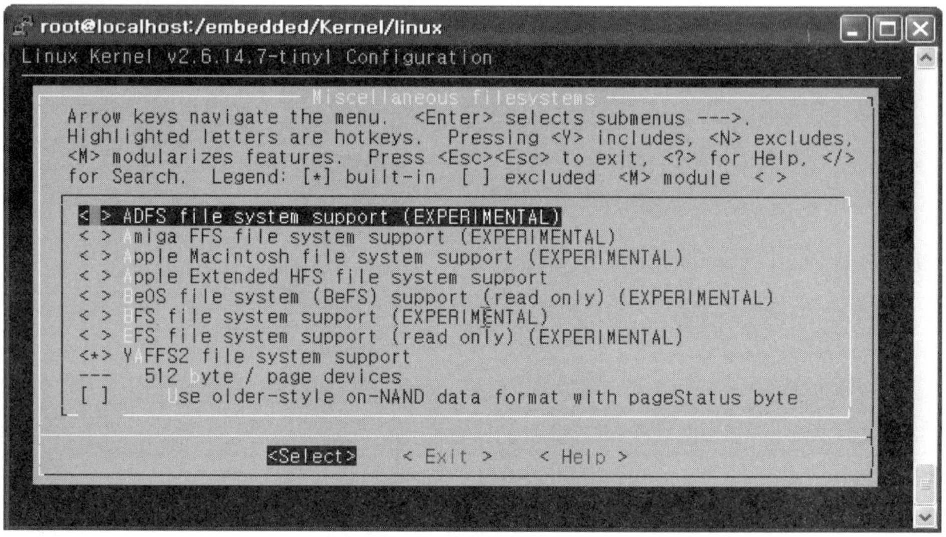

[그림 3-64] YAFFS2 설정

► **Network File Systems**

<*> NFS file system support

SLIP, PLIP, PPP 또는 이더넷을 이용하여 어떤 다른 (보통 로컬) 유닉스 컴퓨터에 연결되었거나 Network File Sharing Protocol을 사용하여 NFS server에 들어있는 파일들을 마운트(mount)할 때 사용된다.

[*] Provide NFSv4 client support
[*] Root fileSystem on NFS

"IP: kernel level autoconfiguration" 과 함께 사용되며 네트워크 상에서 다른 컴퓨터를 마운트하여 루트 파일시스템으로 사용하며, 하드 디스크가 없는 터미널 등에서도 사용할 수 있다. (Network Options 참고)

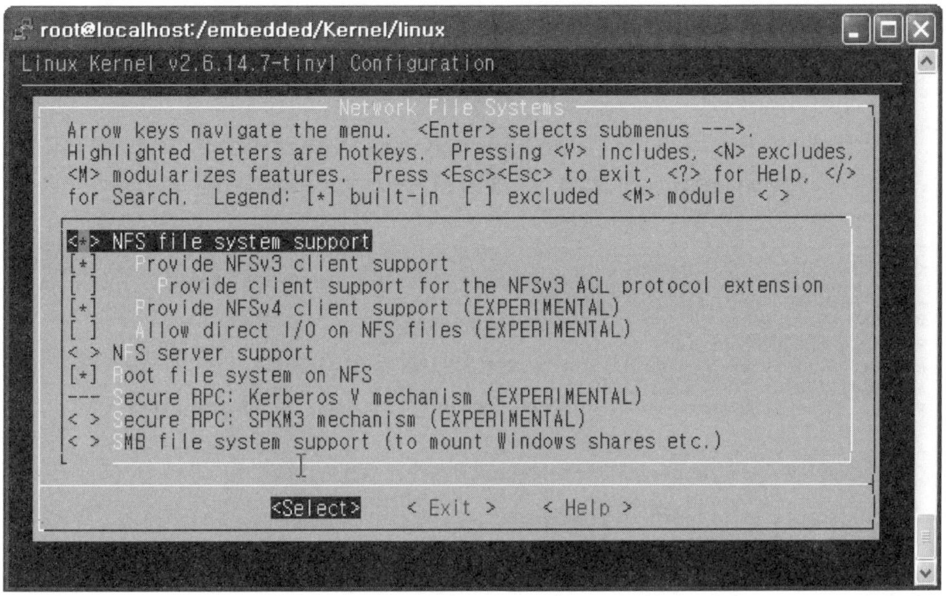

[그림 3-65] NFS 설정

이상과 같이 설정을 확인한 후 Yes를 선택하여 설정 파일을 저장한다.

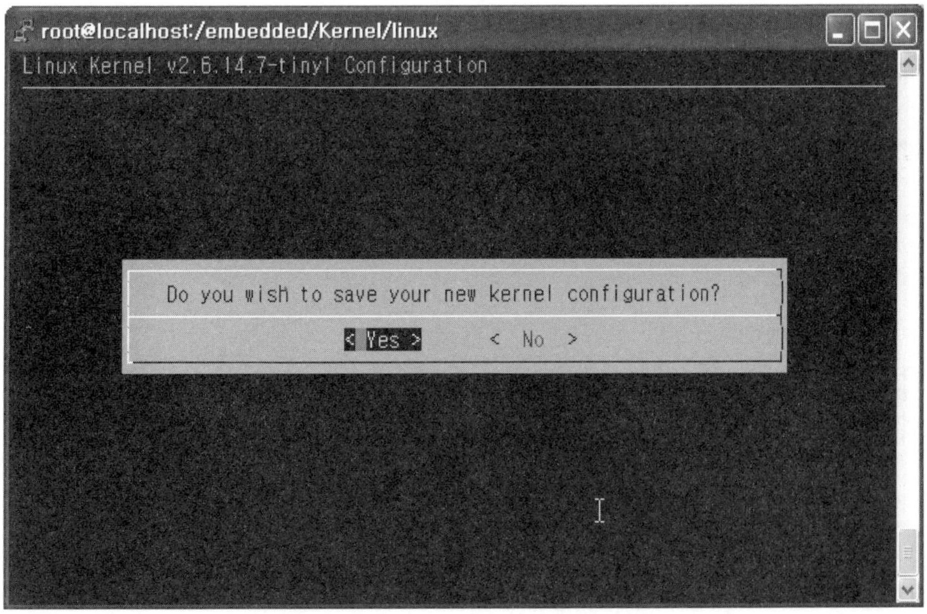

[그림 3-66] 커널컴파일 설정 완료

3.4. 커널 생성 컴파일

X-Hyper320TKU 보드용으로 포팅되어 있는 커널소스를 컴파일한다.

컴파일을 하기 위해서 /embedded/Kernel/linux/디렉토리의 Makefile에서 CROSS_COMPILE항목에 컴파일러 경로를 수정한다.

```
root@localhost:/embedded/Kernel/linux
# are prefixed with $(CROSS_COMPILE).
# CROSS_COMPILE can be set on the command line
# make CROSS_COMPILE=ia64-linux-
# Alternatively CROSS_COMPILE can be set in the environment.
# Default value for CROSS_COMPILE is not to prefix executables
# Note: Some architectures assign CROSS_COMPILE in their arch/*/Makefile

ARCH            := arm
CROSS_COMPILE   := /usr/local/arm-linux-4.1.1/bin/arm-linux-

# Architecture as present in compile.h
UTS_MACHINE := $(ARCH)

# SHELL used by kbuild
CONFIG_SHELL := $(shell if [ -x "$$BASH" ]; then echo $$BASH; \
          else if [ -x /bin/bash ]; then echo /bin/bash; \
          else echo sh; fi ; fi)

HOSTCC          = gcc
```

[그림 3-67] Makefile 수정

make WENDERS_defconfig 명령으로 X-Hyper320TKU설정을 적용한다.

```
root@localhost:/embedded/Kernel/linux
  Michael MIC keyed digest algorithm (CRYPTO_MICHAEL_MIC) [N/m/y/?] n
  CRC32c CRC algorithm (CRYPTO_CRC32C) [N/m/y/?] n
  Testing module (CRYPTO_TEST) [N/m/y/?] n
*
* Hardware crypto devices
*
*
* Library routines
*
CRC-CCITT functions (CRC_CCITT) [Y/?] y
CRC16 functions (CRC16) [N/m/y/?] n
CRC32 functions (CRC32) [Y/?] y
CRC32c (Castagnoli, et al) Cyclic Redundancy-Check (LIBCRC32C) [N/m/y/?] n
[root@localhost linux]# ls
COPYING        Makefile         arch     init    mm        usr
CREDITS        Module.symvers   crypto   ipc     net       vmlinux
Documentation  README           drivers  kernel  scripts
Kbuild         REPORTING-BUGS   fs       lib     security
MAINTAINERS    System.map       include  ltt     sound
[root@localhost linux]# make WENDERS_defconfig
```

[그림 3-68] make WENDERS_defconfig 실행

make zImage 명령으로 커널 이미지를 생성한다.

☞ make zImage

```
root@localhost:/embedded/Kernel/linux
  LD      .tmp_vmlinux1
  KSYM    .tmp_kallsyms1.S
  AS      .tmp_kallsyms1.o
  LD      .tmp_vmlinux2
  KSYM    .tmp_kallsyms2.S
  AS      .tmp_kallsyms2.o
  LD      vmlinux
  SYSMAP  System.map
  SYSMAP  .tmp_System.map
  OBJCOPY arch/arm/boot/Image
  Kernel: arch/arm/boot/Image is ready
  AS      arch/arm/boot/compressed/head.o
  GZIP    arch/arm/boot/compressed/piggy.gz
  AS      arch/arm/boot/compressed/piggy.o
  CC      arch/arm/boot/compressed/misc.o
  AS      arch/arm/boot/compressed/head-xscale.o
  LD      arch/arm/boot/compressed/vmlinux
  OBJCOPY arch/arm/boot/zImage
  Kernel: arch/arm/boot/zImage is ready
[root@localhost linux]#
```

[그림 3-69] make zImage 실행

위와 같은 명령을 실행 하면 컴파일이 진행되며, 컴파일이 완료되면 [그림 3-70]처럼 컴파일이 완료된다. 컴퓨터 성능에 따라 10~20분 혹은 그 이상이 소요된다.

☞ ls arch/arm/boot/zImage

```
root@localhost:/embedded/Kernel/linux
  LD      .tmp_vmlinux2
  KSYM    .tmp_kallsyms2.S
  AS      .tmp_kallsyms2.o
  LD      vmlinux
  SYSMAP  System.map
  SYSMAP  .tmp_System.map
  OBJCOPY arch/arm/boot/Image
  Kernel: arch/arm/boot/Image is ready
  AS      arch/arm/boot/compressed/head.o
  GZIP    arch/arm/boot/compressed/piggy.gz
  AS      arch/arm/boot/compressed/piggy.o
  CC      arch/arm/boot/compressed/misc.o
  AS      arch/arm/boot/compressed/head-xscale.o
  LD      arch/arm/boot/compressed/vmlinux
  OBJCOPY arch/arm/boot/zImage
  Kernel: arch/arm/boot/zImage is ready
[root@localhost linux]# ls arch/arm/boot/zImage
arch/arm/boot/zImage
You have new mail in /var/spool/mail/root
[root@localhost linux]#
```

[그림 3-70] zImage 확인

오류 없이 컴파일이 완료되면 arch/arm/boot 디렉토리에 zImage 파일이 생성된다. 이 zImage 파일이 커널 이미지로, 이와 같이 생성된 zImage를 타겟보드에 업로드하면 된다. 타겟보드에 업로드 방법은 리눅스PC에서 tftp를 이용하여 다운로드하여 하며, tftp를 사용하기 위한 tftp 설치 및 설정은 "네트워크 환경 구축과 이미지 전송" 장에서 설정한다.

3.5. 파일 시스템

3.5.1. YAFFS2 파일 시스템

타겟보드의 파일시스템은 사양에 따라 Ramdisk, Jffs, Jffs2, Cramfs, Ramfs, Yaffs 등의 여러 가지 파일시스템을 사용 할 수 있다. 각각의 파일 시스템은 장단점이 있으므로 개발자는 타겟보드의 성능과 사양에 맞추어 시스템에 적합한 파일시스템을 선택해야 한다.

루트 파일시스템으로 YAFFS2 파일시스템을 사용하면, X Image 등의 비교적 크기가 큰 파일들을 NAND 플래시메모리에 저장하여 SDRAM의 사용 여분을 확충할 수 있는 장점이 있으며, 그리고 본 시스템에서는 플래시 메모리를 마운트(mount)할 때는 YAFFS2를 사용한다. 반면에 루트 파일시스템의 크기가 작고 시스템의 빠른 접근이 요구될 경우에는 램디스크(Ramdisk) 파일시스템을 사용한다. 이와 같이 파일시스템은 개발될 시스템 특성에 적합하게 구현되어야 한다.

3.5.2. YAFFS2 커널 구성(Kernel Configuration)

X-Hyper320-TKU 리눅스 커널 환경 구성을 설정하기 위한 방법은 아래와 같다.

File systems --->

Miscellaneous filesystems --->

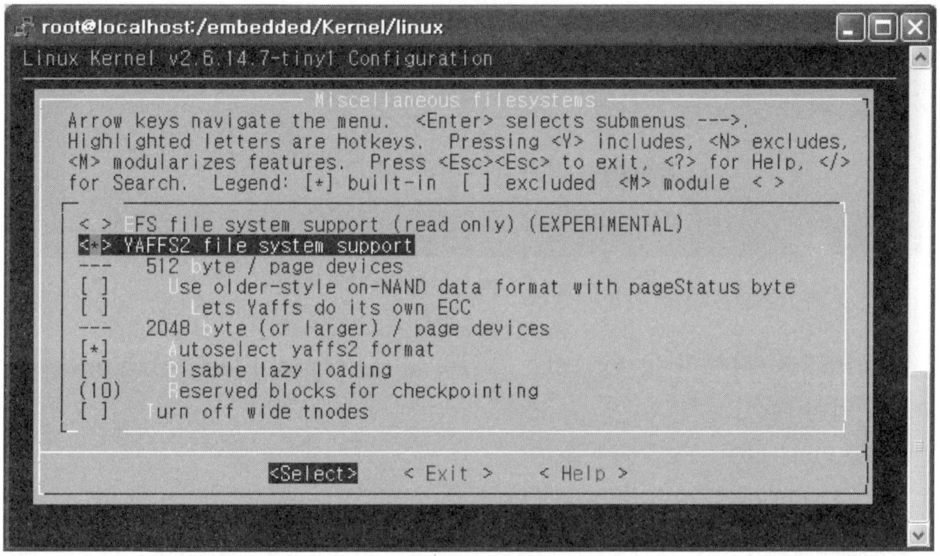

[그림 3-71] YAFFS2 파일시스템 설정 #1

Boot options 항목의 Default kernel command string을 "root=/dev/mtdblock2 rw rootfstype=yaffs2 init=/sbin/init console=ttyS0,38400 rw mem=128M" 으로 설정한다.

루트파일시스템("/")은 /dev/mtdblock2의 장치파일이고 "console= ttyS0,38400" 은 사용할 직렬 장치와 그 통신 속도를 알려준다.

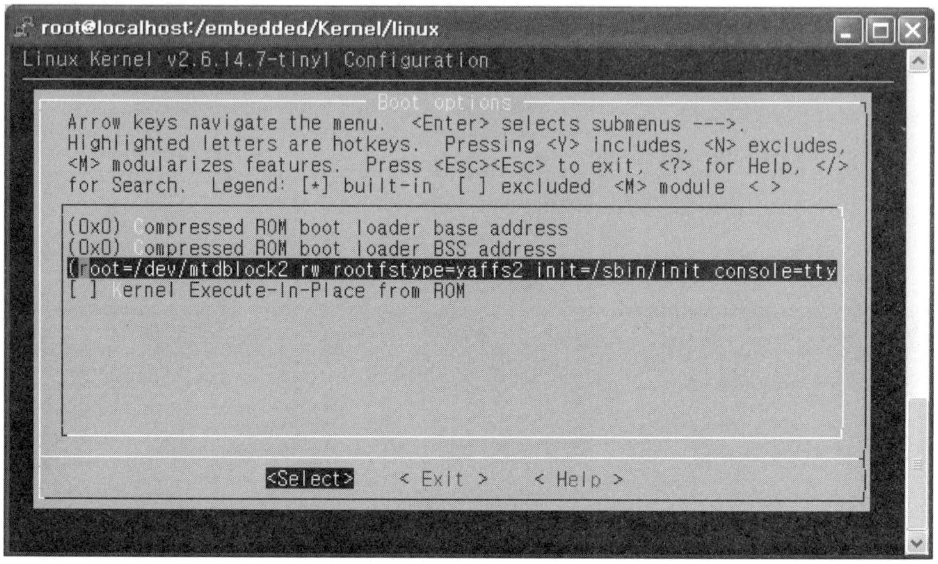

[그림 3-72] YAFFS2 파일시스템 설정#2

YAFFS2를 사용하기 위해서는 먼저 MTD/Nand Flash Driver를 활성화해 주어야 한다.

1. Device Drivers --->

    Memory Technology Devices (MTD)--->

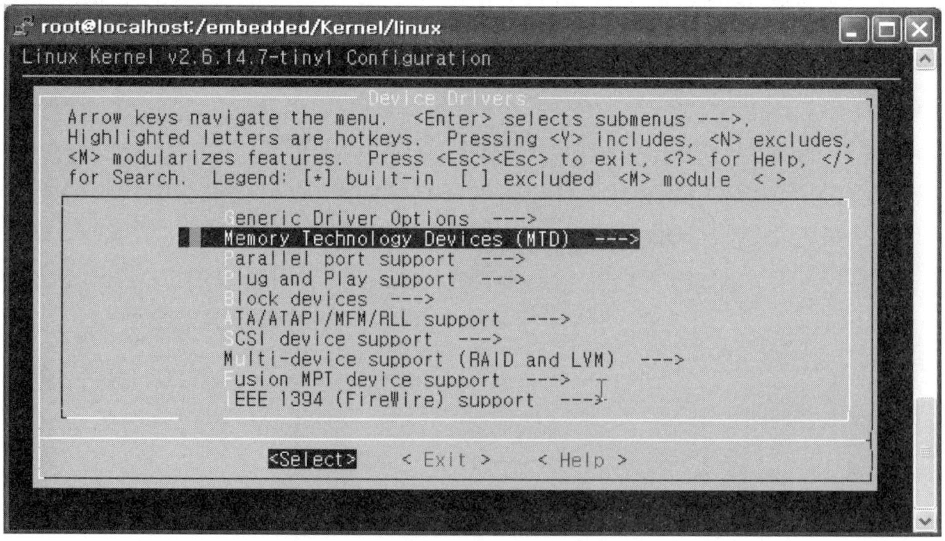

[그림 3-73] MTD 설정 #1

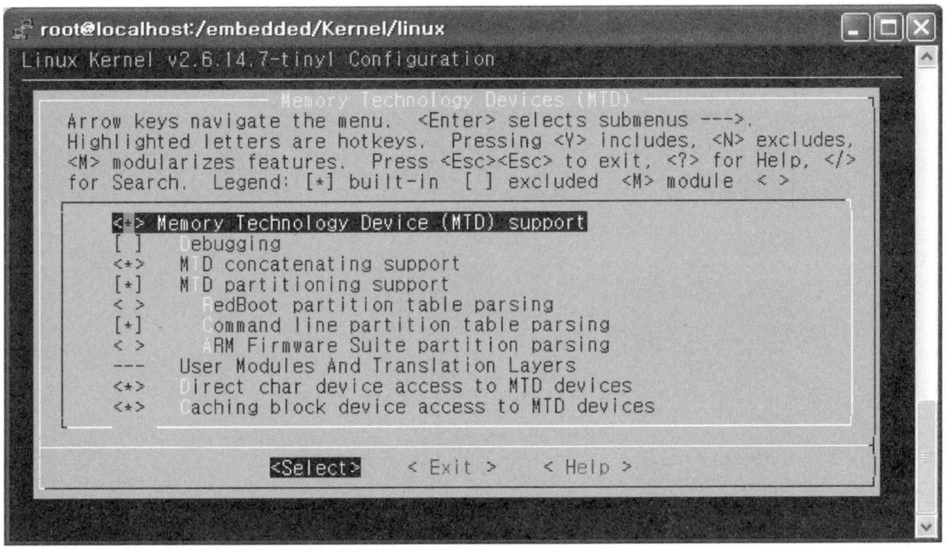

[그림 3-74] MTD 설정 #2

Memory Technology Device (MTD) support
-MTD디바이스 드라이버를 사용하는 옵션이다.

MTD partitioning support
-이것을 선택해야 파티션을 만들 수 있다.

Direct char device access to MTD devices
-MTD 장치를 캐릭터 형 장치 파일로 접근할 수 있다.

Caching block device access to MTD device
-MTD 장치를 블록형 장치 파일로 접근할 수 있다.

2. Memory Technology Devices (MTD) -->↵
   NAND Flash Device Drivers --->↵

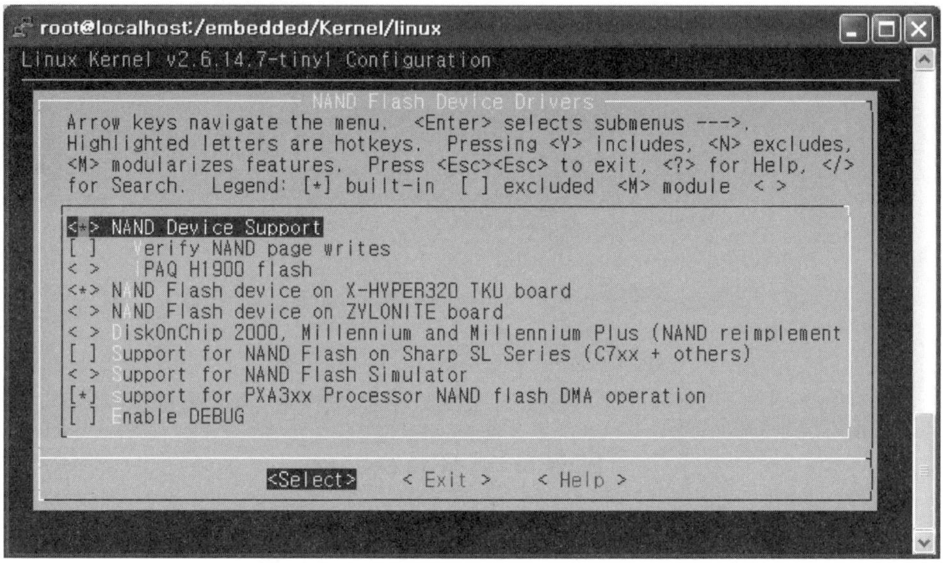

[그림 3-75] NAND Flash Device Drivers 설정

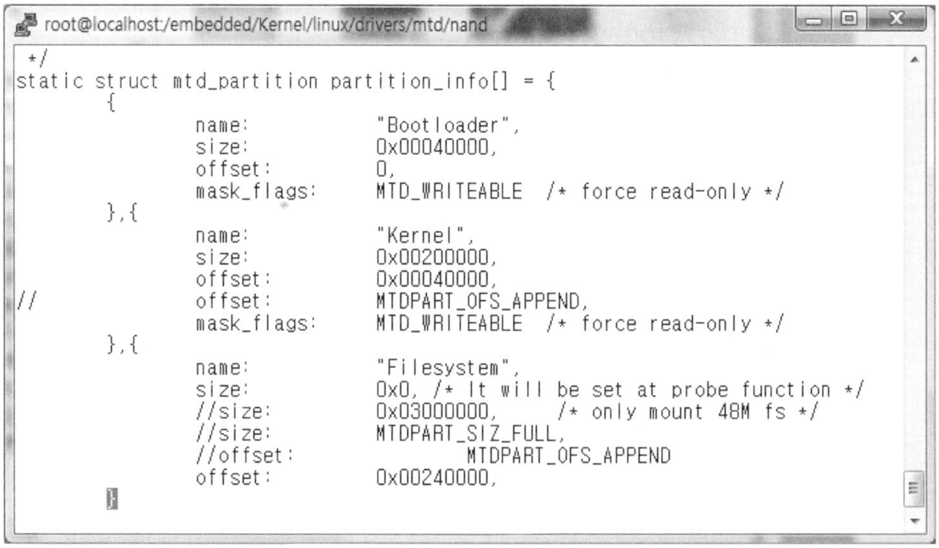

[그림 3-76] xhyper320_nand.c

NAND Flash device on X-HYPER320 TKU board를 선택하여 플래시 메모리의 공간을 사용하는 타겟보드의 설정으로 사용한다. [그림 3-75]와 같은 설정으로 drivers/mtd/nand/xhyper320_nand.c 파일이 컴파일되며 [그림 3-76]은 drivers/mtd/nand/xhyper320_nand.c 파일의 내용이다.

[그림 3-76]과 같이 타겟보드의 NAND 플래시 메모리 영역 공간을 어떻게 분할하고, 그리고 어떤 특성으로 설정하는가를 결정한다.

menuconfig에서 MTD디바이스가 선택되면 YAFFS2 파일시스템을 선택할 수 있게 된다.

3.5.3. YAFFS2 이미지 만들기

다음은 제공된 CD의 Filesystem 디렉토리에 있는 mkyaffs2 유틸을 이용하여 파일 시스템의 이미지를 생성한다.

embedded 디렉토리 밑에 Filesystem디렉토리를 만들고 CD의 File system 디렉토리의 모든 파일을 [그림 3-77]와 같이 복사한다.

[그림 3-77] Filesystem 디렉토리 내용

tar zxvf rootfs_gtk.tgz 명령으로 파일시스템 디렉토리의 압축을 해제한다.

```
root@localhost:/embedded/Filesystem
rootfs_gtk/var/log/dmesg
rootfs_gtk/var/local/
rootfs_gtk/var/spool/
rootfs_gtk/var/lock/
rootfs_gtk/var/lock/subsys/
rootfs_gtk/var/lock/subsys/local
rootfs_gtk/var/lock/subsys/netfs
rootfs_gtk/var/lock/subsys/xinetd
rootfs_gtk/var/lock/subsys/syslog
rootfs_gtk/var/mail/
rootfs_gtk/var/opt/
rootfs_gtk/var/cache/
rootfs_gtk/var/cache/fontconfig/
rootfs_gtk/var/run/
rootfs_gtk/var/run/xinetd.pid
rootfs_gtk/var/run/netreport/
rootfs_gtk/var/run/utmp
rootfs_gtk/var/lib/
rootfs_gtk/var/lib/misc/
rootfs_gtk/var/lib/locate/
rootfs_gtk/var/lib/xdm/
[root@localhost Filesystem]#
```

[그림 3-78] rootfs_gtk.tgz 압축 해제

./mkyaffs2image [디렉토리명] [이미지파일 이름]

다음 명령으로 생성하고자 하는 파일 시스템의 디렉토리 내용들이 YAFFS2로 생성된다.

☞./mkyaffs2image rootfs_gtk gtk.img

```
root@localhost:/embedded/Filesystem
Object 1760, rootfs_gtk/usr/X11R6/bin/xpdf is a file, 539 data chunks written
Object 1761, rootfs_gtk/usr/X11R6/bin/mkfontscale is a file, 14 data chunks wr
itten
Object 1762, rootfs_gtk/usr/X11R6/bin/galculator is a file, 86 data chunks wri
tten
Object 1763, rootfs_gtk/usr/X11R6/bin/startx is a file, 1 data chunks written
Object 1764, rootfs_gtk/usr/X11R6/bin/xset is a file, 11 data chunks written
Object 1765, rootfs_gtk/usr/X11R6/bin/gtk2edit is a file, 65 data chunks writt
en
Object 1766, rootfs_gtk/usr/X11R6/etc is a directory
Object 1767, rootfs_gtk/usr/X11R6/etc/app-defaults is a directory
Object 1768, rootfs_gtk/usr/X11R6/etc/app-defaults/XTerm is a file, 3 data chu
nks written
Object 1769, rootfs_gtk/usr/X11R6/etc/app-defaults/XTerm-color is a file, 1 da
ta chunks written
Operation complete.
1513 objects in 147 directories
35791 NAND pages
[root@localhost Filesystem]# ls
gtk.img        rootfs_gtk      rootfs_lite.tgz
mkyaffs2image  rootfs_gtk.tgz  rootfs_qtopia.tgz
[root@localhost Filesystem]#
```

[그림 3-79] ./mkyaffs2image rootfs_gtk gtk.img 결과 확인

[그림 3-79]와 같이 mkyaffs2image 을 이용하여 파일시스템 디렉토리를 gtk.img YAFFS2이미지로 생성한다.

생성된 gtk.img 이미지를 부트로더를 이용해서 다운로드한 후, 플래시 메모리에 쓰기를 하면 된다. gtk.img 이미지는 RAM에서 실행되는 것이 아니라, 플래시 메모리에서 실행되는 것이기 때문에 반드시 플래시 메모리에 쓰기를 해야 한다.

3.6. 네트워크 환경 구축과 이미지 전송

3.6.1. IP 어드레스 설정

서버 IP가 192.168.1.100 이고 타겟보드에 192.168.1.50을 할당한 경우 아래와 같이 setip 명령으로 서버 및 타겟의 IP를 할당하여 사용하면 된다.

```
setip serverip 192.168.1.100 IP
setip clientip  192.168.1.50 IP
```

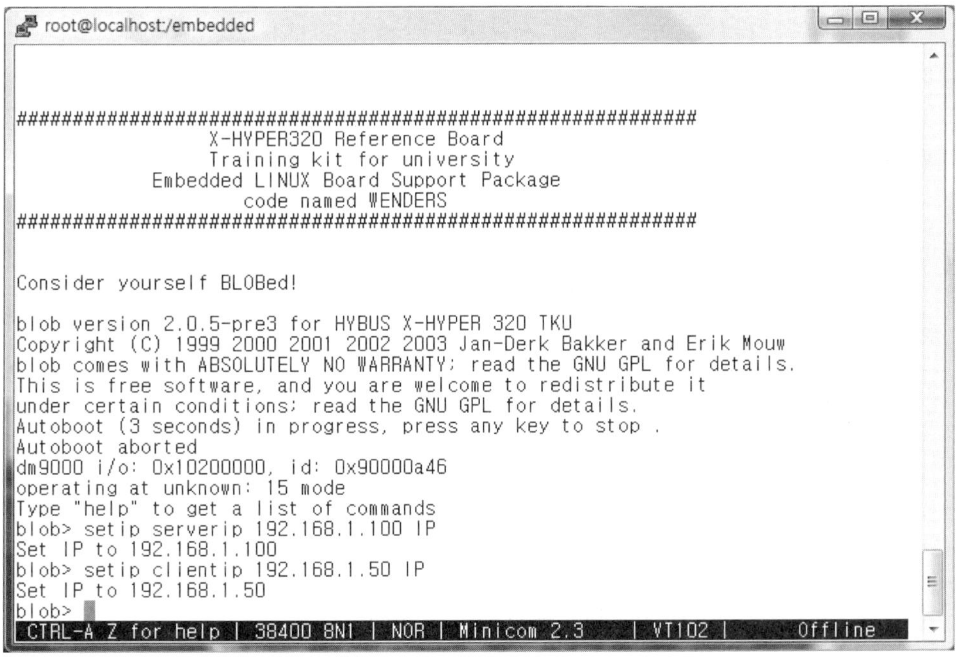

[그림 3-80] 타겟보드의 아이피 설정

다음은 tftp를 이용하여 파일을 다운로드하기 위하여 tftp 설치 및 설정에 대해 설명한다.

3.6.2. tftp 설치 및 설정

► **tftp란?**

- TFTP (Trivial File Transfer Protocol)는 이더넷을 통해 파일을 전송하는 프로그램인 FTP(File Transfer Protocol)를 축약하여, 대부분의 기능을 제외함으로써, 용량이 작고 구현 하기 쉽게 설계된 파일 전송 프로토콜이다.
- 하위 프로토콜로 ip, udp 프로토콜을 사용한다.
- 개발보드에서는 부트로더에서 커널과 파일시스템 이미지를 호스트에서 타겟으로 이더넷을 통하여 고속으로 다운로드하기 위해 사용한다.

► **tftp rpm 설치**

tftp 프로그램은 rpm 형태로 클라이언트와 서버가 분리되어 있는데, tftp-server로 시작하는 rpm을 설치하여야 하며, 제공된 CD에 포함되어 있다.

이미 Host PC에 tftp rpm이 설치가 되어있으면, 다시 설치하지 않아도 무방하다. 다음의 명령어로 tftp가 설치되었는지는 확인할 수 있다.

```
☞ rpm -qa | grep tftp↵
```

[그림 3-81] tftp 설치 확인

tftp rpm에 설치되지 않았다면 tftp서버 rpm을 다음과 같이 설치한다. rpm –i tftp–server–0.17–9.i386.rpm 명령으로 설치를 한 후 rpm qa | grep tftp명령으로 설치 된 것을 확인 한다.

```
☞ cd RPM ↵
☞ ls
☞ rpm –ivh   tftp–server–0.17–9.i386.rpm
```

인터넷이 연결되어 있다면, tftp서버 rpm을 yum을 통해서도 다음과 같이 설치할 수 있다.

```
☞ yum install tftp*
```

```
root@localhost:/
[root@localhost /]# yum install tftp*
Loaded plugins: refresh-packagekit
Setting up Install Process
Parsing package install arguments
Resolving Dependencies
There are unfinished transactions remaining. You might consider running yum-comp
lete-transaction first to finish them.
--> Running transaction check
---> Package tftp.i386 0:0.48-6.fc10 set to be updated
---> Package tftp-server.i386 0:0.48-6.fc10 set to be updated
--> Processing Dependency: xinetd for package: tftp-server
--> Running transaction check
---> Package xinetd.i386 2:2.3.14-21.fc10 set to be updated
--> Finished Dependency Resolution

Dependencies Resolved

================================================================================
 Package              Arch          Version                    Repository   Size
================================================================================
Installing:
 tftp                 i386          0.48-6.fc10                fedora       29 k
 tftp-server          i386          0.48-6.fc10                fedora       35 k
Installing for dependencies:
 xinetd               i386          2:2.3.14-21.fc10           fedora      124 k

Transaction Summary
================================================================================
Install      3 Package(s)
Update       0 Package(s)
Remove       0 Package(s)
```

[그림 3-82]yum을 이용한 tftp설치

► **/etc/xinet.d/tftp 파일 생성**

tftp rpm이 설치되면 /etc/xinetd.d/tftp 파일이 생성된다. tftp는 bootp 처럼 tftp 프로그램 파일은 xinetd 프로그램에 의해 실행되므로, xinetd 프로그램에서 tftp가 실행될 수 있도록 /etc/xinetd.d/tftp파일을 [그림 3-83]과 같이 수정하여야 한다. 만약 /etc/xinetd.d/tftp 파일이 없다면 새로 생성하여 아래의 설정과 같이 동일하게 작성해야 한다.

```
☞ vi /etc/xinetd.d/tftp↵
```

```
root@localhost:/etc/xinetd.d
# default: off
# description: The tftp server serves files using the trivial file transfer \
#       protocol.  The tftp protocol is often used to boot diskless \
#       workstations, download configuration files to network-aware printers, \
#       and to start the installation process for some operating systems.
service tftp
{
        disable = no
        socket_type             = dgram
        protocol                = udp
        wait                    = yes
        user                    = root
        server                  = /usr/sbin/in.tftpd
        server_args             = -s /tftpboot
        per_source              = 11
        cps                     = 100 2
        flags                   = IPv4
}
~
~
~
~
~
"tftp" 18L, 507C
```

[그림 3-83] xinetd.d/tftp 파일

server_args를 /tftpboot로 설정하면 부트로더에서 파일을 수신하는 경우, 호스트 PC의 /tftpboot 내부에 있는 파일만 전송이 가능하다. /tftpboot은 tftp server daemon의 root 디렉토리로 tftp 요청 시 필요한 파일을 이 디렉토리와 서브디렉토리에서만 검색한다. 따라서 tftp로 다운로드 하고자 하는 커널과 파일시스템 이미지는 이곳에 있어야 한다(사용자가 원한다면 디렉토리 이름을 다르게 사용하여도 된다). 또한 disable = no 로 설정한다.

위의 스크립트에서 정한 /tftpboot 디렉토리가 Host PC상에 존재해야 하기 때문에, 이 디렉토리가 없다면 새롭게 생성해야 한다. xinetd 설정을 마쳤으면 다음 명령어로 xinetd 데몬을 재시작 한다.

```
☞ service xienrd restart
```

위의 /etc/xinetd.d/tftp파일에서 정한 디렉토리(/tftpboot)에 다음과 같이 zImage와 파일시스템 파일을 복사한다.

```
☞ cd IMAGE ↵
☞ ls↵
☞ cp  gtk.img   /tftpboot↵
☞ cd /tftpboot↵
☞ ls↵
```

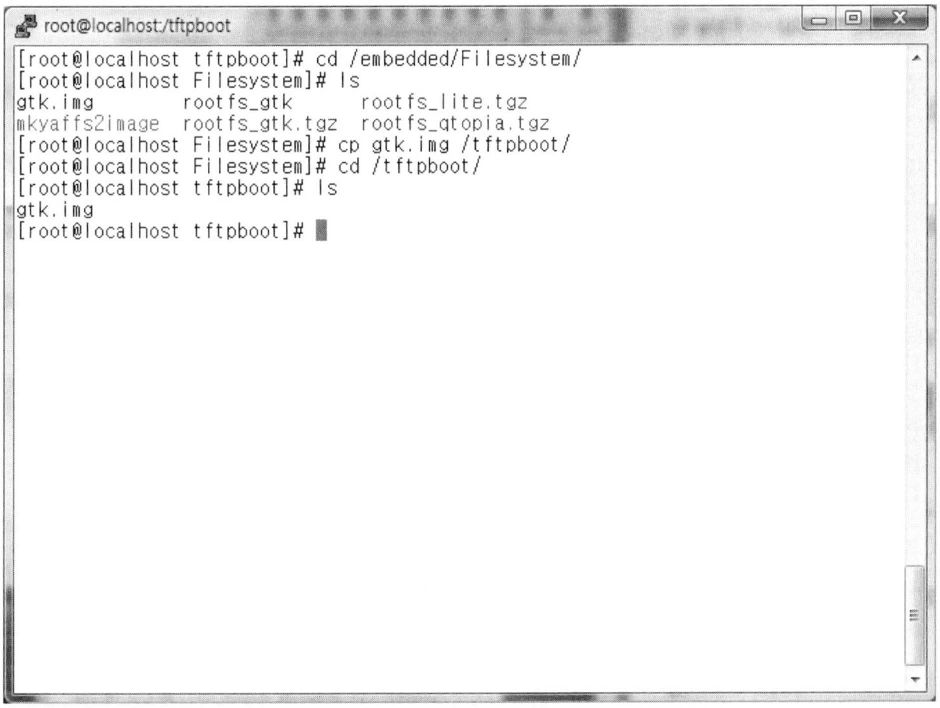

```
root@localhost:/tftpboot
[root@localhost tftpboot]# cd /embedded/Filesystem/
[root@localhost Filesystem]# ls
gtk.img         rootfs_gtk       rootfs_lite.tgz
mkyaffs2image   rootfs_gtk.tgz   rootfs_qtopia.tgz
[root@localhost Filesystem]# cp gtk.img /tftpboot/
[root@localhost Filesystem]# cd /tftpboot/
[root@localhost tftpboot]# ls
gtk.img
[root@localhost tftpboot]#
```

[그림 3-84] /tftpboot 에 파일 복사

만약 커널 이미지와 파일 시스템 이미지 컴파일이 정상적으로 수행되지 않았다면, 장비 구입시 제공한 CD의 Image 디렉토리에 가면 zImage(커널 이미지)와 gtk.img(파일시스템) 파일이 있으며, 이것을 /tftpboot 디렉토리에 복사하면 된다.

► 부트로더에서 tftp 명령으로 이미지 전송하기

지금까지 호스트 PC에서 bootpd와 tftpd를 구축하였으며, 다음과 같은 명령으로 bootpd, tftpd항목이 화면에 출력되면 정상동작중인 것을 확인할 수 있다.

```
☞ netstat –au↲
```

```
root@localhost:/
[root@localhost /]# netstat -au
Active Internet connections (servers and established)
Proto Recv-Q Send-Q Local Address               Foreign Address             Stat
e
udp        0      0 *:58752                     *:*

udp        0      0 *:960                       *:*

udp        0      0 *:tftp                      *:*

udp        0      0 *:974                       *:*

udp        0      0 *:53981                     *:*

udp        0      0 *:mdns                      *:*

udp        0      0 *:sunrpc                    *:*

udp        0      0 *:ipp                       *:*

udp        0      0 *:960                       *:*

udp        0      0 *:sunrpc                    *:*

[root@localhost /]# █
```

[그림 3-85] tftp 동작 확인

부트로더의 tftp 명령을 통해 zImage와 filesystem을 다운로드 할 수 있다. 타겟보드에 tftp명령으로 다운로드할 zImage와 root는 물론 Host PC의 /tftpboot디렉토리에 존재하여야 한다.

부트로더에서 tftp명령어로 zImage (kernel/linux/arch/arm/boot/zImage)를 커널 영역에 다운로드 한다. 이와 같이 tftp명령을 이용하여 호스트 PC의 파일을 타겟보드에 고속으로 전송할 수 있게 되었다.

부트로더의 tftp 명령사용 전에 호스트PC에서 아래 설정을 해야 한다.

1. HOST PC의 방화벽 설정을 확인하고 "방화벽을 사용하지 않음" 으로 설정한다.
2. 호스트PC /etc/selinux/config 파일에서 아래와 같이 disabled 로 설정한다.

   SELINUX=disabled

3.6.3. 리눅스 이미지 다운로딩

► 리눅스 커널 이미지 다운로딩

위에서 bootp 및 tftp명령의 정상 동작이 확인되면 커널이미지를 다운로드 한다. 호스트로부터 커널이미지(zImage)를 타켓 보드의 SDRAM 영역으로 다운로드 받는다.

```
☞ tftp zImage
```

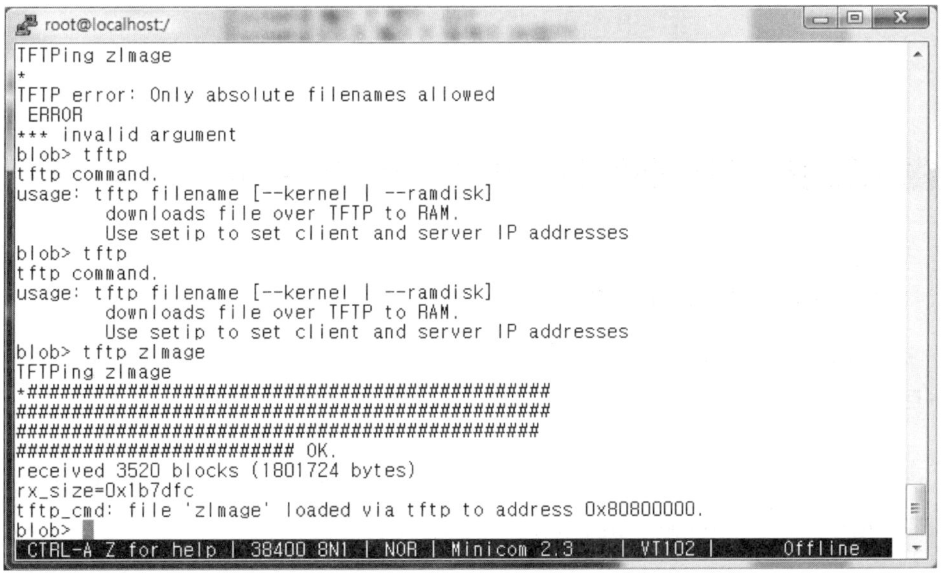

[그림 3-86] zImage 전송

타겟보드의 SDRAM에 다운받은 커널이미지를 아래의 nandwrite 명령어로 플래시 메모리영역에 퓨징한다.

(SDRAM은 휘발성 메모리로 전원이 오프되면 모든 데이터가 사라진다. 그러므로 SDRAM의 커널 이미지 영역을 플래시 메모리의 커널 이미지 영역에 저장하여 타겟보드가 전원이 오프 되어도 커널 이미지를 저장할 수 있게 한다.)

```
☞nandwrite -z    0x80800000 0x00040000 0x00200000
```

```
root@localhost:/
usage: tftp filename [--kernel | --ramdisk]
        downloads file over TFTP to RAM.
        Use setip to set client and server IP addresses
blob> tftp
tftp command.
usage: tftp filename [--kernel | --ramdisk]
        downloads file over TFTP to RAM.
        Use setip to set client and server IP addresses
blob> tftp zImage
TFTPing zImage
*################################################
################################################
###############################################
######################### OK.
received 3520 blocks (1801724 bytes)
rx_size=0x1b7dfc
tftp_cmd: file 'zImage' loaded via tftp to address 0x80800000.
blob> nandwrite -z 0x80800000 0x00040000 0x00200000
Write 0x200000 length data from RAM: 0x80800000 to flash: 0x80000
Write flash from 0x80000, length 0x200000
Erase flash from 0x80000, length 0x200000
................Done
Write flash address is aligned to 0x80000, length is aligned to 0x200000
................Done
blob>
 CTRL-A Z for help | 38400 8N1 | NOR | Minicom 2.3    | VT102 |      Offline
```

[그림 3-87] zImage 설치

► 파일 시스템 다운로딩

gtk.img라는 이름의 파일 시스템 이미지를 tftp명령으로 타겟보드에 다운로드 한다.

```
☞ tftp gtk.img                                  // SDRAM에 다운로드
☞ nandwrite -y 0x80800000 0x00240000  0// root 영역에 쓰기
```

```
root@localhost:/
#################################################
################################################
#################################################
#################################################
################################################
#################################################
################################################
#################################################
#################################################
################################################
#################################################
#################################################
################################################
#################################################
################################################
#################################################
#################################################
################################################
#################################################
#################################################
############################## OK.
received 147639 blocks (75590592 bytes)
rx_size=0x4816bc0
tftp_cmd: file 'gtk.img' loaded via tftp to address 0x80800000.
blob>
 CTRL-A Z for help | 38400 8N1 | NOR | Minicom 2.3    | VT102 |      Offline
```

[그림 3-88] gtk.img 다운로드

타겟보드의 SDRAM에 다운로드 받은 파일 시스템 이미지를 아래의 명령어로 플래시 메모리 영역에 쓴다.

```
root@localhost:/
blob> nandwrite -y 0x80800000 0x00240000 0
Write 0x0 length data from RAM: 0x80800000 to flash: 0x240000
Write YAFFS2 File SYSTEM
Write flash from 0x240000, length 0x0
Erase flash from 0x240000, length 0x6d60000
................................................................................e
pages=35791
Write flash address is aligned to 0x240000, length is aligned to 0x4817000
................................................................................
.......
................................................................................e
blob>
```

[그림 3-89] gtk.img 설치

► 타겟 보드 커널 부팅하기

커널이미지와 파일시스템 이미지를 다운로드하고 플래시 메모리에 라이트를 한 후 부트로더의 reboot 명령을 내리거나 보드의 전원을 껐다가 켜면 리눅스 커널이 부팅되는 것을 확인할 수 있다.

```
Starting kernel at 0x80800000...
Linux version 2.6.14.7-tiny1 (root@mcjino.com) (gcc version 4.1.1) #205 PREEMPT
 Thu Nov 1 13:56:43KST2007
CPU: XScale3-monahans [69056826] revision 6 (ARMv5TE)
Machine: HYBUS X-HYPER320 TKU (CODE NAMED WENDERS)
Memory policy: ECC disabled, Data cache writeback
Run Mode Clock: 403MHz
Turbo Mode Clock: 806MHz
High Speed I/O Bus Clock: 208MHz
CPU0: D VIVT undefined 5 cache
CPU0: I cache: 32768 bytes, associativity 4, 32 byte lines, 256 sets
CPU0: D cache: 32768 bytes, associativity 4, 32 byte lines, 256 sets
Built 1 zonelists
Kernel command line: root=/dev/mtdblock2 rw rootfstype=yaffs2 init=/sbin/init c
onsole=ttyS0,38400 rw mem=128M
PID hash table entries: 1024 (order: 10, 16384 bytes)
Console: colour dummy device 80x30
Dentry cache hash table entries: 32768 (order: 5, 131072 bytes)
Inode-cache hash table entries: 16384 (order: 4, 65536 bytes)
Memory: 128MB = 128MB total
Memory: 125824KB available (2835K code, 613K data, 464K init)
Mount-cache hash table entries: 512
CPU: Testing write buffer coherency: failed, enabling work-around
NET: Registered protocol family 16
WENDERS MACH INIT
Frame buffer For 7" LCD (800x480)
SCSI subsystem initialized
usbcore: registered new driver usbfs
usbcore: registered new driver hub
nwfpe: bad register size
audit: initializing netlink socket (disabled)
audit(1198834369.600:1): initialized
Installing knfsd (copyright (C) 1996 okir@monad.swb.de).
JFFS2 version 2.2. (NAND) (C) 2001-2003 Red Hat, Inc.
yaffs Oct 9 2007 15:12:31Installing.
Initializing Cryptographic API
i2c /dev entries driver
I2C: i2c-0: PXA I2C adapter
pxafb: LCD power on
pxafb: backlight on
XHYPER320TKU BACK LIGHT ON
Console: switching to colour frame buffer device 100x30
```

```
Load PXA Overlay driver successfully!
PXA Real Time Clock driver v1.02
FS453 MAJOR 250 FS453 NOT FOUND!!
X-Hyper 320TKU CC2420 MAJOR 255
X-Hyper 320TKU gpio_led Driver MAJOR 242, IRQ 169 170 171 172
X-Hyper 320TKU fnd Driver MAJOR 231
X-Hyper 320TKU clcd Driver MAJOR 238
clcd.o: X-HYPER320 TKU Embedded Linux
X-Hyper 320TKU dot Driver MAJOR 232
X-Hyper 320TKU ADC Driver MAJOR 247
X-Hyper 320TKU DAC Driver MAJOR 248
X-Hyper 320TKU dc_motor MAJOR 237
X-Hyper 320TKU st_motor MAJOR 236 IRQ 28
X-Hyper 320TKU key MAJOR 233
X-Hyper 320TKU led MAJOR 239
ttyS3 at MMIO map 0xc0a00000 mem 0xf0a00000 (irq = 63) is a EXT UART 0
ttyS4 at MMIO map 0xc0b00000 mem 0xf0b00000 (irq = 64) is a EXT UART 1
ttyS5 at MMIO map 0xc0c00000 mem 0xf0c00000 (irq = 67) is a EXT UART 2
ttyS6 at MMIO map 0xc0d00000 mem 0xf0d00000 (irq = 68) is a EXT UART 3
ttyS0 at MMIO map 0x40700000 mem 0xf6700000 (irq = 20) is a STUART
ttyS1 at MMIO map 0x40200000 mem 0xf6200000 (irq = 21) is a BTUART
ttyS2 at MMIO map 0x40100000 mem 0xf6100000 (irq = 22) is a FFUART
io scheduler noop registered
io scheduler anticipatory registered
io scheduler deadline registered
io scheduler cfq registered
loop: loaded (max 8 devices)
dm9000 Ethernet Driver
eth0: dm9000 at f0100300,f0100304 IRQ 159 MAC: ff:ff:ff:ff:ff:ff
dm9000 Ethernet Driver
eth1: dm9000 at f0200300,f0200304 IRQ 138 MAC: ff:ff:ff:ff:ff:ff
Linux video capture interface: v1.00
input: XHYPER320 touch screen device!
platform bus: XHYPER320 touch driver!
Try to allocate dma buffer(len:2176)for data buffer + 2*descriptor + command bu
ffer
NAND device: Manufacturer ID: 0xec, Chip ID: 0xf1 (Samsung NAND 128MiB 3,3V 8-b
it)
Creating 4 MTD partitions on "NAND 128MiB 3,3V 8-bit":
0x00000000-0x00040000 : "Bootloader"
0x00040000-0x00240000 : "Kernel"
0x00240000-0x06fa0000 : "Filesystem"
0x06fa0000-0x07020000 : "BBT"
pxa-ohci pxa-ohci: PXA27x OHCI
pxa-ohci pxa-ohci: new USB bus registered, assigned bus number 1
pxa-ohci pxa-ohci: irq 3, io mem 0x4c000000
hub 1-0:1.0:USBhubfound
hub 1-0:1.0:3portsdetected
Initializing USB Mass Storage driver...
usbcore: registered new driver usb-storage
USB Mass Storage support registered.
usbcore: registered new driver usbhid
```

```
drivers/usb/input/hid-core.c:   v2.6:USB HID core driver
Advanced  Linux Sound Architecture Driver Version 1.0.10rc1 (Mon Sep 12 08:13:09
 2005 UTC).
ALSA   device list:
#0: pxa2xx-ac97 (Wolfson WM9711,WM9712)
NET:   Registered protocol family 2
IP   route cache hash table entries: 2048 (order: 1, 8192 bytes)
TCP   established hash table entries: 8192 (order: 3, 32768 bytes)
TCP   bind hash table entries: 8192 (order: 3, 32768 bytes)
TCP:   Hash tables configured (established 8192 bind 8192)
TCP renoregistered
TCP   bic registered
NET:   Registered protocol family 1
NET:   Registered protocol family 17
yaffs:   dev is 32505858 name is "mtdblock2"
yaffs:   passed flags ""
yaffs:   Attempting MTD mount on 31.2, "mtdblock2"
VFS:   Mounted root (yaffs2 filesystem).
Freeing   init memory: 464K
INIT:   version 2.86 booting

                    Welcome to HYBUS
            XHYPER320TKU Linux Code named   WENDERS

Setting   hostname hybus:  [  OK  ]
INIT:   Entering runlevel: 3
Entering   non-interactive startup
Starting   network:  [  OK  ]
Starting   system logger: [  OK  ]
Starting   kernel logger: [  OK  ]
Mounting   other filesystems:  [  OK  ]
Starting   xinetd: [  OK  ]
Starting   telnetd:  [  OK  ]
Starting   alsamixer:  [  OK  ]

Welcome   to xhyper board.
Packaged   by Hybus (hybus@hybus.net)
Starting   X...
Could   not init font path element /usr/X11R6/lib/X11/fonts/100dpi/, removing fro
m   list!
[root@WENDERS   root]#
```

지금까지 수행한 작업은 제공되는 커널 이미지와 파일시스템 이미지를 타겟보드에 그대로 다운로드 하여 플래시에 저장하여 타겟보드의 리눅스로 부팅하였다.

앞으로 수행해야 할 과제는 커널이미지와 파일시스템 이미지를 사용자가 원하는 대로 타겟보드에 알맞게 수정하는 것이다.

04

시스템 호출과 주요 커널 함수

4.1. 시스템 호출의 개요

운영체제는 사용자에게 컴퓨터 시스템의 사용에 편의성을 제공하고 시스템의 모든 자원을 효율적으로 활용하는 컴퓨터 하드웨어와 사용자 사이의 인터페이스라 할 수 있다. 특히 컴퓨팅 자원을 효율적으로 관리하기 위해 허가받지 않은 사용자 및 프로그램의 침범을 방지해 프로그램의 독립적인 수행을 보장한다. 따라서 원활한 운영체제의 역할 수행을 위해서는 시스템 소프트웨어를 응용 소프트웨어로부터 보호할 수 있는 메커니즘이 필요하다.

4.1.1. 특권 모드와 사용자 모드

리눅스는 컴퓨팅 시스템 자원을 사용자 공간과 커널 공간으로 나누고, 사용자 공간과 커널 공간은 권한 레벨을 설정함으로써 구분한다. 서로 다른 공간에 대한 접근은 시스템 호출(System Call)로 제한함으로써 컴퓨팅 자원을 보호하고 커널 수행을 안전하게 유지한다. 사용자 모드에서 특권 모드로 권한 레벨을 바꾸지 않으면 커널의 내부 기능을 사용할 수 없다.

인텔 펜티엄 프로세서는 [그림 4-1]과 같이 컴퓨팅 자원에 대하여 4개의 레벨로 접근 권한을 나눈다. 프로세서에 의해 분류된 권한을 특권 링(Privilege Ring) 혹은 특권 레벨(Privilege Level)이라고 한다.

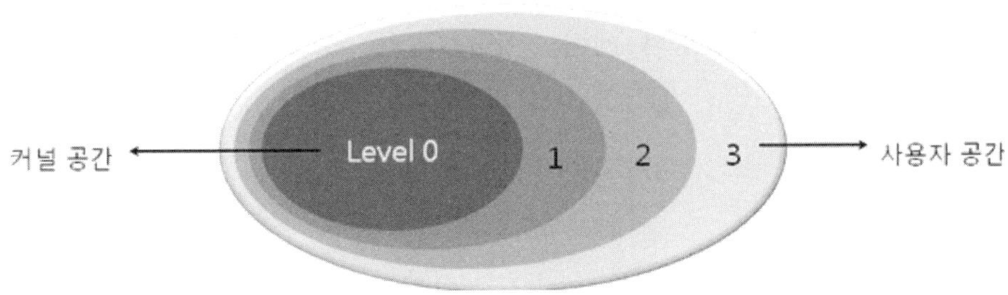

[그림 4-1] 특권 레벨

프로세서는 각 권한 레벨에 따라 사용할 메모리 영역을 설정할 수 있다. 프로세서는 4개의 권한 레벨을 제공하지만 운영체제는 일반적으로 2개의 영역만 사용한다, 레벨 0은 커널 공간으로 설정하고 레벨 3은 사용자 공간으로 지정한다. 나머지 레벨 1과 2는 아직 사용하지 않고 있다.

이와 같은 특권 모드, 즉 보호 모드로 보호된 자원에 접근하려면 시스템 호출 혹은 인터럽트에 의하여 권한을 변경해야 한다.

시스템 호출은 사용자 영역에서 커널 영역의 자원을 사용하기 위하여 사용하는 함수를 말한다. 시스템 호출은 사용자 프로세스와 커널 간의 인터페이스로 단순히 커널 영역으로 들어가는 것이 아니라 자신의 레벨을 특권 레벨로 변경하는 것이다. 시스템 호출은 소프트웨어적으로 인터럽트(Interrupt)를 발생시킨다. 따라서 시스템 호출도 일종의 인터럽트로, 리눅스 커널에서 시스템 호출은 0x80 인터럽트를 통해서 수행된다. 즉 0x80 인터럽트를 통해서 특권 레벨이 변경된다.

4.1.2. 리눅스가 지원하는 시스템 호출

리눅스에서 지원하는 시스템 호출은 운영체제의 역할에 따라 다음과 같이 분류할 수 있다. 특히 디바이스 드라이버 관련 시스템 호출은 가상 파일 시스템을 통하므로 파일시스템과 관련된다.

- 프로세스 관리 : fork(), execve(), getpid(), signal() 등
- 파일 시스템 : open(), read(), write(), close() 등
- 메모리 관리 : brk() 등
- 네트워크 관리 : socket(), bind(), connect() 등
- 기타 시스템 정보나 제어 : time() 등

4.2. 시스템 호출 동작 과정

리눅스는 사용자 프로그램이 커널에 대한 서비스를 요청할 경우 이에 대한 서비스를 할 수 있는 잘 정의된 제한된 종류의 함수인 시스템 호출을 제공한다. 따라서 사용자가 운영체제의 기능 혹은 모듈을 활용하려면 반드시 시스템 호출을 이용해야 한다. 사용자 모드에서 시스템 호출을 수행하면 시스템 모드로 전환되며, 커널에서 시스템 호출을 종료하면 사용자 모드로 다시 돌아온다. 사용자 프로세스가 표준 라이브러리를 사용해 커널에 접근하는 것도 내부적으로 시스템 호출을 사용하는 것이다. 따라서 시스템 호출 처리 과정을 알아보 전에 사용자 프로그램의 번역 과정을 이해해야 한다.

4.2.1. 사용자 프로그램 번역 과정

C언어로 작성된 원시 프로그램(Source Program)은 컴파일러에 의하여 기계어로 구성된 목적 파일(Object File)로 변환된다.

사용자 프로그램의 번역

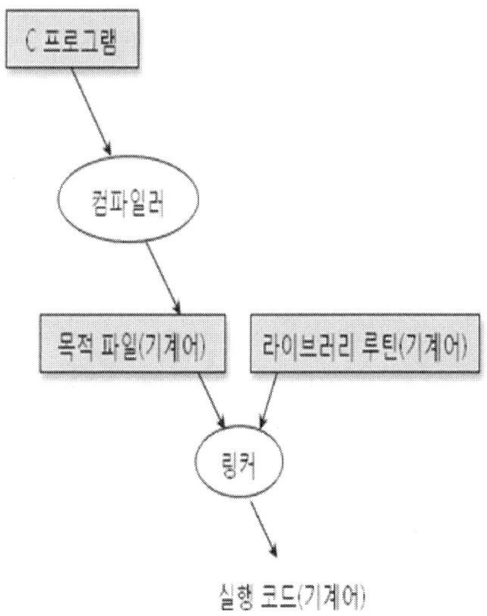

리눅스 시스템의 목적(object) 파일에는 일반적으로 기계어 코드로 구성된 텍스트 세그먼트(text segment), 프로그램의 실행에 필요한 데이터 세그먼트(data segment), 목적 파일을 구성하는 각 부분의 크기 및 위치 정보를 포함하는 목적 헤더 파일이 있다.
이 외에도 두 가지의 중요한 파일인 재배치 정보와 심볼 테이블을 포함한다. 재배치 정보는 이 프로그램이 메모리에 적재될 때 절재 주소에 의존하는 명령어와 데이터를 표시한다. 심볼테이블은 외부 참조와 같이 아직 정의되지 않은 레이블을 포함한다. 목적 파일에 미 해결된 레이블의 주소를 기계어로 구성된 라이브러리 루틴과 링커를 이용해 연결함으로써 실행 가능한 파일이 생성된다.

[그림 4-2] 사용자 프로그램의 번역 과정

컴파일된 목적 파일은 일반적으로 실행할 수 있는 코드가 아니다. 목적 파일 내부에는 커널에 접근하기 위한 시스템 호출 관련 정보가 모두 해결되지 않았기 때문이다. 예를 들어, hello.c라는 C프로그램의 경우 printf() 함수를 사용해 표준 출력 장치라는 자원을 사용한다. printf() 함수는 이를 위해 write()와 같은 시스템 호출 함수를 사용해야 한다. 그러나 hello.c라는 원시 파일로부터 컴파일된 목적 파일은 printf()의 라이브러리 루틴 정보가 없으며, write()라는 시스템 호출의 서비스 지점도 모른다. 컴파일된 목적 파일에 포함되지 않은 정보는 링커(Linker)에 의해 이를 해결한다. 링커는 라이브러리 루틴 내에 printf() 함수에서 필요한 write()와 같은 시스템 호출을 사용할 수 있도록 도와준다.

4.2.2. 시스템 호출 처리 과정

리눅스의 시스템 호출 함수 중 하나인 fork()가 사용자 모드와 커널 모드 사이에서 어떤 과정을 통해 커널 함수 fork()에 접근해 처리되는지 살펴보자. [그림4-3]은 시스템 호출과 리눅스 아키텍처의 관계를 나타낸다.

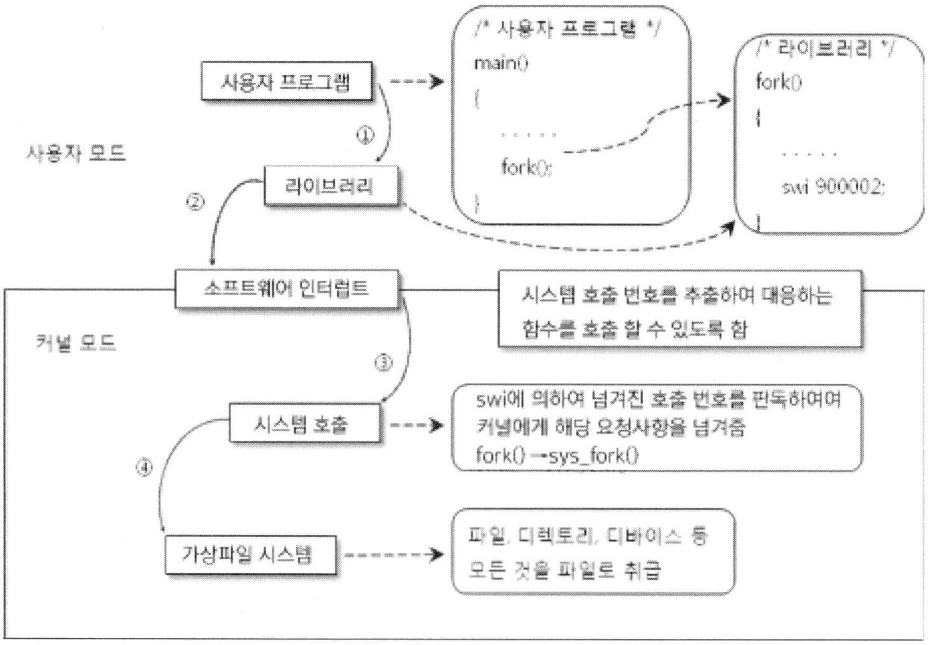

[그림 4-3] fork 시스템 호출 과정

① 사용자 프로그램 내부에는 fork()라는 시스템 호출 함수가 구현되어 있지 않기 때문에 이를 사용하려면 fork() 함수 정보가 있는 <linux>/include/linux/unistd.h라는 헤더 파일을 포함(include)시켜야 한다. 또한 링커로 라이브러리에서 대응하는 함수와 연결해야 한다.

② 라이브러리 내부의 fork() 함수에는 "swi 900002"라는 어셈블리가 존재한다. swi 는 소프트웨어 인터럽트(software interrupt)를, 900002는 시스템 호출 번호다. 소프트웨어 인터럽트를 통해 사용자 모드에서 커널 모드로 전환되어 커널 자원을 접근할 수 있게 된다. 시스템 호출 번호를 포함하는 테이블의 시작점이 900000이기 때문에 fork() 시스템 호출 번호는 2이며 등록된 시스템 호출 함수 중 3번째에 위치한다.

③ 소프트웨어 인터럽트에 의해 넘겨진 호출 번호 2에 해당하는 시스템 호출 함수 sys_fork()가 호출된다. 일반적으로 표준 라이브러리에 있는 일반 함수[예를 들면 printf()]는 내부에서 시스템 호출 함수를 사용하고 있음을 유의하라. 즉, 라이브러리는 사용자 수준의 코드인 일반 함수와 시스템 호출로 구성되어 있다.

④ 궁극적으로 가상 파일시스템을 통해 커널 자원인 파일, 디렉토리, 디바이스 등을 하나의 파일처럼 접근하게 된다.

✔ 시스템 호출 함수와 어셈블리

시스템 호출 함수 내부를 살펴보면 어셈블리를 사용하고 있음을 알 수 있다. 일반 고급프로그래밍 언어는 메모리를 대상으로 하지만 어셈블리 프로그래밍 언어는 메모리뿐만 아니라 레지스터도 대상으로 한다. 사용자 프로그램은 사용자 모드에서 실행되지만 시스템 호출 함수는 커널 모드에서 실행된다. 따라서 시스템 호출 함수를 사용하기 위해서는 시스템 호출 함수를 프로세스 모드로 변경해야 한다. 프로세스 모드의 변경은 레지스터를 변경함으로써 이루어진다. 따라서 시스템 호출 함수는 레지스터의 내용을 변경하는 코드를 포함하므로 어셈블리 언어를 사용해야 한다(ARM 아키텍처의 경우 상태 레지스터의 일부 비트를 변경한다).

4.3. 시스템 호출 구현

시스템 호출 함수를 구현하려면 커널 수준의 프로그래밍 작업을 해야 하며, 구현된 시스템 호출 함수를 테스트하기 위해서는 사용자 수준의 응용프로그램을 작성해야 한다. 사용자 수준에서 시스템 호출을 자주 사용한다면 라이브러리를 통하여 빌드하는 편이 편하지만, 꼭 필요한 사항은 아니다. 시스템 호출을 커널에서 구현하려면 [그림 4-4]와 같이 시스템 호출 함수를 정의해야 할 뿐만 아니라 시스템 호출 번호를 할당하고 시스템 호출 함수를 등록해야 한다.

4.3.1. 시스템 호출 함수 정의

일반적으로 시스템 호출 함수는 특정 디렉토리에 저장된다. 예를 들면 프로세스와 관련된 시스템 호출 함수는 <linux>/kernel 디렉토리에 있으며, 파일시스템과 관련된 시스템 호출 함수는 <linux>/fs 디렉토리에 있다. 그리고 특정 프로세서에 관련되는 시스템 호출 함수는 <linux>/arch 디렉토리에 있다. 예를 들어, ARM 프로세서를 사용할 경우 프로세서 관련 함수는 <linux>/arch/arm/kernel 디렉토리에 위치한다.

시스템 호출 함수는 "sys_함수명"이라는 이름으로 정의하지만 사용자 프로그램에서는 접두사("sys_") 없이 함수명만 사용해 호출한다. 시스템 호출 함수는 컴파일된 후 목적(Object) 파일과 링크되어야 한다. 시스템 호출 함수도 커널 함수이기 때문에 일반 함수와 다른 헤더 파일을 사용한다. 응용프로그램에서 사용하는 헤더 파일은 /usr/include 디렉토리에 있지만 커널 함수에서 포함하고자 하는 헤더 파일은 <linux>/include 디렉토리에 있다.

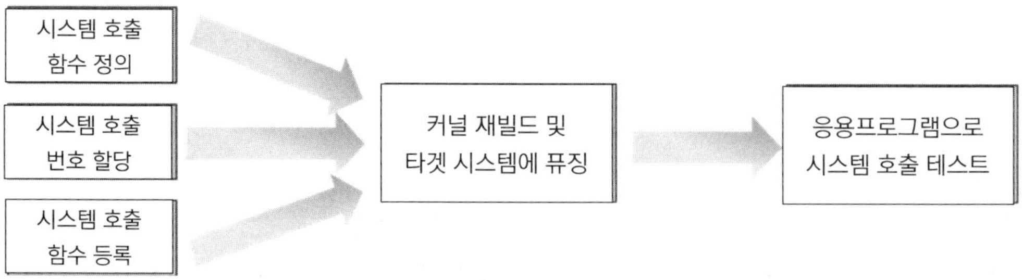

[그림 4-4] 시스템 호출 함수 구현 및 테스트 과정

[실습 4-1] 시스템 호출 함수 정의하기

"Hello, this is new system call!" 이라는 메시지를 출력하는 시스템 호출 프로그램을 에디터를 사용하여 [코드 4-1]과 같이 작성한다. 이 프로그램은 특정 프로세서에 의존적인 시스템 호출이 아니므로 <linux>/kernel 디렉토리에 생성한다.

```
01 #include <linux/kernel.h>
02
03 asmlinkage void sys_hello()
04 {
05       printk ("Hello, this is   new system call!₩n");
06 }
```

[코드 4-1] sys_hello() 시스템 호출 함수(<linux>/kernel/hello.c)

01행 : 헤더 파일. <linux/kernel.h>는 <linux>/include/linux/kernel.h 파일이다.

03행 : 함수 이름의 sys 접두사는 시스템 호출 함수임을 나타내기 위해 관습적으로 붙이는 것이다. asmlinkage 키워드는 C 언어로 구현된 함수가 어셈블리로 구현된 함수로부터 호출될 경우 사용한다.

05행 : printk() 함수는 C 언어의 printf() 함수와 유사한 커널 함수다. 커널 수준에서 실행되는 함수에서 사용자 수준에서 사용되는 표준 C 라이브러리를 실행할 수 없음에 유의하라.

4.3.2. 시스템 호출 번호 할당

리눅스 커널이 제공하는 모든 시스템 호출은 고유 번호를 가지며, 이 고유 번호를 시스템 호출 번호 테이블에 등록해야 한다. ARM 계열을 위한 시스템 호출 번호 테이블은 <linux>/inlucde/asm-arm/unistd.h 헤더 파일에 존재한다. unistd.h를 참조하면 현재 구현된 시스템 호출 종류를 알 수 있다. 새로운 시스템 호출 함수를 구현하려면 시스템 호출 번호 테이블에 등록해야 한다. 고유 번호는 __NR_ 접두사를 포함한 상수로 정의하고 있다.

[실습4-2] 시스템 호출 번호 할당하기

1. 구현하고자 하는 시스템 호출 sys_hello()를 추가하기 위해 <linux>/include/asm-arm/unistdh 헤더 파일의 내용을 관찰한다.

```
root@localhost:/embedded/Kernel/linux/include/asm-arm
#include <linux/linkage.h>

#if defined(__thumb__) || defined(__ARM_EABI__) && !defined(__USE_ARM_OABI_SYSCA
LLS)
#define __NR_SYSCALL_BASE       0
#else
#define __NR_SYSCALL_BASE       0x900000
#endif

/*
 * This file contains the system call numbers.
 */

#define __NR_restart_syscall            (__NR_SYSCALL_BASE+  0)
#define __NR_exit                       (__NR_SYSCALL_BASE+  1)
#define __NR_fork                       (__NR_SYSCALL_BASE+  2)
#define __NR_read                       (__NR_SYSCALL_BASE+  3)
#define __NR_write                      (__NR_SYSCALL_BASE+  4)
#define __NR_open                       (__NR_SYSCALL_BASE+  5)
#define __NR_close                      (__NR_SYSCALL_BASE+  6)
                                        /* 7 was sys_waitpid */
#define __NR_creat                      (__NR_SYSCALL_BASE+  8)
#define __NR_link                       (__NR_SYSCALL_BASE+  10)
```

[그림 4-5] unistd.h 헤더 파일(<linux>/include/asm-arm/unistd.h)

(1) __NR_SYSCALL_BASE의값은 16비트 명령어인 thumb 모드가 아니면 0x900000으로 정의된다. [그림4-3]의 라이브러리에 있는 swi 900002와 밀접한 관계가 있다.

(2) __NR_fork의 값은 __NR_SYSCALL_BASE의 내용에 2를 더한 값인 0x900002가 된다. 이는 fork()라는 시스템 호출을 위한 소프트웨어 인터럽트 주소에 해당된다. [그림4-3]에서 fork()라는 함수를 위한 어셈블리 내용 중에 "swi 900002"가 필요한 이유를 시스템 호출 함수 번호 테이블을 통해 알 수 있다.

2. 시스템 호출 번호 테이블의 마지막 부분에 새로운 시스템 호출 함수에 대한 고유 번호를 추가한다. 구현하고자 하는 시스템 호출인 sys_hello()를 위해 소프트웨어 인터럽트될 주소가 0x900322이 된다.

```
root@localhost:/embedded/Kernel/linux/include/asm-arm
#endif

#define __NR_vserver                    (__NR_SYSCALL_BASE+313)
#define __NR_ioprio_set                 (__NR_SYSCALL_BASE+314)
#define __NR_ioprio_get                 (__NR_SYSCALL_BASE+315)
#define __NR_inotify_init               (__NR_SYSCALL_BASE+316)
#define __NR_inotify_add_watch          (__NR_SYSCALL_BASE+317)
#define __NR_inotify_rm_watch           (__NR_SYSCALL_BASE+318)
#define __NR_mbind                      (__NR_SYSCALL_BASE+319)
#define __NR_get_mempolicy              (__NR_SYSCALL_BASE+320)
#define __NR_set_mempolicy              (__NR_SYSCALL_BASE+321)
#define __NR_hello                      (__NR_SYSCALL_BASE+322)
#define __NR_testLED            (__NR_SYSCALL_BASE+323)

/*
 * The following SWIs are ARM private.
 */
#define __ARM_NR_BASE                   (__NR_SYSCALL_BASE+0x0f0000)
#define __ARM_NR_breakpoint             (__ARM_NR_BASE+1)
#define __ARM_NR_cacheflush             (__ARM_NR_BASE+2)
#define __ARM_NR_usr26                  (__ARM_NR_BASE+3)
#define __ARM_NR_usr32                  (__ARM_NR_BASE+4)
#define __ARM_NR_set_tls                (__ARM_NR_BASE+5)
```

[그림 4-6] 새로운 시스템 호출 추가(<linux>/include/asm-arm/unistd.h)

4.3.3. 시스템 호출 함수 등록

시스템 호출 함수와 할당한 시스템 호출 번호를 연관시켜 줄 필요가 있으며, 이를 위해 calls.S라는 어셈블리 파일이 존재한다. 이 파일 내부에 모든 시스템 호출 함수를 등록한 테이블이 있다. ARM 계열의 경우 calls.S가 <linux>/arch/arm/kernel 디렉토리에 존재한다. 리눅스 커널이 제공하는 모든 시스템 호출 함수는 calls.S 파일에 등록되어야 한다.

[실습4-3] 시스템 호출 함수 등록하기

1. <linux>/arch/arm/kernel/calls.S 파일에 시스템 호출 함수를 마지막 행에 추가한다.

```
root@localhost:/embedded/Kernel/linux/arch/arm/kernel
                .long   sys_shmdt
                .long   sys_shmget
                .long   sys_shmctl
                .long   sys_add_key
/* 310 */       .long   sys_request_key
                .long   sys_keyctl
                .long   sys_semtimedop
/* vserver */   .long   sys_ni_syscall
                .long   sys_ioprio_set
/* 315 */       .long   sys_ioprio_get
                .long   sys_inotify_init
                .long   sys_inotify_add_watch
                .long   sys_inotify_rm_watch
                .long   sys_mbind_wrapper
/* 320 */       .long   sys_get_mempolicy
                .long   sys_set_mempolicy
/* 322 */       .long   sys_hello
                .long   sys_testLED

                .rept   NR_syscalls - (. - 100b) / 4
                        .long   sys_ni_syscall
                .endr
#endif
```

[그림 4-7] call.S파일 변경(<linux>/arch/arm/kernel/calls.S)

calls.S 내용을 살펴보면 __syscall_start 레이블부터 __syscall_end 레이블 앞에 모든 시스템 호출 함수가 등록되어 있음을 알 수 있다. 이를 시스템 호출 함수 테이블이라 한다. 시스템 호출 함수 테이블의 각 엔트리는 시스템 호출 함수의 시작점 주소로 [그림4-6]의 번호에 대응된다. 예를 들어 read()는 커널 내부에 sys_read() 이름으로 등록되어 있으며 3번을 인덱스로 사용해 접근할 수 있다. 시스템 호출 함수 테이블의 마지막에 새로운 시스템 호출 함수인 sys_hello()를 등록한다.

4.3.4. 커널 빌드(Build) 및 타겟 시스템에 퓨징(Fusing)

정의한 시스템 호출 함수를 구현하려면 시스템 호출 함수 파일이 존재하는 동일한 디렉토리의 Makefile을 수정한 후 커널 이미지를 다시 빌드

해야 한다. 빌드된 커널 이미지를 타겟 시스템의 플래시에 퓨징한 후 응용 프로그램으로 테스트한다

[실습4-4] 커널 재컴파일 및 타겟 시스템에 퓨징하기

1. hello.c파일이 존재하는 <linux>/kernel 디렉토리의 Makefile 내부에 hello.c를 컴파일 하도록 수정해야 한다. 에디터를 사용해 Makefile을 [그림 4-8]과 같이 수정한다.

```
root@localhost:/embedded/Kernel/linux/kernel
#
# Makefile for the linux kernel.
#

obj-y     = sched.o fork.o exec_domain.o panic.o printk.o profile.o \
	    exit.o itimer.o time.o softirq.o resource.o \
	    sysctl.o capability.o ptrace.o timer.o user.o \
	    signal.o sys.o kmod.o workqueue.o pid.o \
	    rcupdate.o intermodule.o extable.o params.o posix-timers.o \
	    kthread.o wait.o kfifo.o sys_ni.o posix-cpu-timers.o \
	    hrtimer.o hello.o

ifeq ($(CONFIG_LTT),y)
	obj-y += ltt-base.o
endif

obj-$(CONFIG_FUTEX) += futex.o
obj-$(CONFIG_GENERIC_ISA_DMA) += dma.o
obj-$(CONFIG_SMP) += cpu.o spinlock.o
obj-$(CONFIG_DEBUG_SPINLOCK) += spinlock.o
obj-$(CONFIG_UID16) += uid16.o
obj-$(CONFIG_MODULES) += module.o
obj-$(CONFIG_KALLSYMS) += kallsyms.o
"Makefile" 83L, 3067C
```

[그림 4-8] 시스템 호출 함수의 컴파일을 위한 Makefile(<linux>/kernel/Makefile)

2. 위와 같이 수정 후 커널 최상위에서 커널 컴파일한다.
3. sys_hello을 추가한 커널을 다시 빌드하고 커널 이미지를 /tftpboot로 복사한다.

Kernel/linux/Makefile에서 CROSS_COMPILE를 [그림 4-9]와 같이 수정한다.

```
root@localhost:/embedded/Kernel/linux

# Cross compiling and selecting different set of gcc/bin-utils
# ---------------------------------------------------------------------------
#
# When performing cross compilation for other architectures ARCH shall be set
# to the target architecture. (See arch/* for the possibilities).
# ARCH can be set during invocation of make:
# make ARCH=ia64
# Another way is to have ARCH set in the environment.
# The default ARCH is the host where make is executed.

# CROSS_COMPILE specify the prefix used for all executables used
# during compilation. Only gcc and related bin-utils executables
# are prefixed with $(CROSS_COMPILE).
# CROSS_COMPILE can be set on the command line
# make CROSS_COMPILE=ia64-linux-
# Alternatively CROSS_COMPILE can be set in the environment.
# Default value for CROSS_COMPILE is not to prefix executables
# Note: Some architectures assign CROSS_COMPILE in their arch/*/Makefile

ARCH            := arm
CROSS_COMPILE   := /usr/local/arm-linux-4.1.1/bin/arm-linux-
```

[그림 4-9] 커널 재빌드(Kernel/linux/Makefile)

make WENDERS_defconfig
make oldconfig
make zImage 순서로 컴파일한다.

(1) Make 유틸리티를 이용하여 커널 이미지를 빌드한다.
(2) 빌드된 커널 이미지(arch/arm/boot/zImage)를 타겟 시스템으로 전송하기 위하여 /tftpboot로 복사한다.

4. 빌드한 커널을 타겟 시스템에 탑재하고 재부팅한다.

```
☞tftp zImage
☞nandwrite -z    0x80800000 0x00040000 0x00200000
```

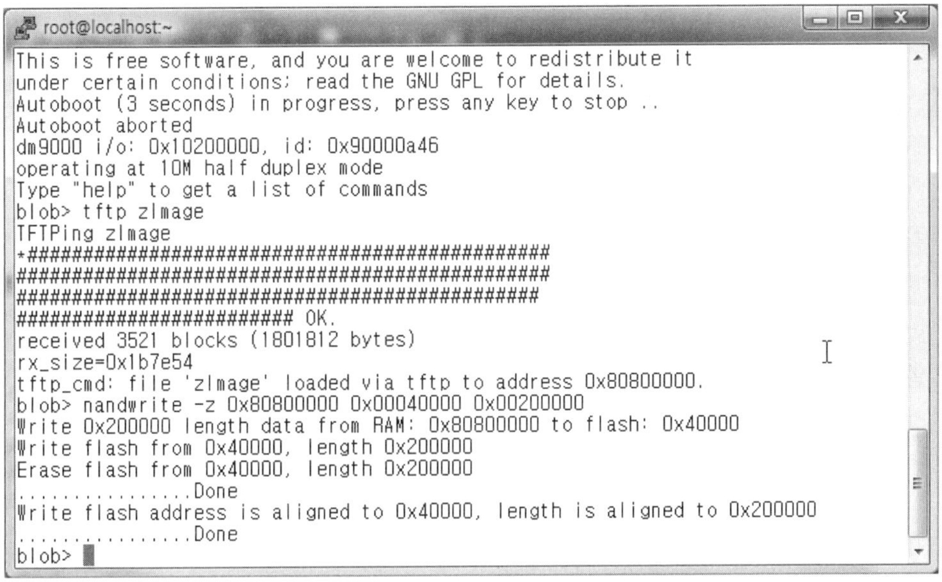

```
root@localhost:~
This is free software, and you are welcome to redistribute it
under certain conditions; read the GNU GPL for details.
Autoboot (3 seconds) in progress, press any key to stop ..
Autoboot aborted
dm9000 i/o: 0x10200000, id: 0x90000a46
operating at 10M half duplex mode
Type "help" to get a list of commands
blob> tftp zImage
TFTPing zImage
*#################################################
#################################################
################################################
########################## OK.
received 3521 blocks (1801812 bytes)
rx_size=0x1b7e54
tftp_cmd: file 'zImage' loaded via tftp to address 0x80800000.
blob> nandwrite -z 0x80800000 0x00040000 0x00200000
Write 0x200000 length data from RAM: 0x80800000 to flash: 0x40000
Write flash from 0x40000, length 0x200000
Erase flash from 0x40000, length 0x200000
................Done
Write flash address is aligned to 0x40000, length is aligned to 0x200000
................Done
blob>
```

[그림 4-10] 타겟 시스템에 커널 다운로드

(1) 타겟 시스템을 리셋후 아무키나 눌러서 BLOB모드로 들어간다.
(2) tftp 서버 IP, 타겟 보드 IP를 설정한 후, tftp 명령을 사용하여 zImage를 타겟 시스템의 RAM에 적재한다.
(3) RAM에 적재된 zImage를 다음과 같이 플래시에 퓨징한다.
blob> nandwrite −z 0x80800000 0x00040000 0x00200000
(4) reboot 명령을 사용하여 타겟 시스템을 재부팅한다.

4.3.5. 시스템 호출 함수의 검증

시스템 호출을 사용하는 방법에는 두 가지가 있다. 하나는 응용프로그램에서 시스템 호출을 직접 사용하는 것이고, 다른 하나는 라이브러리를 통해 시스템 호출을 사용하는 것이다. 후자의 방법은 라이브러리 구축 등의 과정이 필요하다. 여기서는 응용프로그램에서 직접 시스템 호출 함수를 사용하는 방식을 살펴본다.

표준 라이브러리에 포함된 시스템 호출 함수를 사용하는 경우에는 표준 라이브러리인 libc.a에 어셈블리 코드 "swi 주소" 가 존재하므로 지정한 주소로 소프트웨어 인트럽트 되면 시스템 호출 함수를 대응시킬 수 있다. 예를 들어, open() 함수는 libc.a의 "swi 900005"라는 코드에 의해 0x900005 로 소프트웨어 인트럽트 되면 sys_open()을 대응시킬 수 있다. 그러나 라이브러리에 없는 시스템 호출 함수를 사용할 경우 시스템 호출 함수에 대응하는 어셈블리 코드가 없다. 이를 해결하기 위해 시스템 호출 함수를 사용하는 응용 프로그램은 _syscall0와 같은 매크로를 사용해 해결한다.

syscall0와 같은 매크로에 의해 생성된 함수를 시스템 호출 스텁 함수(system call stub function)라 한다. 시스템 호출 스텁 함수는 시스템의 호출 번호와 이름을 대응시키는 역할을 한다. 이를 통해 응용프로그램에서 시스템 호출 함수를 사용할 수 있다. 시스템 호출 스텁 함수를 위한 매크로는 unistd.h 파일에 정의되어 있고 그 형식은 다음과 같다.

```
syscallx (type, name, type1, arg1, type2,  arg2, • • • , typex, argx);
```

- _syscall , type , arg. 의 는 시스템 호출에 필요한 인자(argument)의 개수. 0~5의 값을 가진다.
- type은 시스템 호출 함수의 반환 형식
- name은 포장된 시스템 호출 함수 이름, 즉 sys_ 접두사를 제거한 시스템 호출 함수 이름을 의미한다.
- arg1와 arg2 등은 인자. type1 및 type2 등은 대응하는 인자의 형식

따라서 _syscall0(void, hell)는 포장된 시스템 호출 함수 이름이 hello이며 반환 값은 void이며 인자가 없음을 나타낸다. 예를 들어 2개의 문자열 형식 인자를 가지며 정수를 반환하는 testcall()이라는 시스템 호출 함수를 사용하기 위한 매크로 _syscall. 는 다음과 같다.

```
syscall2 (int, textcal, char*, arg1, char*, arg2)
```

[실습4-5] 시스템 호출 함수 테스트하기

1. [코드 4-2]과 같은 test-hello.c 프로그램을 작성한다.

```
01 #include <linux/unistd.h>
02 #include <errno.h>
03 #define __NR_hello (__NR_SYSCALL_BASE+322)
04 /* system call stub function */
05 _syscall0 (void, hello);
06
07 int main()
08 {
09       hello();
10       return 0;
11 }
```

[코드 4-2] sys_hello() 테스트 프로그램(test-hello.c)

01행 : 시스템 호출 함수 번호 테이블을 위한 헤더 파일을 포함시킨다.
02행 : 에러 발생 시 처리하기 위한 헤더 파일을 포함시킨다.
05행 : 시스템 호출 스텁 함수를 선언한다. 이 스텁 함수를 사용해 시스템의 호출 번호와 시스템 호출 함수를 대응시킨다.
09행 : 시스템 호출 hello()를 호출한다.

2. [코드 4-3] Makefile을 작성한 후 테스트 프로그램을 컴파일한다.

```
01 # Modify /embedded/kernel/linux to your kernel home directory
02 INCLUDEDIR = /embedde/Kernel/linux/include
03 CFLAGS := -I$(INCLUDEDIR)
04
05 test-hello : test-hello.c
06 /usr/local/arm-linux-4.1.1/bin/arm-linux-gcc $(CFLAGS) -o test-hello
     test-hello.c
07
08 clean:
09 rm -f test-hello
```

[코드 4-3] 테스트 프로그램을 위한 Makefile

02~03행 : 리눅스 소스와 헤더 파일을 포함해 <linux>/include의 경로를 해결하기 위한 매크로다. 사용자마다 리눅스 소스의 위치가 다를 수 있기 때문에 적절한 경로로 수정해야 한다.

3. Make 유틸리티를 이용해 응용프로그램을 컴파일한다.

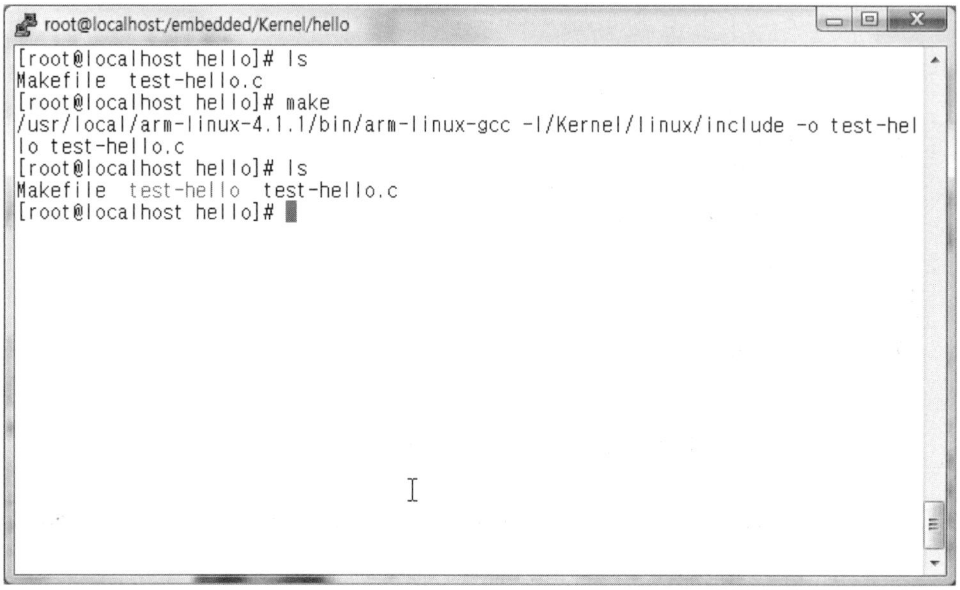

[그림 4-11] 시스템 호출 함수를 사용하는 응용프로그램 컴파일

4. 컴파일된 응용프로그램을 타겟 시스템으로 전송한다.
   (1) 컴파일 된 test-hello파일을 /tftpboot 디렉토리롤 복사한다.
   (2) 타겟보드 부팅 후 mkdir test를 사용하여 /test 디렉토리를 만든다.
   (3) test 디렉토리에서 tftp -g -r test-hello 192.168.1.100을 입력한다.

5. 타겟 시스템에서 시스템 호출을 사용하는 응용프로그램을 테스트한다.
   (1) chmod 777 test-hello를 사용하여 파일의 소유권을 변경하여 준다.
   (2) ./test-hello를 입력하여 실행한다.
   (3) tail -f /var/log/messages로 시스템 메시지를 확인한다.

[그림 4-12]와 같이 Hello, this is new system call! 메시지를 확인할 수 있다.

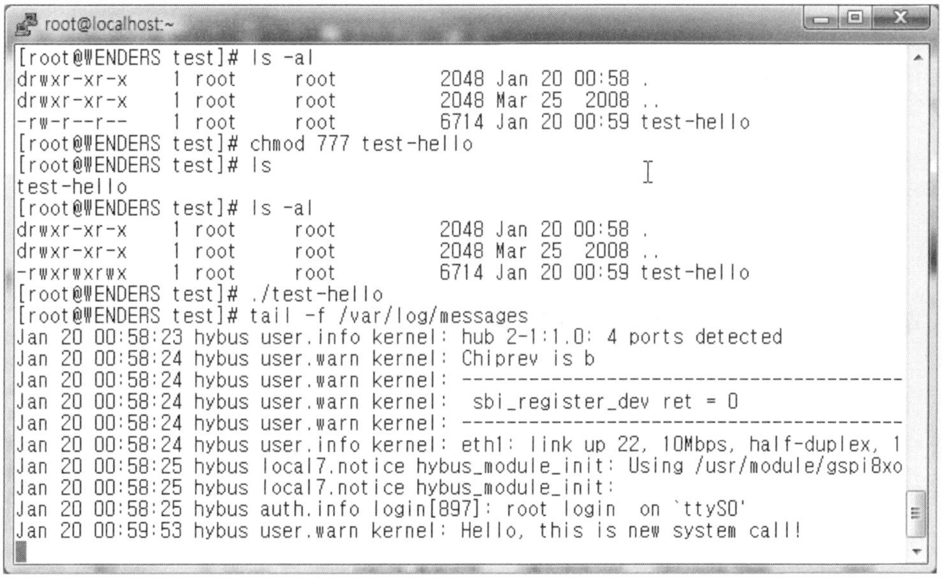

[그림 4-12] 응용프로그램 테스트

✔ 사용자 프로그램의 헤더 파일에 대한 독립성

응용프로그램의 #include문은 /user/include 아래에 존재하는 헤더 파일을 사용한다. [코드4-2]의 01행에 있는 <linux/unistd.h> 헤더파일은 /user/include/linux/unistd.h 파일을 의미한다. 이 파일에 [실습4-2]에서 추가한 시스템 호출 번호인 __NR_hello 상수를 찾아보면 없다. [실습4-2]에서 <linux> /include/asm-arm/ unistd.h 파일에 __NR_hello를 추가했기 때문이다. 그러나 응용프로그램에서 잘못된 헤더 파일을 포함한 것이 아니다.

[코드4-3]의 Makefile 내용 중 02행에서 /embed/kernel/linux/include 디렉토리, 즉 <linux>/include에 있는 헤더 파일을 이용할 수 있도록 컴파일 옵션을 포함하고 있다. Makefile에 이와 같은 컴파일 옵션을 포함하면 <linux>/include /linux/unistd.h 파일을 사용할 수 있다.

<linux>/include/linux/unistd.h 파일도 [실습4-2]의 <linux>/include/asm-arm/unistd.h와 다르다. 그러나 <linux>/include/linux/unistd.h 파일을 살펴보면 "#include <asm/unistd.h>" 라는 내용을 포함하고 있다. 즉, <linux>/include/asm/unistd.h 파일을 참조하고 있음을 알 수 있다. 아

직 문제가 남아 있다. 그러나 커널을 컴파일한 후에 <linux>/include 디렉토리를 살펴보면 asm 디렉토리가 asm-arm 디렉토리로 심볼릭 링크되어 있음을 볼 수 있다. 즉, <linux>/include/asm은 <linux> /include/asm-arm과 동일한 디렉토리 역할을 수행한다. 이와 같은 복잡한 디렉토리 구성은 사용자 프로그램으로 하여금 프로세서에 대하여 독립성을 유지하게 한다.

4.4. 주요 커널 함수 및 변수

리눅스는 다양한 아키텍처에서 실행 가능하도록 매우 세심하게 만들어졌다. 사용자 프로그래밍과는 달리 시스템 호출 혹은 모듈 및 디바이스 드라이버 프로그램과 같은 커널 프로그래밍은 아키텍처에 의존적인 경우가 자주 발생한다. 또한 커널 프로그램은 사용자 프로그램과는 달리 컴퓨터의 자원을 빈번하게 사용해야 하므로, 이를 위하여 리눅스는 커널 프로그램에게 특수한 데이터 형식과 커널용 변수 및 함수를 제공한다.

4.4.1. 커널 데이터 형식

사용자 수준의 응용프로그램과는 달리 이와 같은 아키텍처 의존성 문제 등으로 인해 <표4-1>과 같은 특수한 데이터 형식을 사용한다.

커널 데이터 형식을 표현하기 위해 C 언어의 typedef 키워드를 사용한다. 대부분 _t 접미사를 붙여 사용한다. 예를 들면 프로세스 식별자(process identifier)를 의미하는 pid_t 데이터 형식을 int 대신 사용한다. 또한 jiffy_t라는 데이터 형식이 있는데 이는 unsigned long에 해당한다. _t 형식의 전체 목록은 <linux/types.h>, 즉 <linux>/include/linux/types.h 파일에 자세하게 정의되어 있다.

커널을 위한 또 다른 데이터 형식은 명시적 크기를 표현한 형식이다. 커널 소스 코드를 살펴보면 이와 같은 형식을 자주 발견할 수 있다.

<표 4-1> 아키텍처 종류에 따른 데이터형 바이트 수

아키텍처	char	short	int	long	ptr
i386	1	2	4	4	4
alpha	1	2	4	8	8
armv4l	1	2	4	4	4
ia64	1	2	4	8	8
m68k	1	2	4	4	4

<linux/types.h> 파일에 포함되어 있는 <asm/types.h>를 참조하면 다음과 같은 내용을 관찰할 수 있다.

```
u8; /*  unsigned byte   (8 bits)    */
u16/*  unsigned word   (16 bits)   */
u32/*  unsigned 32-bit value       */
u64/*  unsigned 64-bit value       */
```

이와 같은 형식은 커널 코드에서만 접근할 수 있다. 사용자 수준의 응용프로그램에서 이와 같은 형식이 필요할 경우에는 동일한 이름 앞에 _ 기호를 두개(예를 들면 _ _ u8)붙이면 된다.

4.4.2. 데이터 전달 함수

사용자 공간에서 커널 공간의 메모리에 직접 접근할 수 없으며 커널 공간에서도 사용자 공간 메모리에 직접 접근할 수 없다. 그러나 시스템 호출처럼 매개변수를 넘길 때는 커널 영역에서 사용자 메모리에 접근해야 한다. 또한 디바이스 드라이버를 사용하려면 사용자 공간에서 커널 공간으로 데이터를 복사해야 한다. 이럴 때 사용자 공간과 커널 공간 사이에 데이터를 전송할 수 있는 get_user(), put_user(), copy_to_user(), copy_from_user() 등의 함수를 사용할 수 있다.

사용자 공간과 커널 공간 사이에 기본 단위 크기의 데이터를 전달하는 함수의 형식은 다음과 같다.

```
#include <asm/uaccess.h>
put_user (void *from, constant void *to)
get_user (void *to, constant void *from)
```

- put_user()는 커널 영역의 *from 값을 사용자 영역의 *to로 복사한다.
- get_user()는 반대로 사용자 영역의 *from 값을 커널 영역의 *to로 복사한다.

이 커널 함수는 매개변수로 넘어온 변수의 길이를 스스로 검사하여 해당하는 길이만큼 복사될 공간에 전달한다. 예를 들어 put_user()는 *from의 값이 4비트라면 커널 공간의 4바이트 값이 사용자 공간의 *to로 전달된다. 즉, uaccess.h에 매크로로 정의된 대로 길이를 검사한 후 put_user_1(), put_user_2(), put_user_4() 함수 중 해당하는 함수를 실행한다.

원하는 크기만큼 사용자 공간과 커널 공간 사이에 데이터를 전달하는 함수의 형식은 다음과 같다.

```
#include <asm/uaccess.h>
unsigned long copy_form_user (void *to,   constant void *from, unsigned long size)
unsigned long copy_to_user (void *to,   constant void *from, unsigned long size)
```

- copy_from_user()는 get_user()와 동일한 기능으로 사용자 영역의 데이터 *from을 커널 영역의 *to에 size 크기만큼 복사한다.
- copy_to_user()는 put_user()와 동일한 기능이지만 size 크기만큼 복사한다.

커널 공간과 사용자 공간 사이에 발생하는 데이터 흐름과 데이터 전달 함수와의 관계는 [그림4-13]과 같다. 여기서 inb(), inw(), inl(), outb() 등은 표준 C 라이브러리에서 입출력 포트 제어를 위한 함수로, ARM 계열의 CPU에서는 불필요하지만 호환성 때문에 이들 함수를 정의해 사용한다.

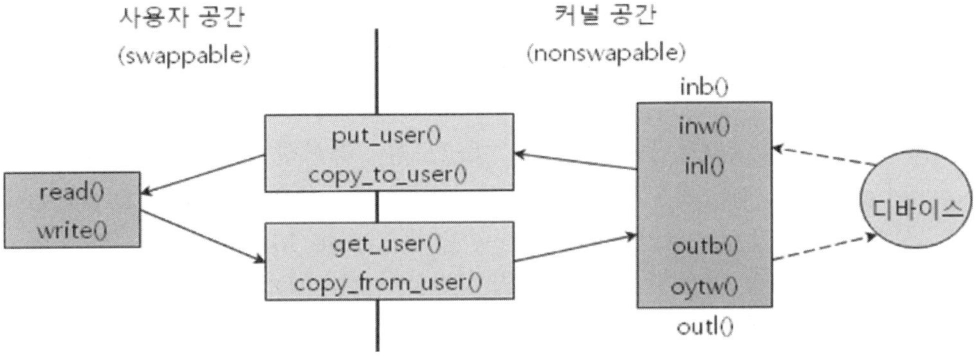

[그림 4-13] 커널 공간과 사용자 공간의 데이터 전달

4.4.3. printk() 함수

커널 프로그래밍에서는 printf() 대신 printk()를 사용한다. printk()는 출력 메시지에 우선순위, 즉 로그 레벨(log level)을 적용해 중요도에 따라 메시지 계층을 분류한다. printk() 함수는 8가지 우선순위가 있으며 <linux/kernel.h> 파일에 매크로로 정의되어 있다.

```
#define KERN_EMERG        "<0>   /*  system is unusable */
#define KERN_ALERT        "<1>   /*  action immediately */
#define KERN_CRIT         "<2>   /* critical conditions */
#define KERN_ERR          "<3>   /* error conditions */
#define KERN_WARNING      "<4>   /* warning condition */
#define KERN_NOTICE       "<5>   /* normal condition */
#define KERN_INFO         "<6>   /* informational */
#define KERN_DEBUG        "<7>   /* debug-level messages */
```

로그 레벨을 위한 매크로는 문자열로 변환되어 컴파일하면 출력 메시지와 결합되기 때문에 로그 레벨과 출력 메시지 사이에 쉼표(,) 기호를 사용하지 않는다.

예를 들면 KERN_CRIT 매크로의 사용은 로그 레벨 문자열인 "<2>"를 사용하는 것과 의미가 같다. 컴파일 단계에서 전처리 과정 후 KERN_CRIT가 "<2>"로 변경되기 때문이다.

```
printk(KERN_CRIT  "I' m trashed; giving up on %p\n" , ptr);
printk( "<2>I' m trashed; giving up on %p\n" , ptr);
```

로그 레벨을 위한 문자열이나 매크로를 명시하지 않으면 <linux>/kernel/printk.c 파일에 정수로 언급된 DEFAULT_MESSAGE_LOGLEVEL을 사용한다. 우선순위가 정수 변수인 console_loglevel 은 <linux>/kernel/printk.c에 정의된 DEFAULT_CONSOLE_LOGLEVEL로 초기화되어 있지만 수정할 수 있다. 현재 정의된 로그 레벨은 /proc/sys/kernel/printk에 텍스트로 정의되어 있다.

4.4.4. 입출력 영역에서의 경쟁 처리 함수

하드웨어의 디바이스 드라이버 중에 동일한 자원을 다른 목적으로 사용하는 디바이스 드라이버가 있을 수 있다. 리눅스 커널은 이와 같은 입출력 영역의 충돌 문제를 해결하는 함수를 제공한다.

```
#include 〈linux/ioport.h〉
int check_region (unsigned long from,   unsigned long extent);
void request_region (unsigned long from,   unsigned long extent, const char* name);
void release_region (unsigned long from,   unsigned long extent);
```

- check_region() : 등록할 수 있는 입출력 영역인지 여부를 확인한다. 메모리가 비어 있으면 0을, 메모리를 사용하고 있으면 음수를 반환한다.
- request_region(): 입출력 영역을 등록한다.
- release_region(): 등록된 입출력 영역을 해제한다.
- from : 시작 주소
- extent : 지정된 크기
- name : 디바이스 드라이버의 이름

4.4.5. 동적 메모리 할당 및 해제 함수

동적 메모리 할당 및 해제 함수인 kmalloc()와 kfree()는 사용자 공간에서 사용하는 malloc()와 free() 함수의 커널 버전이다. kmalloc()에서 우선순위인 priority는 주로 GFP_KERNEL 매크로가 사용되는데, 이는 "get free page"를 의미한다.

```
#include <linux/slab.h>
void *kmalloc (size_t size, int priority);
void kfree (const void *obj);
```

4.4.6. 실행중인 프로세스 기술자

전역 변수 current는 다음과 같이 선언되어 있으며 실행중인 프로세스 기술자를 의미한다. current->pid는 현재 실행중인 프로세스 ID를 나타내며, current->ppid는 현재 실행 중인 프로세스의 부모 프로세스 ID를, current->comm은 현재 실행중인 프로세스 명령어 이름을 나타낸다. 자세한 내용은 <linux>/include/linux/sched.h 파일을 참조하라.

```
#include <linux/sched.h>
struct task_struct  *current;
```

4.5. 시그널 함수

시그널은 리눅스 시스템에서 프로세스 사이의 통신을 위한 가장 오래된 방법 중 하나다. 시그널은 하나 이상의 프로세스에 비동기적인 사건을 알리기 위해 사용된다. 키보드와 같은 디바이스로부터 발생되기도 하고, 허용되지 않는 메모리 영역을 사용하려고 할 경우와 같은 오류 상황에서도 발생할 수 있다. 또한 프로그램을 중지하기 위한 인터럽트 키를 사용하는 경우에도 발생한다. 사용자 프로그램에서 사용하는 시그널 함수의 영식은 다음과 같다.

```
#include <signal.h>
void (*signal (int signum, void (*handler) (int) ) (int);
```

- signum: 처리할 시그널 이름
- handler(): 해당 시그널이 전달될 때 호출된다.

디바이스 드라이버에서 사용자 프로그램에 시그널을 보내는 함수의 형식은 다음과 같다.

```
int kill_proc (pid_t pid, int signum, int   priv);
```

- pid: 시그널을 받을 사용자 프로세스의 프로세스 식별자
- priv: 우선순위를 나타내며, <linux>/kernel/signal.c에 정의되어 있다.

시스템마다 정의된 시그널 종류가 조금 다를 수 있지만 중요한 시그널은 <표4-2>와 같다.

<표 4-2> 시그널 분류

시그널 이름	의 미	시그널 이름	의 미
SIGABORT	프로세스 취소	SIGPIPE	파이프나 소켓에 대한 쓰기
SIGALRM	알람 시계	SIGQUIT	터미널 종료
SIGFPE	부동소수점 연산 예외	SIGSEGV	잘못된 메모리 세그먼트 접근
SIGHUP	접속 끊김	SIGTERM	종료
SIGILL	잘못된 명령어	SIGUSR1	사용자 정의 시그널 1
SIGINT	터미널 인터럽트	SIGUSR2	사용자 정의 시그널 2
SIGKILL	처리/무시할 수 없는 시그널		

프로그램에서 시그널을 사용하기 위해 사용자 프로그램과 디바이스 드라이버에서 필요한 내용은 [그림 4-14]과 같다.

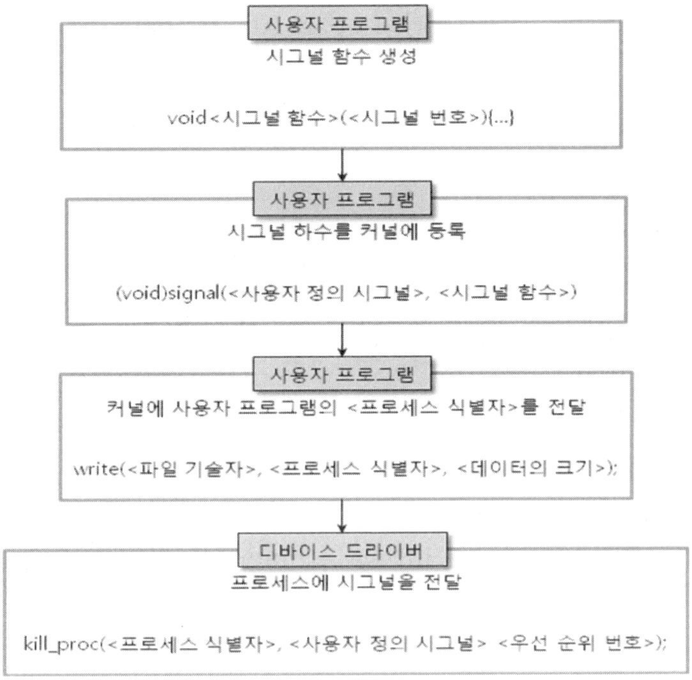

[그림 4-14] 시그널 사용법

4.6. 커널 타이머

임베디드 시스템은 커널 타이머 또는 소프트웨어 타이머가 있는데 타이머 인터럽트에 의해 갱신된다. 주기적으로 인터럽트를 발생시켜 주어진 시간 제약에 대한 조건을 만족시키기 위해 사용한다.

커널의 시간은 타이머 인터럽트를 이용해 알아낸다. 타이머 인터럽트는 HZ로 설정하는데, 이 HZ는 <linux>/include/asm/param.h에 정의된 아키텍처에 정의되어진 값이다. 타이머 인터럽트가 발생하면 스케줄러에 의해 새로운 작업을 스케줄하고 jiffies 값을 증가시킨다. jiffies 값은 운영체제가 부팅된 시점부터 발생한 클럭 회수로, <linux>/ include/linux/sched.h에 "unsigned long volatile" 형식으로 정의된다.

커널 타이머를 이용하면 특정 작업을 정해진 시간에 실행할 수 있다. 실행할 함수를 타이머에 등록하고 실행 시간을 타이머를 이용해 지정한다. 폴링(polling)을 수행할 때 흔히 사용한다. 이중 연결 리스트 형태로 구현된다. 관련 구조체는 [코드4-4]와 같고 <linux>/include/linux/timer.h에 정의되어 있다.

```
#include <linux/list.h>
struct timer_list {
        struct timer_list   *next;              // 절대 수정 금지
        struct timer_list   *prev;              // 절대 수정 금지
        unsigned long expires;                  // jiffieds 를 사용한 타임아웃
        unsigned long data;                     // 타임아웃 핸들러에 대한 인자
        void (*function)(unsigned long);        // 타임아웃 핸들러
};
```

[코드 4-4] 타이머 함수 구조체

여기서 expires의 실제 값은 jiffies와 타이머 간격을 합한 값이고, function은 실행할 함수로, "jiffies ≥timer->expires" 조건을 만족할 때 실행한다.

디바이스 드라이버에서 커널 타이머를 생성하고 활성화하는 방법을 살펴보면 [그림 4-15]과 같다.

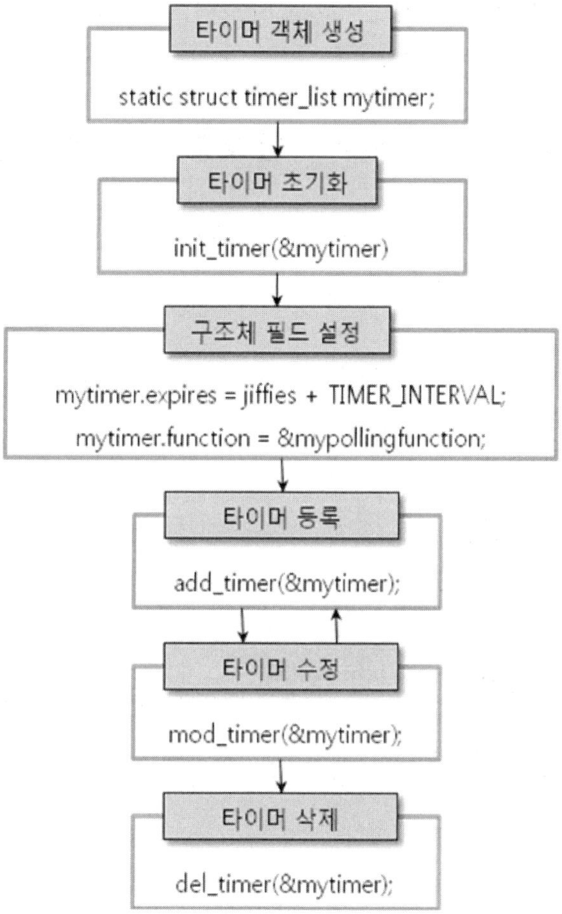

[그림 4-15] 커널 타이머의 사용법

4.7. 시스템 호출로 LED 점등하기

타겟 시스템의 주변장치 중 하나인 LED의 점등을 위한 시스템 호출 및 응용프로그램을 작성해 본다. 타겟 시스템에는 8개의 LED가 있다. 각 LED에 0 혹은 1의 값을 출력함으로써 LED를 점등할 수 있다.

[실습4-6] LED를 다루기 위한 시스템 호출 프로그램 작성하기

1. LED점등에 필요한 프로그램과 파일(testLED.c, calls.S, Makefile, unistd.h)을 생성 혹은 수정한다.

   (1) 시스템 호출 프로그램 testLED.c를 <linux>/arch/arm/kernel 디렉토리에 작성한다.

```
#include <linux/kernel.h>
#include <linux/errno.h>
#include <linux/ioport.h>
#include <linux/linkage.h>
#include <asm/io.h>

#define ADDRESSOFLED 0x12400000
#define LED_CS                          (*((volatile unsigned char *)(led_base)))

static void  *led_base;
static unsigned long mem_addr,    mem_len;

asmlinkage int sys_testLED(char x)
{
        int status = 1;
        printk("sys_testLED-->> %x ₩n",x);
     mem_addr   =   ADDRESSOFLED;
        mem_len                  =   0x1000;
        led_base = ioremap_nocache(mem_addr,    mem_len);
      if(    !led_base) {
               printk("Error mapping LED     memory₩n");
              release_mem_region(mem_addr, mem_len);
              return -EBUSY;
      }

           LED_CS     = x;
           return     status;
}
```

[코드 4-5] 시스템 호출 프로그램(<linux>/arch/arm/kernel/testLED.c)

01~05행 : 시스템 호출을 위한 헤더 파일을 포함시킨다.
07행 : LED가 위치한 물리 주소를 정의한다.
08~10행 : LED의 가상 주소를 저장하기 위한 포인터와 매크로를 선언한다.
11행 : LED의 물리 주소를 가상 주소로 변환하기 위해 사용한다.
13행 : testLED 프로그램이다.
15행 : 프로그램 수행 후 성공 유무를 표시한다.
17~24행 : LED의 물리 주소를 가상 주소로 바꾼다.
26행 : 테스트 프로그램으로부터 넘겨받은 값을 LED 가상 주소로 출력한다.

(2) <linux>/arch/arm/kernel/Makefile을 [그림 4-16]과 같이 수정한다. (testLED.o 추가)

```
root@localhost:/embedded/Kernel/linux/arch/arm/kernel

#
# Makefile for the linux kernel.
#

AFLAGS_head.o := -DTEXTADDR=$(TEXTADDR) -DDATAADDR=$(DATAADDR)

# Object file lists.

obj-y           := compat.o dma.o entry-armv.o entry-common.o irq.o ₩
                   process.o ptrace.o semaphore.o setup.o signal.o sys_arm.o ₩
                   time.o traps.o testLED.o

obj-$(CONFIG_APM)               += apm.o
obj-$(CONFIG_ARCH_ACORN)        += ecard.o
obj-$(CONFIG_FOOTBRIDGE)        += isa.o
obj-$(CONFIG_FIQ)               += fiq.o
obj-$(CONFIG_MODULES)           += armksyms.o module.o
obj-$(CONFIG_ARTHUR)            += arthur.o
obj-$(CONFIG_ISA_DMA)           += dma-isa.o
obj-$(CONFIG_PCI)               += bios32.o
obj-$(CONFIG_SMP)               += smp.o
obj-$(CONFIG_OABI_COMPAT)       += sys_oabi-compat.o

"Makefile" 36L, 904C
```

[그림 4-16] 커널 컴파일을 위한 Makefile 수정하기

(3) <linux>/arch/arm/kernel/calls.S에 시스템 호출 함수 sys_testLED를 등록한다.[그림 4-17]

```
root@localhost:/embedded/Kernel/linux/arch/arm/kernel
                .long   sys_shmdt
                .long   sys_shmget
                .long   sys_shmctl
                .long   sys_add_key
/* 310 */       .long   sys_request_key
                .long   sys_keyctl
                .long   sys_semtimedop
/* vserver */   .long   sys_ni_syscall
                .long   sys_ioprio_set
/* 315 */       .long   sys_ioprio_get
                .long   sys_inotify_init
                .long   sys_inotify_add_watch
                .long   sys_inotify_rm_watch
                .long   sys_mbind_wrapper
/* 320 */       .long   sys_get_mempolicy
                .long   sys_set_mempolicy
/* 322 */       .long           sys_hello
                .long   sys_testLED

                .rept   NR_syscalls - (. - 100b) / 4
                        .long   sys_ni_syscall
                .endr
#endif
```

[그림 4-17] 시스템 호출 함수 등록

(4) <linux>/include/asm-arm/unistd.h 헤더 파일에 시스템 호출 번호를 할당한다.

```
root@localhost:/embedded/Kernel/linux/include/asm-arm

#define __NR_vserver                    (__NR_SYSCALL_BASE+313)
#define __NR_ioprio_set                 (__NR_SYSCALL_BASE+314)
#define __NR_ioprio_get                 (__NR_SYSCALL_BASE+315)
#define __NR_inotify_init               (__NR_SYSCALL_BASE+316)
#define __NR_inotify_add_watch          (__NR_SYSCALL_BASE+317)
#define __NR_inotify_rm_watch           (__NR_SYSCALL_BASE+318)
#define __NR_mbind                      (__NR_SYSCALL_BASE+319)
#define __NR_get_mempolicy              (__NR_SYSCALL_BASE+320)
#define __NR_set_mempolicy              (__NR_SYSCALL_BASE+321)
#define __NR_hello                      (__NR_SYSCALL_BASE+322)
#define __NR_testLED            (__NR_SYSCALL_BASE+323)

/*
 * The following SWIs are ARM private.
 */
#define __ARM_NR_BASE                   (__NR_SYSCALL_BASE+0x0f0000)
#define __ARM_NR_breakpoint             (__ARM_NR_BASE+1)
#define __ARM_NR_cacheflush             (__ARM_NR_BASE+2)
#define __ARM_NR_usr26                  (__ARM_NR_BASE+3)
#define __ARM_NR_usr32                  (__ARM_NR_BASE+4)
#define __ARM_NR_set_tls                (__ARM_NR_BASE+5)
```

[그림 4-18] 커널 컴파일을 위한 Makefile 수정하기

2. <linux> 디렉토리로 돌아와 리눅스 커널 이미지 zImage를 빌드한다.
3. 새로운 커널이미지 <linux>/arch/arm/boot/zImage를 /tftpboot에 복사한다.
4. 타겟 시스템을 위한 미니컴 화면에서 타겟 시스템을 수동 부팅한다.
5. 부트로더 명령어를 이용해 zImage를 타겟 시스템에 전송한 후 플래시에 퓨징한다.

[실습4-7] 시스템 호출 함수를 사용해 응용프로그램으로 LED 점등하기

1. LED 점등을 위한 시스템 호출 함수를 사용하는 응용프로그램을 작성한다.

```
01 #include 〈stdio.h〉
02 #include 〈stdlib.h〉
03 #include 〈errno.h〉
04 #include 〈linux/unistd.h〉
05
06 _syscall1(int, testLED, char, x);
07
08 int main(int argc, char **argv)
09 {
10       int status;    char val;
11
12       if(argc 〈= 1) {
13                 printf("please enter : ex)./testLED 0xaa₩n");
14       return -1;
15  }
16
17 if(argv[1][0] == '0' && (argv[1][1] == 'x' || argv[1][1] == 'X'))
18 val  =   (char)strtol(&argv[1][2],NULL,16);
19 else
20 val = (char)atoi(argv[1]);
21
22 status = testLED(val);
23  return status;
24 }
```

[코드 4-6] LED 시스템 호출 테스트 프로그램(test-LED.c)

01~04행 : 필요한 헤더 파일을 포함시킨다.

06행 : 시스템 호출 스텁 함수다. 시스템 호출 함수 이름이 testLED() 이며 매개변수가 char형인 x이고 반환값이 int형임을 보여준다. 인자가 하나 있으므로 _syscall1이다.

12~15행 : 응용프로그램의 매개변수 개수가 없다면 사용법에 대한 오류 메시지를 출력한다.

17~20행 : 응용프로그램의 인자 문자열이 "0x" 혹은 "0X" 로 시작하면 16진법, 그렇지 않을 경우엔 10진법 입력으로 받아 char 정수값, 즉 8비트 정수로 변환한다.

22행 : 10진법으로 변환된 char 정수 값을 매개변수로 시스템 호출 testLED()를 실행한다.

2. Makefile을 작성한다.

```
# Modify /embed/kernel/linux to your kernel home directory
INCLUDEDIR =/embedded/ Kernel/linux/include
CFLAGS := -I$(INCLUDEDIR)

test-LED : test-LED.c
/usr/local/arm-linux-4.1.1/bin/arm-linux-gcc $(CFLAGS) -o test-LED
  test-LED.c

clean:
rm  -f test-LED
```

[코드 4-7] LED 시스템 호출 응용프로그램을 위한 Makefile

3. Make 유틸리티를 이용하여 LED 시스템 호출을 사용하는 테스트 프로그램을 컴파일한다.

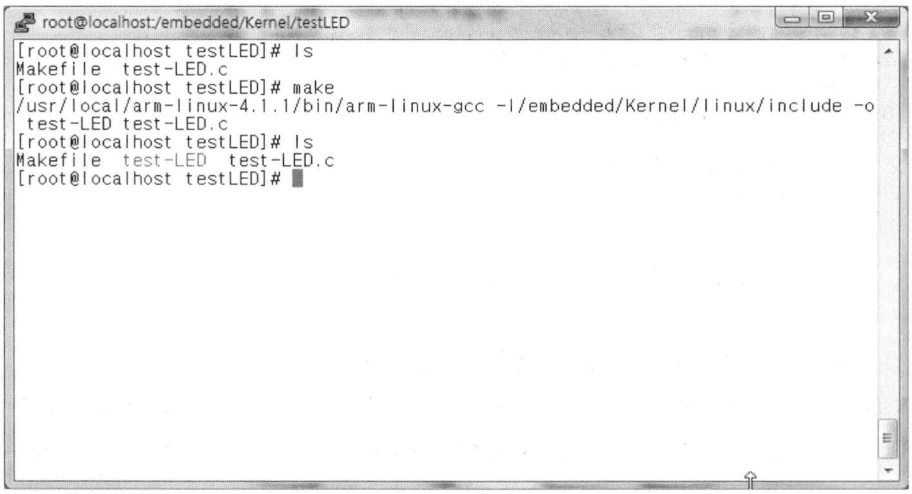

[그림 4-19] LED 점등을 위한 응용프로그램 컴파일

4. 미니컴을 이용해 타겟 시스템으로 전송한다.
   (1) 타켓보드의 /test 디렉토리에서 tftp −g −r test−LED 192.168.1.100 명령어를 사용하여 파일을 전송한다.
   (2) chmod 777 test−LED명령어를 사용하여 실행 할 수 있도록 권한을 변경한다.

5. 타겟 시스템에서 전송된 응용프로그램을 실행해 LED가 변화하는 모습을 관찰한다.
   (1) ./test−LED 0x__ 16진수 숫자를 입력하여 LED의 변화를 살핀다.
   (2) tail −f /var/log/messages를 실행하여 시스템 메시지를 확인한다.

```
root@localhost:~
[root@WENDERS root]# cd test
test      testLED   test_app
[root@WENDERS root]# cd testLED/
[root@WENDERS testLED]# ls
[root@WENDERS testLED]# tftp -g -r test-LED 192.168.1.100
[root@WENDERS testLED]# ls
test-LED
[root@WENDERS testLED]# chmod 777 test-LED
[root@WENDERS testLED]# ls
test-LED
[root@WENDERS testLED]# ./test-LED 0x11
[root@WENDERS testLED]# ./test-LED 0xFF
[root@WENDERS testLED]# tail -f /var/log/messages
Jan 20 00:58:24 hybus user.warn kernel: Chiprev is b
Jan 20 00:58:24 hybus user.warn kernel: ----------------------------------------
Jan 20 00:58:24 hybus user.warn kernel:  sbi_register_dev ret = 0
Jan 20 00:58:24 hybus user.warn kernel: ----------------------------------------
Jan 20 00:58:24 hybus user.info kernel: eth1: link up 22, 10Mbps, half-duplex, 1
Jan 20 00:58:25 hybus local7.notice hybus_module_init: Using /usr/module/gspi8xo
Jan 20 00:58:25 hybus local7.notice hybus_module_init:
Jan 20 00:58:25 hybus auth.info login[894]: root login  on `ttyS0'
Jan 20 00:59:48 hybus user.warn kernel: sys_testLED-->> 11
Jan 20 00:59:54 hybus user.warn kernel: sys_testLED-->> ff
```

[그림 4-20] testLED 시스템 호출 테스트하기

05

모듈 프로그래밍

1. 모듈 프로그래밍 개요
2. 모듈 프로그래밍 규칙
3. 모듈 유틸리티
4. Proc파일시스템
5. 커널 심볼 테이블
6. 프로세스 정보 출력 모듈
7. 모듈 프로그래밍 주의사항

5.1. 모듈 프로그래밍 개요

초기 리눅스의 경우 커널을 수정하려면 커널 전체를 다시 컴파일을 하고, 새로 생성된 커널을 다시 부팅하여 주기억장치에 올려야 사용할 수 있었다. 커널 컴파일에 소요되는 시간도 무시할 수 없지만 재부팅하려면 진행하던 모든 작업을 중지해야 했다. 하지만 모듈프로그래밍을 적용하여 이런 불편함을 없앨 수 있다. 디바이스 드라이버와 같은 기능을 모듈 프로그램으로 개발하면 커널 전체를 컴파일 할 필요 없이 모듈만 컴파일하면 되고, 필요할 때만 모듈을 동적으로 링크시켜 커널의 일부로 사용할 수 있어 효율적이다. 이와 같은 모듈 개념을 적용하면 자주 사용하지 않는 커널 기능은 메모리에 상주시키지 않아도 되고 모듈의 확장성과 재사용성을 높일 수 있다.

마이크로 커널(Micro-kernel) 구조의 운영체제는 각 기능을 서브 시스템으로 분할하고 핵심 기능을 코어 부분에서 담당한다. 코어는 커널 영역에서 수행되지만 나머지 기능들은 일반 프로세스 형태로 수행된다. 일반 프로세스를 실행하거나 정지시키기 위해 컴퓨터를 다시 부팅할 필요가 없다. 따라서 마이크로 커널 구조에서는 컴퓨터를 재부팅하지 않고서도 커널의 일부 기능을 바꿀 수 있다. 즉, 마이크로 커널 구조의 운영체제는 컴퓨터의 동작을 정지하지 않고 운영체제 기능을 업그레이드할 수 있다. 하지만 리눅스는 커널이 하나의 프로그램으로 수행되는 모놀리딕 커널 구조이기 때문에 효율적으로 커널을 구현할 수 있으나 커널 변경에 따른 불편함이 있다. 따라서 이를 해소하기 위해 마이크로 커널 구조의 모듈 기능을 도입하고 있다.

모듈 프로그램은 커널의 일부로 실행되므로 일반 프로그램을 작성하는 것과 다르다. 모듈 프로그램에 사소한 오류가 발생해도 시스템이 마비될 수 있기 때문에 다음과 같은 모듈 프로그래밍의 특징을 잘 이해한 후 세심하게 작성해야 한다.

- 사건 구동형 프로그램(Event-driven Program) 방식으로 작성해야 한다.
  - 제한된 자원을 여러 프로세스나 스레드가 경쟁하기 때문에 효율적인 자원 배분을 위해 사건 구동형으로 프로그램을 작성해야 한다. 사건 구동형 프로그램을 채택해 전체 효율을 높이는 것이다.

- 모듈 프로그램의 내부에 main()이 없다.
  - 리눅스가 모노리딕(Monolithic) 커널 구조 형태로 수행되기 때문에 모듈은 커널의 부속 프로그램으로 수행된다.

- 모듈을 커널에 적재/제거하기 위한 규칙과 유틸리티가 필요하다.
  - 커널의 일부로 편입시키기 위해서는 관련 내용을 커널에 알리고 작성된 모듈을 주기억장치 내에 적재하거나 제거하는 부분이 필요하다. 정상적인 적재/제거 과정을 위해 정해진 규칙을 따라 작성해야 한다.

- 외부로 공개할 전역변수 사용에 주의해야 한다.
  - 모듈에서 전역 변수를 사용하면 커널 전체에 영향을 미치게 된다. 모듈의 전역 변수는 커널의 전역변수가 되므로 커널 전역 변수와 이름이 중복되지 않아야 한다.

- 커널에 적재된 모듈 프로그램은 무제한의 특권을 갖는다.
  - 모듈 프로그램이 문제를 일으키면 커널 전체에 영향을 미치며, 사소한 문제라도 나중에 컴퓨터를 중지시키는 심각한 문제를 발생시킬 수 있다. 임베디드시스템의 경우 치명적인 영향을 미칠 수 있으므로 모듈 프로그래밍은 신중하게 작성해야 한다.

5.2. 모듈 프로그래밍 규칙

5.2.1. 심볼 및 관련 매크로

모듈을 커널에 포함시키려면 커널에서 이미 사용하는 변수나 함수 이름과 중복되지 않도록 프로그래밍해야 한다. 이를 위해 전역 변수와 전역 함수 이름을 심볼 테이블에 등록해 외부에서 참조할 수 있게 한다. 커널 심볼 테이블은 커널의 모든 심볼을 관리하는 테이블로서 심볼 주소로 구성된다.

모듈이 커널에 적재될 때 모듈에 의해 공개된 심볼은 모두 커널 심볼 테이블의 일부가 된다. 모듈에서 사용하는 변수나 함수 이름을 공개하지 않으려면 EXPORT_NO_SYMBOLS 매크로를 사용한다. 공개를 위한 매크로는 EXPORT_SYMBOL()이나 EXPORT_SYMBOL_GPL()을 사용하며 심볼 이름을 인수로 지정하면 된다. EXPORT_SYMBOL_GPL()은 GPL과 호환되는 라이선스를 등록한 모듈에만 공개하는 매크로다.

리눅스 커널은 기본적으로 GPL 라이선스를 준수하며 수정된 소스 코드를 공개해야 한다. MODULE_LICENSE() 매크로를 사용해 라이선스를 지정하며 라이선스의 종류는 [표 5-1]과 같다.

<표 5-1> 라이선스 종류

라이선스 종류	
GPL	GNU Public License v2 이상
GPL v2	GNU Public License v2
GPL and additional rights	GNU Public License v2와 추가 권한
Dual BSD/GPL	GPL v2 또는 BSD 라이선스
Dual MPL/GPL	GPL v2 또는 Mozilla 라이선스
Proprietary	공개하지 않음

모듈 프로그램은 기본적으로 헤더 파일, 함수 연산, 모듈 초기화 및 종료를 위한 매크로로 구성된다.

```
#include 〈linux/kernel.h〉
#include 〈linux/module.h〉
#include 〈linux/init.h〉
MODULE_LICENSE("GPL");

int module_start() {
•••
return 0;
}

void module_end() {
•••
}

module_init(module_start);
module_exit(module_end);
```

[코드 5-1] 모듈 프로그램의 기본 형태

01행 : 커널에서 수행될 때 필요한 헤더

02행 : 모듈에서 필요한 헤더

03행 : module_init(), module_exit() 매크로 정의를 위한 헤더

04행 : 라이선스 표시

06~09행 : 모듈이 설치될 때 초기화를 수행하는 코드, 함수 이름은 마음대로 정할 수 있지만 15행에 있는 매크로의 인수와 일치시켜야 한다.

08행 : 모듈이 초기화에 성공하였음을 알리기 위해 반드시 0을 반환해야 한다. 0이 아니면 커널 영역으로 적재하지 못한다.

11~13행 : 모듈이 제거될 때 반환 작업을 수행하는 코드. 함수 이름은 마음대로 정할 수 있지만 16행의 매크로 인수와 일치시켜야 한다.

15행 : 모듈 초기화 함수를 위한 매크로

16행 : 모듈 종료 함수를 위한 매크로

5.2.2. 모듈 프로그램을 위한 Makefile

명령행에 컴파일 명령을 직접 입력해 모듈을 생성하는 것은 거의 불가능할 정도로 복잡하다. 따라서 일반적으로 Make 유틸리티를 사용해 모듈을 생성한다. [코드 5-2]는 간단한 모듈을 생성하기 위한 전형적인 Makefile을 나타낸다.

```
01 obj-m :=test.o
02 KDIR :=/lib/modules/$(shell uname -r)/build
03 PWD :=$(shell pwd)
04
05 default:
06 $(MAKE) -C $(KDIR) SUBDIRS=$(PWD) modules
07
08 clean:
09 rm -rf *.ko  *.mod.* .*.cmd *.o
```

[코드 5-2] 호스트 시스템에서 모듈 생성을 위한 2.6커널용 Makefile 기본 형태

01행 : 생성할 모듈 이름을 지정. 지정한 이름을 가지며 ko라는 확장자를 가지는 파일(여기서는 test.ko) 형태의 모듈을 생성한다.

02행 : 모듈을 생성하기 위해 필요한 커널 디렉토리의 위치를 지정. uname -r은 현재 커널 버전을 출력한다. 따라서 커널 버전에 상관없이 동작한다.

03행 : 모듈 프로그래밍 작업을 수행하는 디렉토리를 지정한다.

05~06행 : 인자 없는 Make 유틸리티의 수행, 즉 make 명령을 수행하면 커널 디렉토리와 현재 디렉토리를 참조해 모듈을 빌드한다.

08~09행 : make clean 명령을 수행하면 Make 유틸리티로 생성한 모든 파일을 삭제한다.

[코드5-2]와 같은 Makefile은 호스트 시스템에서 모듈을 생성하기 위한 것으로, 타겟 시스템에서 모듈을 생성하기 위한 Makefile도 이와 거의 유사하다. 타겟 시스템용 Makefile은 [코드5-5]를 참조하며, 교차 컴파일을 수행하기 위해 관련 디렉토리가 다름에 유의한다. 이와 같은 형태의 Makefile 사용법은 커널 빌드에 사용하는 kbuild 시스템을 기반으로 하고 있다.

✔ KBUILD 시스템에서 모듈 컴파일 과정

사용자 공간의 프로그램은 ELF 형태의 컴파일된 파일을 커널에 넘겨야 한다. 이를 위하여 ELF 형태의 파일 이미지를 위한 추가 정보가 있어야 한다. 이러한 ELF 파일 이미지를 구분하기 위해 확장자 ".o" 대신 ".ko" (kernel object)를 사용하는 것이다. 모듈을 빌드하는 과정도 좀 더 복잡하다. .ko 파일을 만들기 위해 .o 파일이 있어야 한다. modpost를 C 소스 파일에 적용해 .ko 파일에서 요구되는 추가 정보를 부가하며, 이것을 .mod 파일이라고 한다. 이 .mod 파일을 컴파일해서 원래의 .o 파일과 링크시켜서 .ko 파일을 생성한다. .mod 파일을 컴파일하려면 -D 옵션을 사용하여 KBUILD_MODNAME 매크로를 설정해야 한다.

5.3. 모듈 유틸리티

생성된 모듈을 커널에 포함시키기 위해서는 관련된 유틸리티를 사용해야 한다. 모듈을 커널로 적재하는 명령은 insmod, 제거하는 명령은 rmmod, 그리고 정상적으로 적재되었는지 확인하는 명령은 lsmod이다. insmod -f <모듈 이름>.ko 명령을 수행하면 실행 중인 커널 버전과 적재할 모듈 버전이 다르더라도 강제로 적재할 수 있지만 바람직하지 않다. rmmod <모듈 이름> 명령에서는 모듈의 확장자를 사용하지 않아도 상관이 없다.

5.3.1. 모듈 적재 자동화

상호 의존 관계에 있는 모듈을 적재하려면 순서를 지켜야 한다. 그러나 모듈의 적재 순서를 일일이 기억한다는 것은 상당히 귀찮다. 따라서 모듈 사이의 의존성을 파악해 자동으로 적재하는 기능이 있다.

depmod 명령은 커널 모듈의 의존성을 검사해 모듈간의 관계를 설정해 준다. 적용할 모듈을 /lib/modules/<커널 버전> 디렉토리에 복사하고 depmod -a 명령을 실행하면 모듈 의존성을 파악할 수 있다. 그 후 insmod 대신 modprobe <모듈 이름> 명령을 실행하면 의존 관계에 있는 모듈을 자동으로 적재한다.

5.3.2. Hello 모듈 프로그래밍

호스트 컴퓨터에서 동작하는 "Hello 문자열 출력" 모듈 프로그램을 작성하고 실행한다.

[실습5-2] Hello 모듈 프로그램 작성 및 실행

1. 에디터를 사용하여 모듈 프로그램 hello.c를 작성한다.

```
01 #include <linux/kernel.h>
02 #include<linux/module.h>
03 #include<linux/init.h>
04
05 MODULE_LICENSE("GPL");
06
07 static int module_begin(void) // 모듈 초기화 함수
08 {
09        printk("Hello, Module!₩n");
10        return 0;
11 }
12
13 static void module_end(void) // 모듈 마무리 함수
14 {
15        printk("Good bye!₩n");
16 }
17
18 module_init(module_begin);
19 module_exit(module_end);
```

[코드 5-3] Hello 모듈 프로그램(hello.c)

05~09행 : 커널에 공개되지 않도록 static을 사용하였다. 함수나 변수를 static으로 선언하면 해당 파일 소스에서만 참조할 수 있게 되므로 공개되지 않아 커널 전체에서 중복을 방지할 수 있다. 커널 2.6부터는 static을 사용하지 않아도 되며 공개할 심볼은 반드시 EXPORT_SYMBOL()을 사용해 공개해야 한다.

2. [코드5-2]를 참조해 Makefile을 작성한다. 01행의 test.o를 hello.o 바꾸면 된다.
3. Make 유틸리티를 이용하여 호스트PC에 모듈 프로그램을 생성하고 테스트한다.

hello.ko 생성 및 테스트

(1) Make 유틸리티를 사용하여 hello.ko 모듈 프로그램을 생성한다.
(2) hello.ko 모듈 파일이 생성되었는지 확인한다.
(3) insmod 명령을 사용하여 생성한 hello.ko 모듈을 적재한다.
(4) 모듈 프로그램내부에서 사용한 printk()의 실행 결과를 dmesg 명령으로 확인한다.

화면 출력 내용이 많기 때문에 마지막 5라인만 출력하도록 다음과 같이 tail 명령을 사용한다.

```
☞ dmesg | tail
```

```
root@localhost:/embedded/Kernel/mod-hello
mod-hello modules
make[1]: Entering directory `/usr/src/kernels/2.6.27.12-170.2.5.fc10.i686'
  CC [M]  /embedded/Kernel/mod-hello/hello.o
  Building modules, stage 2.
  MODPOST 1 modules
  CC      /embedded/Kernel/mod-hello/hello.mod.o
  LD [M]  /embedded/Kernel/mod-hello/hello.ko
make[1]: Leaving directory `/usr/src/kernels/2.6.27.12-170.2.5.fc10.i686'
[root@localhost mod-hello]# ls
Makefile        Module.symvers  hello.ko      hello.mod.o  modules.order
Module.markers  hello.c         hello.mod.c   hello.o
[root@localhost mod-hello]# insmod hello.ko
[root@localhost mod-hello]# dmesg | tail
ADDRCONF(NETDEV_CHANGE): eth0: link becomes ready
eth0: no IPv6 routers present
eth1: no IPv6 routers present
ip6_tables: (C) 2000-2006 Netfilter Core Team
ip6_tables: (C) 2000-2006 Netfilter Core Team
device eth1 entered promiscuous mode
device eth1 left promiscuous mode
device eth1 entered promiscuous mode
device eth1 left promiscuous mode
Hello, module!
[root@localhost mod-hello]#
```

[그림 5-1] 모듈 실행 확인

마지막 라인에 "Hello, Module!" 이라는 메시지를 확인할 수 있다.

5.4. Proc 파일 시스템

운영체제가 원활히 동작하기 위해서는 다양한 상태 정보를 관리해야 하고, 관리자는 그 내용을 쉽게 확인할 수 있어야 한다. 리눅스는 proc 파일 시스템에 리눅스 수행에 관련된 모든 내용, 특히 커널과 프로세스에 대한 현재 정보를 파일과 디렉토리 형태로 기록한다. 예를 들면 ps와 uptime 등과 같은 유틸리티는 proc 파일시스템의 도움을 받아 필요한 정보를 생성한다.

[실습5-3] 호스트 컴퓨터에서 적재된 모듈 정보 확인

1. hello.ko 모듈을 커널에 적재한 상태에서 "cat /proc/modules"를 실행한다.

```
root@localhost:/embedded/Kernel/mod-hello
snd_mixer_oss 16896 1 snd_pcm_oss, Live 0xf91bc000
snd_pcm 65924 3 snd_intel8x0,snd_ac97_codec,snd_pcm_oss, Live 0xf91d1000
ppdev 10372 0 - Live 0xf9189000
snd_timer 22024 2 snd_seq,snd_pcm, Live 0xf91a5000
parport_pc 25620 0 - Live 0xf919d000
snd 50616 16 snd_intel8x0,snd_ac97_codec,snd_seq_dummy,snd_seq_oss,snd_seq,snd_s
eq_device,snd_pcm_oss,snd_mixer_oss,snd_pcm,snd_timer, Live 0xf91ae000
parport 31956 2 ppdev,parport_pc, Live 0xf9194000
ne2k_pci 11716 0 - Live 0xf9185000
8390 11136 1 ne2k_pci, Live 0xf9181000
soundcore 9416 1 snd, Live 0xf8c7b000
pcspkr 6272 0 - Live 0xf8c78000
joydev 12736 0 - Live 0xf8c65000
wmi 9768 0 - Live 0xf8c61000
snd_page_alloc 11016 2 snd_intel8x0,snd_pcm, Live 0xf897c000
serio_raw 8836 0 - Live 0xf8c58000
floppy 51988 0 - Live 0xf8c6a000
ata_generic 8452 0 - Live 0xf8978000
pata_acpi 7680 0 - Live 0xf8866000
radeon 237016 3 - Live 0xf88d7000
drm 157364 3 radeon, Live 0xf886b000
i2c_algo_bit 8836 1 radeon, Live 0xf8830000
i2c_core 21268 3 radeon,drm,i2c_algo_bit, Live 0xf8834000
[root@localhost mod-hello]#
```

[그림 5-2] 모듈 적재 확인

출력된 결과에 대해 그 의미를 살펴본다. 각 라인은 모듈의 이름, 모듈의 크기, 모듈에 대한 사용자수(usage count), 모듈을 참조하는 다른 모듈 이름, 그리고 마지막으로 모듈이 적재된 16진 주소로 구성된다. 사용자수는 모듈이 호출될 때마다 증가하고 모듈이 닫힐 때마다 감소한다.

모듈 사용자수가 0이 아니면 해당 모듈을 사용하고 있으므로 커널은 모듈을 제거할 수 없으며, 사용자수는 커널이 자동으로 관리한다. 4번째 필드의 하이픈(-)은 이 모듈을 참조하는 다른 모듈이 없음을 의미한다.

Proc 파일시스템은 커널과 프로세스의 현재 정보를 외부로 제공하기 위해 소프트웨어로 생성된 특수한 파일시스템이다. Proc 파일시스템은 프로세스 정보뿐만 아니라, CPU 사용률, 인터럽트, 적재된 모듈, 디바이스 정보 등과 같은 데이터를 제공하며, Proc 파일시스템의 구조는 <표5-2>와 같다.

<표 5-2> proc 파일시스템의 하부 디렉토리 내용

하부 디렉토리	설 명
cmdline	시스템 부팅 중 커널에 제출된 명령 행의 내용 (예: root=/dev/console BOOT_IMAGE=zImage)
cpuinfo	시스템 부팅 중에 인식된 프로세서의 정보
devices	커널에 등록된 디바이스 드라이버에 대한 정보를 포함한 파일
dma	사용중인 DMB 채널
filesystems	적재된 파일시스템을 포함하는 파일
interrupts	인터럽트 할당 정보
ioports	사용중인 입출력 포트
kallsyms	커널에 의해 공개된 심볼을 갖는 파일
kcore	커널 코어 덤프
kmsg	시스템 함수 syslog에 의해 아직 읽지 않은 커널 메시지를 포함하는 파일
locks	잠금 파일
malloc	kmalloc과 kfree 운영 정보 모니터링
md	활성화된 경우 다중 디바이스 드라이버 정보
meminfo	사용자 수, 사용되지 않은 주 메모리와 스왑 메모리의 용량
modules	적재된 각 모듈에 대한 정보를 포함하는 파일
mtab	마운트된 파일시스템
net	네트워크 관련 정보
rc	확장 실시간 클럭
self	proc에 접근하고 있는 프로세스 정보
sys	중요한 커널과 네트워크 정보를 포함하는 디렉토리
uptime	부팅 이후 총 가동 시간(초)과 프로세스에 의해 사용된 총 시간
version	커널과 배포본의 버전
숫자	실행 프로세스 정보

Proc 파일시스템의 루트 디렉토리는 아이노드(i-node) 번호가 1이고, 실행 중인 프로세스들은 /proc 디렉토리 아래에 해당 프로세스 식별자 이름으로 된 하부 디렉토리를 가진다. 따라서 실행중인 프로세스에 관련된 정보는 /proc/<프로세스 식별자 번호> 디렉토리에서 찾을 수 있다.

Proc 파일시스템을 사용하는 프로그램을 작성하려면 파일을 생성하기 위한 create_proc_entry()함수와 이를 제거하기 위한 remove_proc_entry() 함수 및 해당 자료 구조체인 proc_dir_entry를 이용한다. Proc 파일시스템에 파일을 생성했다면 모듈을 종료할 때 remove_proc_entry()함수를 호출해서 생성한 파일을 제거해야 한다.

proc_dir_entry 구조체는 [코드5-4]와 같다.

```
struct proc_dir_entry {
unisigend short low_ino; // 파일의 아이노드 값
unisigend short namelen; // 파일 이름 길이
const char *name; // 생성될 파일 이름
mode_t mode; // 파일 접근 모드
nlink_t nlink;
uid_t uid;
gid_t gid;
unsigned long size;
struct i-node_operations * proc_iops; // 아이노드 조작 연산
truct file_operations * proc_fops; // 파일 조작 연산
get_info_t *get_info;
struct module *owner;
struct proc_dir_entry *next, *parent, *subdir;
void *data;
read_proc_t *read_proc; // 읽기 연산 핸들러
write_proc_t *write_proc; // 쓰기 연산 핸들러
atomic_t count; // 사용자 수
nt deleted; // 제거 플래그
kdev_t rdev;
};
```

[코드 5-4] proc_dir_entry 구조체

구조체 proc_dir_entry에서 프로그래밍에 주로 사용하는 변수는 다음과 같다.

- void *data : /proc 파일에서 읽은 데이터를 반환하기 위해 사용한다. 보통은 NULL로 지정한다. 사용자 프로세스가 직접 커널 영역에 데이터를 읽거나 쓸 수 없기 때문에 모듈 프로그램이 중간에서 커널 영역과 사용자 영역 사이의 데이터를 전달할 때 사용한다.

- read_proc_t *read_proc : 커널로부터 읽은 데이터를 사용자 영역 프로세스에게 전달해 주기 위한 함수 포인터다.

- write_proc_t *write_proc : 사용자 영역 프로세스에서 사용한 데이터를 커널 메모리 영역으로 복사하기 위한 함수 포인터다.

이제 proc 파일시스템을 이용하는 간단한 파일을 하나 만들고, 그 파일을 읽을 때 응답하는 모듈 프로그램을 작성한다. Hello 모듈 프로그램처럼 모듈을 적재할 때나 제거할 때 메시지를 출력한다. 생성된 proc 파일시스템을 이용하는 모듈을 읽을 때도 간단한 메시지를 출력하는 프로그램이다.

[실습5-4] proc 파일시스템 입출력을 위한 모듈 생성 및 실행

1. helloProc.c 프로그램을 작성한다.

```
#include <linux/kernel.h>
#include <linux/module.h>
#include <linux/init.h>
#include <linux/proc_fs.h>
#define PROC_FILENAME "helloProc"
/* Function Prototypes */
```

```
07 static int hello_read_proc(char *buf, char **start, off_t offset, int count, int
*eof, void *data);
08 static int module_begin(void)
09 {
10 struct proc_dir_entry *entry;
11 printk("Hello, /proc File    System!₩n");
12 if ((entry = create_proc_entry(PROC_FILENAME, S_IRUGO, NULL)) ==
NULL)
13 return -EACCES;
14 entry->read_proc = hello_read_proc;
15 return 0;
16 }
17 static void module_end(void)
18 {
19 printk("Good bye.₩n");
20 remove_proc_entry(PROC_FILENAME, NULL);
21 }
22 static int hello_read_proc(char *buf, char **start, off_t offset, int count, int
*eof, void *data)
23 {
24 int len;
25 len = sprintf(buf, "Hello, I'm in /proc file system.₩n");
26 return len;
27 }
28 MODULE_LICENSE("GPL");
29 EXPORT_NO_SYMBOLS;
30 module_init(module_begin);
31 module_exit(module_end);
```

[코드 5-5] proc 파일시스템 사용 모듈(helloProc.c)

04행 : proc 파일시스템을 사용하기 위한 헤더 파일

05행 : create_proc_entry, remove_proc_entry 함수에 인자로 사용하기 위해 파일 이름을 정의

07행 : proc 파일을 읽을 때 수행할 함수 원형 선언

08~16행 : 29행과 함수 이름을 일치시킨 모듈 초기화 함수

10행 : proc_dir_entry 구조체 포인터 변수로 entry를 선언

11행 : 모듈을 적재할 때 메시지를 출력한다.

12행 : proc 파일시스템에 create_proc_entry()를 호출해 /proc/helloProc 라는 파일을 0x444 권한으로 생성하고, 생성한 파일은 10행에서 선언한 entry를 참조하도록 한다.

- 첫 번째 인자는 파일 이름
- 두 번째 인자는 생성될 파일의 권한 모드. open() 함수에 사용되는 것과 동일하게 사용. S_IRUGO는 S_IRUSR | S_IRGRP | S_IROTH와 같으며 사용자, 동일 그룹, 일반 사용자 모두 읽기 권한을 가진다는 것이다. 0만 사용해도 효과가 같다. chmod 0X444와 같다.
- 마지막 인자는 /proc에서 생성한 파일이 위치할 디렉토리. 만약 proc 파일시스템의 최상위 디렉토리, 즉 /proc 바로 아래에 위치한다면 NULL을 사용한다.

13행 : 11행에서 파일 생성에 실패하면 -EACCES 값을 반환한다. 파일 생성에 실패할 경우는 메모리가 부족하여 발생하므로 -ENOMEM 값을 반환시킨다.
14행 : entry -> read_proc가 hello_read_proc를 가리키도록 하여 읽기 수행 시 hello_read_ proc()를 사용하게 한다.
15행 : 모듈 초기화에 성공하였음을 알리기 위해 반환값을 0으로 설정한다.
17~21행 : 30행과 함수 이름을 일치시킨 모듈 종료 함수
19행 : 모듈 종료시 출력 메시지
20행 : proc 파일시스템에 만든 파일을 제거한다. 두 번째 인자는 파일의 위치를 나타내며 최상위 /proc 디렉토리에 위치하므로 NULL을 사용한다.
22~27행 : 생성한 파일을 읽을 때 수행할 함수

- char *buf : 전달할 데이터를 저장할 공간
- char **start : 연속된 스트림 데이터의 시작 위치인데 스트림 데이터 처리를 하지 않으면 사용하지 않는다.
- off_t offset : 처리 중인 파일의 현재 위치
- int count : 바이트 단위로 지정한 버퍼 크기
- int *eof : 파일의 끝을 의미하는데 보통 1을 사용
- void *data : 전달 데이터가 있을 경우 사용하나 읽기의 경우 사용하지 않음

25행 : proc 파일시스템에 등록한 helloProc를 읽으면 "Hello, I' m in/proc file system." 이라고 출력한다.

26행 : 읽은 길이를 반환한다.
28행 : 모듈의 라이선스 표기
29행 : 모듈에서 사용한 심볼은 외부에서 사용할 수 없음을 표시

2. helloProc.c를 타겟보드용으로 컴파일하기 위한 Makefile을 작성한다.

```
01 CC := /usr/local/arm-linux-4.1.1/bin/arm-linux-gcc
02 KDIR :=/embedded /Kernel/linux
03
04 obj-m ₩:= helloProc.o
05
06 build:
07 make-C $(KDIR) SUBDIRS=$(PWD) modules
08
09 clean:
10 rm -rf *.o *.ko *.mod.* .*.cmd
```

[코드 5-6] helloProc.c를 위한 Makefile

01행 : 교차 컴파일러를 매크로 CC로 정의한다.
02행 : 타겟 시스템을 위한 커널의 소스가 위치한 디렉토리. 위치에 따라 내용이 다를 수 있다.
03행 : 모듈 빌드를 하기 위해 obj-m에 파일 이름을 .o 형태로 배정한다. 모듈을 생성하기 위해 이와 같은 kbuild 형식을 지켜야 한다. 해당 파일 이름을 확인해 .ko 형식의 모듈을 생성한다.
06~07행 : make로 모듈을 생성한다. 커널 소스가 있는 디렉토리를 참조해 현재 디렉토리(pwd)에 모듈을 생성한다.
09~10행 : 컴파일 결과로 생성된 파일을 모두 지운다.

3. make를 수행해 모듈 helloProc.ko 파일을 빌드한다. 모듈을 빌드하기 전후에 ls 명령을 실행해 모듈의 생성 여부를 확인해 본다.

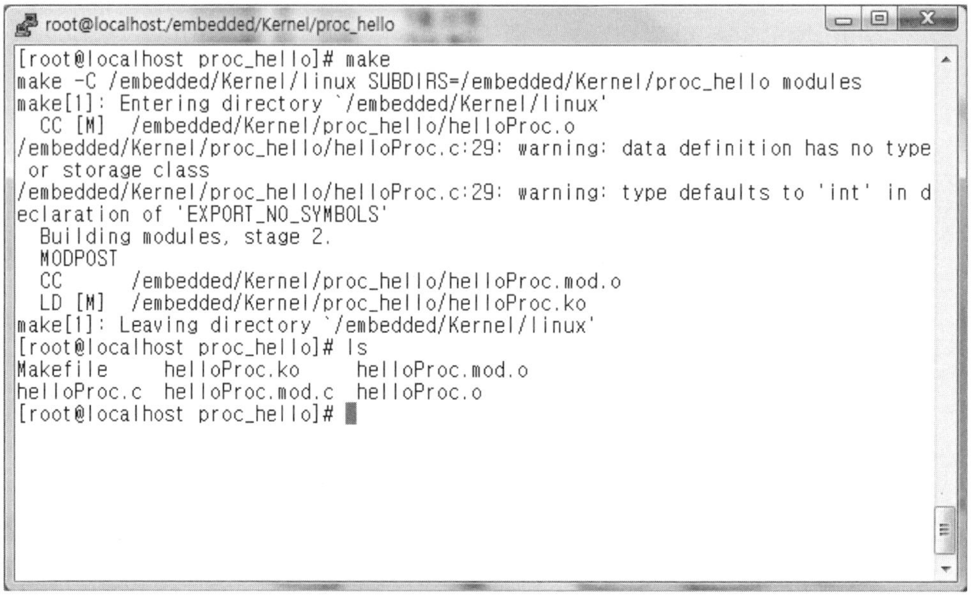

[그림 5-3] make로 모듈 생성하기

(1) Make 유틸리티로 helloProc.ko 모듈을 생성한다.
(2) helloProc.ko 모듈이 생성된 것을 확인한다.

4. 호스트 시스템에서 생성한 모듈을 타겟 시스템으로 전송한다.
5. 타겟 시스템에서 모듈을 적재하고 출력 메시지를 관찰한다. 또한 /proc 디렉토리에 생성된 파일 모듈이 존재하는지 확인한다.

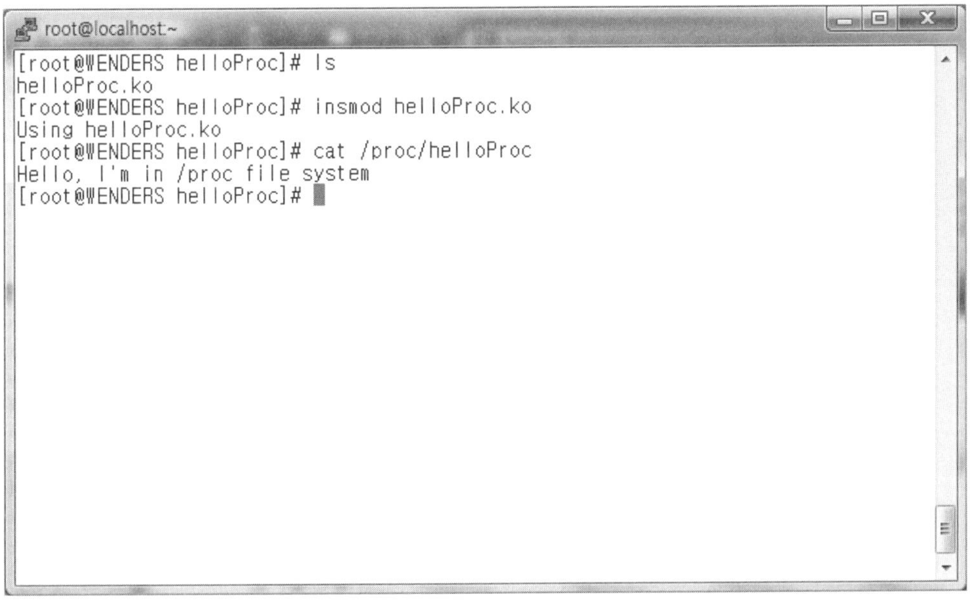

[그림 5-4] 타겟 시스템에서 insmod로 모듈을 적재하기

(1) 호스트 시스템에서 타겟 시스템으로 helloProc.ko 모듈이 전송되었는지 파일을 조사한다.
(2) 모듈을 적재한다. "Hello, /proc File System" 이 출력됨을 관찰한다.
(2) /proc 디렉토리에 생성된 파일 모듈이 존재하는지 확인한다. 숫자 디렉토리는 실행 중인 프로세스를 나타낸다.

6. 모듈 파일을 출력해보고, 또한 모듈을 제거하면서 출력되는 결과를 관찰한다.

[그림 5-5] 모듈을 읽고 rmmod로 모듈을 제거하기

(1) cat /proc/helloProc 명령으로 /proc 하위에 생성된 helloProc 파일의 내용을 관찰한다. 출력된 내용은 entry -> read_proc가 가리키는 hello_read_proc()에 의해 생성된 것임을 유의하라.
(2) 모듈을 제거하고 출력 메시지를 관찰한다.
(3) proc 파일시스템에 helloProc가 제거되었는지를 확인한다.

5.5. 커널 심볼 테이블

커널 심볼 테이블은 커널에서 사용하는 모든 심볼들을 관리하는 테이블로 /proc/kallsyms에서 관리한다. 커널 심볼 테이블에 특정 심볼을 등록하려면 EXPORT_SYMBOL 매크로를 사용한다. 모듈을 커널에 추가 및 삭제할 때, 심볼 테이블에 어떤 변화가 발생하는지 실습을 통해 관찰해본다.

심볼 공개 여부를 관찰하기 위하여 다음과 같은 세 가지 종류의 모듈 프로그램을 사용하여 모듈과 심볼의 관계를 살펴본다.

- 모든 심볼을 외부에 공개하지 않는 모듈 프로그램(nosymbol.c)
- 사용하지 않는 전역 변수와 전역 함수를 선언하고 있는 모듈 프로그램(symbol1.c)
- 다른 모듈 프로그램에서 정의하지만 스스로 정의하지 않은 전역 변수와 전역 함수를 사용하는 모듈 프로그램(symbol2.c)

[실습5-5] 모듈 프로그램을 사용한 심볼 공개 여부 테스트

1. 심볼 공개 여부 관찰을 위한 세 가지 종류의 모듈 프로그램(nosymbol.c, symbol1.c, symbol2.c)를 에디터를 사용하여 작성한다.

```
01 #include 〈linux/kernel.h〉
02 #include 〈linux/module.h〉
03 #include 〈linux/init.h〉
04
05 static int module_begin(void)
06 {
07       printk("Hi, nosymbol!₩n");
08       return 0;
09 }
10
11 static void module_end(void)
12 {
13       printk("Good bye, nosymbol.₩n");
14 }
15
16 MODULE_LICENSE("GPL");
17 EXPORT_NO_SYMBOLS;
18 module_init(module_begin);
19 module_exit(module_end);
```

[코드 5-7] 심볼 미공개 모듈(nosymbol.c)

17행: 심볼을 외부로 공개하지 않는다.

```
01 #include <linux/kernel.h>
02 #include <linux/module.h>
03 #include <linux/init.h>
04
05 char *test;
06
07 void symbol_test()
08 {
09         printk("%s₩n", test);
10 }
11 EXPORT_SYMBOL(symbol_test);
12
13 static int module_begin(void)
14 {
15         printk("Hi, symbol1!₩n");
16         test = "This is a test.₩n";
17         return 0;
18 }
19
20 static void module_end(void)
21 {
22         printk("Good bye, symbol1.₩n");
23 }
24
25 MODULE_LICENSE("GPL");
26 module_init(module_begin);
27 module_exit(module_end);
```

[코드 5-8] 미사용 전역 변수/함수 모듈(symbol1.c)

11행 : symbol_test 함수를 외부로 공개한다.

16행 : symbol_test에서 사용할 내용을 설정한다.

```
01 #include <linux/kernel.h>
02 #include <linux/module.h>
03 #include <linux/init.h>
04
05 static int module_begin(void)
06 {
07       printk("Hi, symbol2!₩n");
08       symbol_test();
09       return 0;
10 }
11
12 static void module_end(void)
13 {
14       printk("Good bye, symbol2.₩n");
15 }
16
17 MODULE_LICENSE("GPL");
18 module_init(module_begin);
19 module_exit(module_end);
```

[코드 5-9] 미정의 전역 변수/함수 사용 모듈(symbol2.c)

08행 : symbol2.c에 없는 symbol_test를 호출한다.

2. 모듈 생성을 위한 Makefile을 작성한다. helloProc.o을 빌드한 Makefile 에서 04행의 내용을 helloProc.o 대신에 nosymbol.o symbol1.o symbol2.o로 대체하면 된다.
3. Makefile을 사용해 세 종류의 모듈을 빌드한 후 타겟 시스템으로 전송한다.

4. 타겟 시스템에 전송된 모듈을 확인한다. nosymbol.ko를 커널에 적재하면 발생하는 현상을 관찰한다. 터널의 심볼 테이블에 생성한 모듈에 관련된 심볼을 조사한다.

```
root@localhost:~
[root@WENDERS symbol]# ls
nosymbol.ko  symbol1.ko   symbol2.ko
[root@WENDERS symbol]# insmod nosymbol.ko
Using nosymbol.ko
[root@WENDERS symbol]# cat /proc/kallsyms | grep nosymbol
00000000 a nosymbol.c   [nosymbol]
bf029000 t module_end   [nosymbol]
bf029000 t $a   [nosymbol]
bf029018 t $d   [nosymbol]
bf02901c t module_begin [nosymbol]
bf02901c t $a   [nosymbol]
bf029038 t $d   [nosymbol]
c88b1098 ? __mod_license16      [nosymbol]
bf029540 b $d   [nosymbol]
00000000 a nosymbol.mod.c       [nosymbol]
c88b10a8 ? __mod_vermagic5      [nosymbol]
bf0294ac d $d   [nosymbol]
c88b10d8 ? __module_depends     [nosymbol]
c0097bbc U printk       [nosymbol]
bf029400 d __this_module        [nosymbol]
bf02901c t init_module  [nosymbol]
bf029000 t cleanup_module       [nosymbol]
bf029540 b EXPORT_NO_SYMBOLS    [nosymbol]
[root@WENDERS symbol]#
```

[그림 5-6] nosymbol 모듈을 등록하고 확인하기

(1) 타겟 시스템에서 ls 명령을 실행해 타겟 시스템에 nosymbol.ko symbol1.ko, symbol2.ko 파일이 존재하는지 확인한다.

(2) nosymbol.ko를 커널에 적재됨을 관찰한다.

(3) nosymbol이란 문자열을 포함하는 심볼을 관찰한다. EXPORT_NO_SYMBOLS라는 매크로를 nosymbol.c에 포함했기 때문에 nosymbol.c에서 사용한 함수 이름과 변수 이름을 발견할 수 없음을 주목하라.

5. symbol1.ko와 symbol2.ko를 커널에 적재해본다.

```
root@localhost:~
c88b1098 ? __mod_license16      [nosymbol]
bf029540 b $d   [nosymbol]
00000000 a nosymbol.mod.c       [nosymbol]
c88b10a8 ? __mod_vermagic5      [nosymbol]
bf0294ac d $d   [nosymbol]
c88b10d8 ? __module_depends     [nosymbol]
c0097bbc U printk       [nosymbol]
bf029400 d __this_module        [nosymbol]
bf02901c t init_module  [nosymbol]
bf029000 t cleanup_module       [nosymbol]
bf029540 b EXPORT_NO_SYMBOLS    [nosymbol]
[root@WENDERS symbol]# insmod symbol1.ko
Using symbol1.ko
[root@WENDERS symbol]# insmod symbol2.ko
Using symbol2.ko
[root@WENDERS symbol]# lsmod
Module                  Size  Used by    Tainted: P
symbol2 1312 0 - Live 0xbf02d000
symbol1 1636 1 symbol2, Live 0xbf02b000
nosymbol 1348 0 - Live 0xbf029000
gspi8xxx 121172 0 - Live 0xbf00a000
gspi 8180 1 gspi8xxx, Live 0xbf007000
ubi9032 20612 0 - Live 0xbf000000
[root@WENDERS symbol]#
```

[그림 5-7] symbol1.ko와 symbol2.ko를 커널 적재

(1) 외부에 심볼을 공개하지 않는 nosymbol.ko를 커널에 적재한다. 정상적으로 적재된다.

(2) 자신이 정의하지 않은 심볼을 사용하는 모듈 symbol2.ko를 커널에 적재한다. symbol_test()를 찾을 수 없다는 메시지가 나타난다. 이는 symbol_test()는 symbol1.c에 정의되어 있기 때문이다.

(3) symbol1.ko를 커널에 적재한다. 사용하지 않는 전역 변수와 함수가 있지만 이상 없이 커널에 적재된다.

(4) symbol2.ko를 다시 적재한다. 정의하지 않은 전역 변수 및 함수가 symbol1.ko에 의하여 커널 심볼 테이블에 등록되었기 때문에 오류 없이 정상적으로 커널에 적재된다.

6. 공개한 심볼 symbol_test를 커널 심볼 테이블에서 조사한다. 그리고 lsmod로 각 모듈 사이의 관계를 확인한다.

```
root@localhost:~
[root@₩ENDERS symbol]# cat /proc/kallsyms | grep symbol_test
bf02b050 U symbol_test  [symbol2]
bf02b0b8 r __ksymtab_symbol_test        [symbol1]
bf02b0c0 r __kstrtab_symbol_test        [symbol1]
bf02b050 T symbol_test  [symbol1]
[root@₩ENDERS symbol]# lsmod
Module                  Size  Used by    Tainted: P
symbol2 1312 0 - Live 0xbf02d000
symbol1 1636 1 symbol2, Live 0xbf02b000
nosymbol 1348 0 - Live 0xbf029000
gspi8xxx 121172 0 - Live 0xbf00a000
gspi 8180 1 gspi8xxx, Live 0xbf007000
ubi9032 20612 0 - Live 0xbf000000
[root@₩ENDERS symbol]#
```

[그림 5-8] 공개한 심볼 및 모듈 상호 관계 확인

(1) 심볼 symbol_test를 커널 심볼 테이블에서 확인한다.

(2) lsmod로 각 모듈 사이의 관계를 확인한다. symbol2가 symbol1을 사용하고 있고, symbol1의 사용자수가 1임을 확인할 수 있다.

7. 모듈을 제거하는 과정에서 모듈의 의존 관계를 살펴본다.

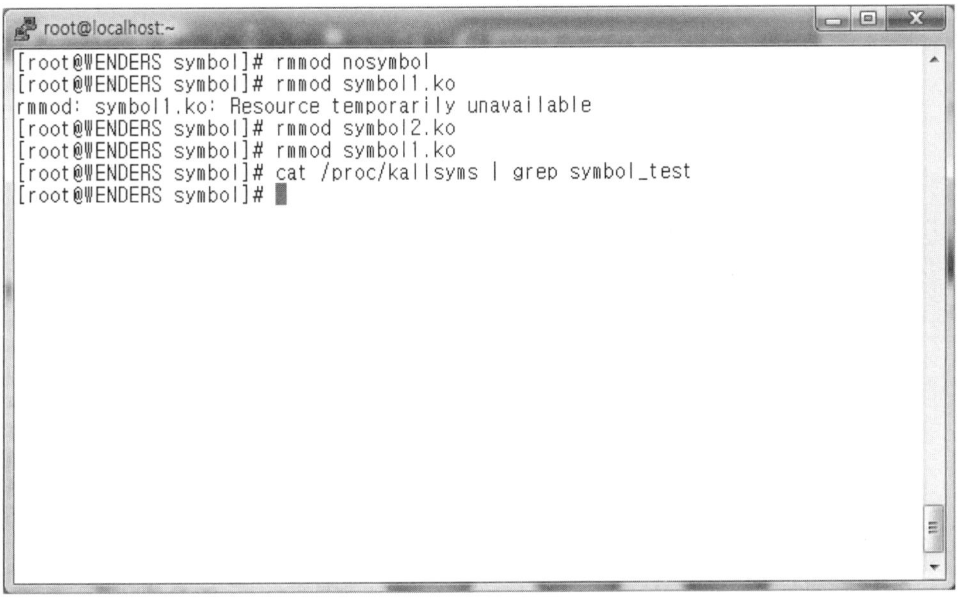

[그림 5-9] 모듈 제거하기

(1) 모듈간의 의존 관계가 전혀 없는 nosymbol 모듈은 정상적으로 제거된다.

(2) symbol1 모듈을 먼저 제거하지만, 정상적으로 제거되지 않는다. symbol1 모듈에서 정의한 변수를 symbol2 모듈에서 사용하기 때문이다.

(3) symbol2 모듈을 제거하면, 이는 정상적으로 제거된다.

(4) 이제 symbol1 모듈을 제거한다. symbol1에서 정의한 변수를 다른 모듈이 사용하지 않았으므로 정상적으로 제거됨을 관찰할 수 있다.

(5) 커널 심볼 테이블에 등록된 심볼을 확인한다. symbol 문자열을 포함하는 심볼이 없음을 관찰한다.

5.6. 프로세스 정보 출력 모듈

proc 파일시스템을 이용해 프로세스에 관한 정보를 출력하는 모듈 프로그램을 작성해본다. 모듈을 적재할 때 확인하기 위해 "Loading Current Proc Module" 을 출력하고, 모듈을 제거할 때 "Unloading Current Proc Module" 을 출력한다. proc 파일시스템에 생성된 파일을 읽으면 현재 프로세스에 관한 정보(프로세스 식별자, 현재 프로세스가 수행하는 파일명 및 현재 프로세스의 상태)를 알 수 있다.

[실습5-6] 프로세스 정보를 출력하는 모듈 작성 및 실행

1. 프로세스의 정보를 얻는 모듈 프로그램 gettaskinfo.c를 작성한다.

```
#include 〈linux/kernel.h〉
#include 〈linux/module.h〉
#include 〈linux/init.h〉
#include 〈linux/proc_fs.h〉
#include 〈linux/sched.h〉

#define PROC_FILENAME "gettaskinfo"

static int gettaskinfo_read_proc(char *buf, char **start, off_t offset, int count, int *eof, void *data);

static int module_begin(void)
{
        struct proc_dir_entry *entry;
        printk("Loading Current Proc Module₩n");
        if ((entry = create_proc_entry(PROC_FILENAME, S_IRUGO, NULL))
        == NULL)
                return -EACCES;
        entry->read_proc = gettaskinfo_read_proc;
        return 0;
}

static void module_end(void)
{
        printk("Unloading Current Proc   Module₩n");
        remove_proc_entry(PROC_FILENAME, NULL);
}
static int gettaskinfo_read_proc(char *buf, char **start, off_t offset, int count, int *eof, void *data)
{
```

```
28       static char *s_strState[]
29       = {"Running", "Sleep", "Disk Sleep", "Stop", "Tracing Stop", "Zombie",
"Dead" };
30       int state, stateid;
31
32       count = 0;
33
34 /* 현재 프로세서 상태를 결정 */
35 for (stateid = 0, state = current->state; state > 0; state >>= 1,
++stateid);
36
37       count += sprintf(buf + count, "pid : %d₩n", current->pid);
38       count += sprintf(buf + count, "command : %s₩n", current->comm);
39       count += sprintf(buf + count, "state : %s₩n", s_strState[stateid]);
40
41       return count;
42 }
43
44 MODULE_LICENSE("GPL");
45 EXPORT_NO_SYMBOLS;
46 module_init(module_begin);
47 module_exit(module_end);
```

[코드 5-10] 프로세스 정보 출력 모듈(gettaskinfo.c)

01~05행 : 필요한 헤더 파일

07행 : create_proc_entry에 전달될 파일 이름

09행 : 수행할 함수 원형

14행 : 모듈 적재 확인 메시지

17행 : 읽기 수행 시 실행될 함수를 지정

28~29행 : 프로세스의 상태를 나타내기 위한 문자열 배열

30행 : 현재 수행중인 프로세스의 상태와 s_strState 배열의 인덱스로 사용할 변수

32행 : 읽어들인 길이를 반환하기 위한 count

35행 : current는 현재 수행중인 프로세스를 가리킨다. current -> state의 각 비트 위치가 의미하는 것은 linux/sched.h에 정의되어 있으며 28~29행에 문자열로 표현하였다. state를 우측으로 0이 될 때까지 시프트시키고 그 횟수를 stateid에서 계산하여 s_strState 배열의 인덱스로 사용한다.

37행 : 현재 프로세스의 식별자 출력

38행 : 현재 프로세스가 수행하는 파일명 출력

39행 : s_strState 배열에서 해당 상태 출력
41행 : 읽어들인 길이 반환

2. gettaskinfo.ko를 생성하기 위한 Makefile을 작성한다. [코드5-6]의 04행에 있는 helloProc.o 대신에 gettaskinfo.o로 대체하면 된다.
3. Make 유틸리티를 사용하여 gettaskinfo.ko 모듈을 생성한 후 타겟 시스템으로 전송한다.
4. 생성된 모듈을 커널에 적재하고 커널 심볼 테이블을 조사한다.

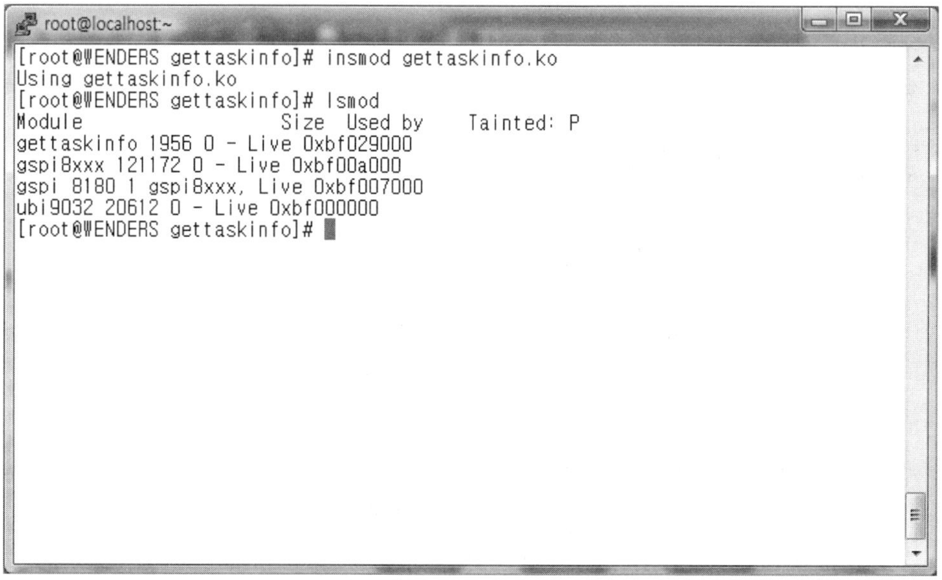

[그림 5-10] gettaskinfo 모듈 적재하고 확인

(1) 모듈 gettaskinfo.ko를 커널에 적재하고, 적재한다는 메시지 출력을 관찰한다.
(2) lsmod 명령을 실행하여 gettaskinfo 모듈을 확인한다.

5. Proc 파일시스템에 gettaskinfo의 생성 여부를 확인하고 /proc 디렉토리에 있는 gettaskinfo의 정보를 읽어본다.

```
root@localhost:~
[root@WENDERS gettaskinfo]# cat /proc/gettaskinfo
pid : 976
command : cat
state : Running
[root@WENDERS gettaskinfo]# rmmod gettaskinfo.ko
[root@WENDERS gettaskinfo]# tail -f /var/log/messages
Jan 20 00:59:00 hybus user.warn kernel: Hi symbol2!
Jan 20 00:59:00 hybus user.warn kernel: This is test.
Jan 20 00:59:00 hybus user.warn kernel:
Jan 20 00:59:30 hybus user.warn kernel: Good byem nosymbol.
Jan 20 00:59:46 hybus user.warn kernel: Good bye, symbol2.
Jan 20 00:59:50 hybus user.warn kernel: Good bye, symbol1
Jan 20 01:02:43 hybus user.warn kernel: Loading Current Proc Module
Jan 20 01:03:36 hybus user.warn kernel: Unloading Current Proc Module
Jan 20 01:03:57 hybus user.warn kernel: Loading Current Proc Module
Jan 20 01:04:19 hybus user.warn kernel: Unloading Current Proc Module
```

[그림 5-11] gettaskinfo 모듈 실행하고 제거하기

(1) 타겟 시스템에 전송받은 gettaskinfo.ko 모듈을 커널에 적재한다.

(2) /proc 파일시스템에 gettaskinfo가 생성되었음을 확인한다.

(3) /proc/gettasinfo의 내용을 읽으면 현재 프로세스의 상태 정보가 나타난다. 프로세스 식별자, 현재 프로세스가 수행하는 파일 이름 및 현재 프로세스의 상태를 확인한다.

(4) 적재한 모듈을 제거하고 출력 메시지를 확인한다.

5.7. 모듈 프로그래밍 주의 사항

모듈 프로그래밍은 디바이스 드라이버를 작성하기 위한 기본적 내용이다. 지금까지 모듈 프로그래밍에 대해 실습을 통해 구체적으로 살펴보았다. 여기서는 일반적인 모듈 프로그래밍을 위해 주의해야 할 점을 알아본다.

1. 커널과 모듈 간의 이름공간 오염(namespace pollution)을 방지해야 한다. 일반 프로그램에서 사용하는 헤더 파일을 포함할 수 없다. 외부 파일과 링크할 심볼만 심볼 테이블에 EXPORT_SYMBOL 매크로를 사용해 공개한다.
2. 메모리 접근 시 주의해야 한다. 커널 모드에서 동작하므로 메모리 접근 대한 보호막이 없다. 따라서 모듈에서 발생한 오류는 시스템에 치명적이므로 메모리 접근에 주의해야 하며, 커널 함수를 호출할 때는 반드시 오류 코드를 검사하고 처리해야 한다.
3. 실수 연산 혹은 MMX 명령을 사용하지 않아야 한다. 실수 연산은 정수 연산으로 대체하여 처리하도록 한다.
4. 스택 크기가 제한되어 있음을 고려해야 한다. 커널이 사용하는 스택 크기는 제한되어 있고, 인터럽트 핸들러도 동일한 스택을 사용하므로 스택 사용을 자제해야 한다. 또한 스택을 많이 사용하는 재귀호출 사용을 자제하는 것이 좋다.
5. 다양한 플랫폼을 고려해야 한다. 특정 프로세서에서만 수행되는 특화된 코드 사용을 피하는 것이 좋다. 리눅스는 다양한 환경에서 사용할 수 있으므로 32/64-비트 환경과 big-endian/little-endian 등 바이트 순서를 고려해야 한다.
6. 모듈 프로그램은 MMU(Memory Management Unit)가 있는 CPU에서만 지원함을 유념한다. ARM7TDMI, ARM940T 등의 CPU는 MMU가 없다.
7. PNP 기능을 지원하려면 모듈 프로그램이 반드시 필요하다. 모듈은 필요 시 적재하고 불필요하면 제거할 수 있다. 따라서 PCI, USB, PCMCIA 등과 연계된 장치들의 플러그&플레이(Plug&Play) 기능에 반드시 필요하다.

06

디바이스 드라이버

1. 디바이스 드라이버의 개요
2 파일 연산
3 디바이스 드라이버의 등록과 해제
4 디바이스 드라이버 구성
5. 디바이스 드라이버 구조
6 디바이스 드라이버 구현
7. 블록 디바이스와 네트워크 디바이스

6.1. 디바이스 드라이버의 개요

디바이스(Device)란 하드디스크, 플로피디스크, 프린터, 단말기, 스캐너, 네트워크 어댑터, PCMCIA, 터치 스크린, LCD 디스플레이, 오디오 등과 같은 컴퓨터시스템의 주변 하드웨어를 말한다. 디바이스를 구동하기 위해서는 디바이스 구동 프로그램인 디바이스 드라이버(Device Driver)가 필요하다. 일반적인 디바이스 시스템은 디바이스 자체와 제어기(Controller)로 구성된다. 디바이스 자체는 제어기를 통하여 입력된 명령을 수행하고 결과를 알려주는 역할을 담당하며, 그리고 제어기는 디바이스 드라이버와 디바이스 사이의 인터페이스 역할을 담당하며, 내부적으로는 버퍼 및 제어/상태 레지스터 등으로 구성된다.

6.1.1. 디바이스 종류

리눅스 시스템에서는 디바이스를 문자 디바이스(Character device), 블록 디바이스(Block device), 네트워크 디바이스(Network device) 등 세 가지 형태로 구분한다. 디바이스 이름을 쉽게 구별하기 위하여 IDE 방식의 하드디스크는 hd, 터미널은 tty, 이더넷은 eth 등으로 시작한다. 각 디바이스는 고유 번호를 가지는데 주번호(Major number)와 부번호(Minor number) 체계를 갖는다. 동일한 디바이스는 동일한 주번호를 가지며 서로 구분하기 위해 부번호를 사용한다

► 문자 디바이스

문자 디바이스는 파일시스템에서 하나의 노드 형태로 존재한다. 데이터의 순차성을 지닌 하드웨어로서 버퍼 캐시를 사용하지 않는다. 즉, 버퍼를 통하지 않고 데이터를 직접 읽고 쓸 수 있는 장치를 말한다. 문자 디바이스는 데이터를 문자 단위 또는 연속적 바이트 흐름으로 전달하고 읽는다. 예를 들면, 직렬 또는 병렬 인터페이스에 의하여 데이터를 전달한다. 대표적인 문자 디바이스는 터미널, 콘솔, 키보드, 사운드카드, 스캐너, 프린터, 직렬/병렬 포트, 마우스, 조이스틱 등이 있다.

문자 디바이스 드라이버의 응용프로그램은 open(), close()와 같이 파일 처리용 함수를 이용하여 디바이스 파일을 일반 파일처럼 취급하여 하드

웨어를 처리할 수 있다.

문자 디바이스 드라이버는 매우 간결한 구조이며, 응용 프로그램의 호출과 1:1로 대응되기에 대부분의 하드웨어는 문자 디바이스 드라이버로 구현된다.

► 블록 디바이스

블록 디바이스도 파일시스템에서 하나의 노드 형태로 존재하며 버퍼 캐시를 통해 임의 접근(Random access)이 가능한 하드웨어이다. 문자 디바이스의 접근 방법을 하드디스크와 같은 장비에 적용 하는 것이 비효율적이다. 블록 디바이스는 데이터를 블록 단위로 입출력하며, 효율성을 향상하기 위하여 버퍼를 이용한다. 블록 디바이스 드라이버에는 블록의 크기를 관리하고 블록 데이터의 전달을 담당하는 기능이 있다. 대표적인 블록 디바이스로 하드디스크, 플로피 디스크, 램디스크, CD_ROM 등이 있다.

블록 디바이스 드라이버는 특별한 경우가 아니면 응용 프로그램에서 직접적으로 사용하지 않는 디바이스 드라이버이다. 효율적인 처리를 위해 커널은 내부에 버퍼를 이용하여 처리한다.

블록이라 하는 이유는 하드웨어가 스트림 처리 위주가 아닌 블록 단위 처리이기 때문이다.

► 네트워크 디바이스

네트워크 디바이스는 문자열 기반이 아닌 패킷 단위로 접근하며, 네트워크 통신을 통해 네트워크 패킷을 송·수신할 수 있는 디바이스를 말한다. 네트워크 디바이스는 문자 디바이스나 블록 디바이스와는 달리 파일시스템의 노드 형태가 아닌 특별한 인터페이스를 사용한다. 대표적인 네트워크 디바이스로 이더넷, PPP, SLIP, ATM, 네트워크 인터페이스 카드 등이 있다.

커널 내부에 있는 네트워크 프로토콜 스택과 연동하도록 설계되어 있다. 즉, 네트워크 디바이스 드라이버의 구조는 네트워크 디바이스 드라이버만을 위한 것이라 할 수 있다. 네트워크 디바이스 드라이버는 응용프로그램에서 직접적으로 접근할 수 없으며, ifconfig와 같은 프로그램으로 사용자가 다양한 설정을 변경할 수 있다.

6.1.2. 디바이스 파일

리눅스 시스템은 디바이스를 /dev 디렉토리에 있는 일종의 파일로 취급한다. 즉, 디바이스를 파일로 추상화하는 것이다. 디바이스 파일은 사용자에게 보이는 디바이스 드라이버의 인터페이스 부분이다. 응용프로그램은 디바이스에 접근하기 위하여 열기, 읽기, 쓰기 등과 같은 파일 연산을 이용할 수 있다. 디바이스 파일은 파일시스템에서 고유한 번호와 이름을 할당받는다. 디바이스 파일은 파일시스템의 데이터 영역을 차지하지 않고 단지 디바이스 드라이버를 접근할 수 있는 관문 역할을 수행한다.

✔ 일반 파일과 디바이스 파일

일반 파일이 데이터를 저장하는데 목적이 있다면 디바이스 파일은 시스템 혹은 하드웨어 정보(디바이스 형식, 주번호, 부번호)를 제공하는데 목적이 있다. 일반 파일에 데이터를 쓰면 보존되고 크기도 증가한다. 그러나 디바이스 파일은 데이터를 써도 보존되지 않고 디바이스로 데이터를 전달한다. 문자 디바이스 파일과 블록 디바이스 파일은 있지만 네트워크 디바이스 파일은 없음을 주목하라.

[실습6-1] 호스트 시스템의 디바이스 파일 관찰

1. 호스트 시스템의 디바이스 파일이 있는 /dev 디렉토리에 있는 내용을 관찰한다.

```
[root@localhost /]# ls -l /dev | grep crw | head -n 15
crw-------  1 root      root    252,   0 2009-02-12 20:15 0:0:0:0
crw-------  1 root      root    189, 129 2009-02-12 20:15 2-1
crw-------  1 root      root    189, 130 2009-02-12 20:15 2-2
crw-------  1 root      root    252,   1 2009-02-12 20:15 4:0:0:0
crw-------  1 root      root    252,   2 2009-02-12 20:15 4:0:1:0
crw-rw----+ 1 root      root     14,  12 2009-02-12 20:15 adsp
crw-rw----+ 1 root      root     14,   4 2009-02-12 20:15 audio
crw-------  1 root      root    226,   0 2009-02-12 20:15 card0
crw-------  1 cyclone5  root      5,   1 2009-02-12 20:15 console
crw-------  1 root      root    226,  64 2009-02-12 20:15 controlD64
crw-rw----  1 root      root     10,  62 2009-02-12 20:15 cpu_dma_latency
crw-------  1 root      root     10,  63 2009-02-12 20:15 device-mapper
crw-rw----+ 1 root      root     14,   3 2009-02-12 20:15 dsp
crw-------  1 root      root     13,  64 2009-02-12 20:15 event0
crw-------  1 root      root     13,  65 2009-02-12 20:15 event1
[root@localhost /]#
```

[그림 6-1] 문자 디바이스 파일 종류 확인

```
[root@localhost /]# ls -l /dev | grep brw | head -n 20
brw-rw----  1 root     disk    253,   0 2009-02-12 20:15 dm-0
brw-rw----  1 root     disk    253,   1 2009-02-12 20:15 dm-1
brw-rw----+ 1 root     floppy    2,   0 2009-02-12 20:15 fd0
brw-r-----  1 root     floppy    2,  84 2009-02-12 20:15 fd0u1040
brw-r-----  1 root     floppy    2,  88 2009-02-12 20:15 fd0u1120
brw-r-----  1 root     floppy    2,  28 2009-02-12 20:15 fd0u1440
brw-r-----  1 root     floppy    2, 124 2009-02-12 20:15 fd0u1600
brw-r-----  1 root     floppy    2,  44 2009-02-12 20:15 fd0u1680
brw-r-----  1 root     floppy    2,  60 2009-02-12 20:15 fd0u1722
brw-r-----  1 root     floppy    2,  76 2009-02-12 20:15 fd0u1743
brw-r-----  1 root     floppy    2,  96 2009-02-12 20:15 fd0u1760
brw-r-----  1 root     floppy    2, 116 2009-02-12 20:15 fd0u1840
brw-r-----  1 root     floppy    2, 100 2009-02-12 20:15 fd0u1920
brw-r-----  1 root     floppy    2,  12 2009-02-12 20:15 fd0u360
brw-r-----  1 root     floppy    2,  16 2009-02-12 20:15 fd0u720
brw-r-----  1 root     floppy    2, 120 2009-02-12 20:15 fd0u800
brw-r-----  1 root     floppy    2,  52 2009-02-12 20:15 fd0u820
brw-r-----  1 root     floppy    2,  68 2009-02-12 20:15 fd0u830
brw-rw----  1 root     disk      7,   0 2009-02-12 20:15 loop0
brw-rw----  1 root     disk      7,   1 2009-02-12 20:15 loop1
[root@localhost /]#
```

[그림 6-2] 블록 디바이스 파일 종류 확인

(1) 문자 디바이스 파일을 15개만 출력한다. [그림6-1]서와 같이 audio와 console 디바이스가 문자 디바이스이며 주번호 및 부번호가 각각 14와 4, 그리고 5와 1임을 알 수 있다. 문자 디바이스 파일은 허가권(Access right) 파일 특성 내용이 c로 시작한다.

(2) [그림 6-2]서와 같이 블록 디바이스 파일을 20개만 출력한다. fd0과 loop0디바이스가 블록 디바이스이며 주번호 및 부번호가 각각 2와 0, 그리고 7와 0임을 알 수 있다. 블록 디바이스 파일의 파일 특성 내용은 b로 시작한다.

(* 교재에서 사용하는 PC와 사용자의 PC와는 번호가 다를 수 있다.)

6.1.3. 디바이스 파일의 생성

문자 디바이스 파일과 블록 디바이스 파일을 생성하기 위하여 mknod 라는 명령을 사용한다.

```
mknod 〈디바이스 파일명〉 〈디바이스 파일 형식〉 〈주번호〉 〈부번호〉
```

디바이스 파일은 /dev 하위 디렉토리에서 관리한다. 디바이스 파일 형식은 문자형 혹은 블록형에 따라 c 혹은 b를 사용한다.

<표 6-1>은 리눅스에서 사용되는 디바이스 파일의 주 번호다. 주 번호는 문자 디바이스와 블록 디바이스가 독립적으로 사용한다. 자세한 내용은 /proc/devices 파일에 나타나 있으며, 타겟 보드에서는 주로 230~255를 주번호로 사용하여 실습한다.

<표 6-1> 디바이스와 주 번호

주 번호	문자 디바이스	블록 디바이스
0	NFS, 네트워크 사용을 위해 이름이 없음	
1	메모리 장치(mem)	RAM 디스크
2	pseudo TTY 마스터(pty*)	디스크 (fd*)
3	pseudo TTY 슬레이브(ttyp*)	IDE 하드디스크 (hd*)
4	터미널	
5	터미널과 Aux	
6	병렬 인터페이스	
7	가상 콘솔(vcs*)	루프백 디바이스
······························		
60-63		지역/실험적 사용 목적
120-127		지역/실험적 사용 목적
230-255		지역/실험적 사용 목적

[실습6-2] mknod 명령으로 디바이스 파일 생성하기

1. 디바이스 파일을 생성하고 세부 내용을 관찰한다.

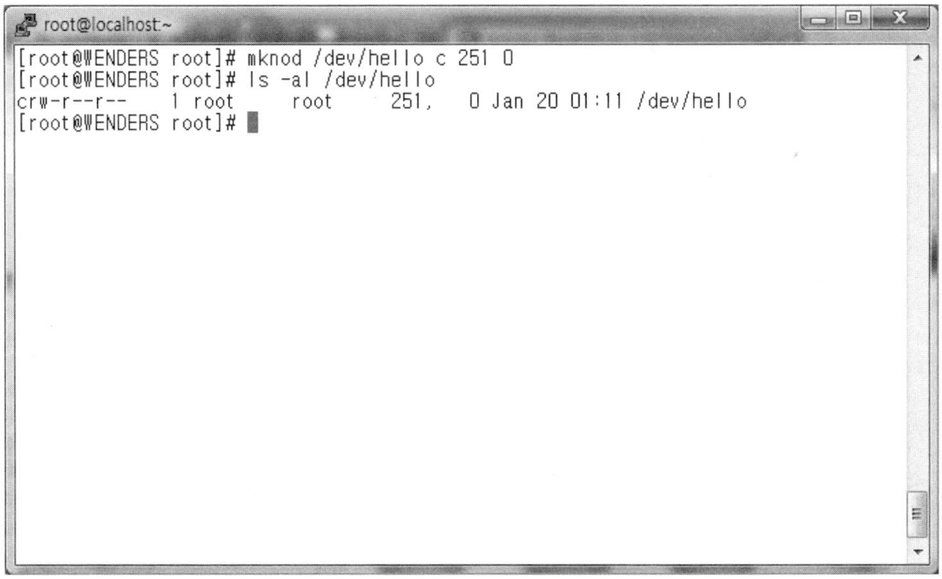

[그림 6-3] mknod 명령어의 사용

(1) 디바이스 이름이 hello, 주번호 251, 부번호가 0인 문자 디바이스 파일을 생성한다.

(2) 디바이스 리스트 중에서 hello로 시작하는 디바이스의 세부 내용을 확인한다. hello 디바이스의 주번호와 부번호가 251 및 0임을 보여준다.

6.1.4. 디바이스 드라이버

디바이스 드라이버란 디바이스 하드웨어에 데이터를 읽기, 쓰기, 또는 제어하는 함수(루틴)의 집합체이다. 이러한 루틴들은 운영체제에 잘 연동되며, 운영체제가 하드웨어를 제어할 수 있도록 하는 인터페이스를 제공한다. 즉, 커널이 직접적으로 하드웨어를 제어하지 않고 잘 정의된 인터페이스인 디바이스 드라이버를 통하여 하드웨어를 제어한다. 디바이스 드라이버는 커널 공간에서 동작하며 커널과 동등한 권한을 갖는다. 따라서 드라이버를 구현할 때 세심한 주의가 필요하다. 디바이스 드라이버를 잘못 사용하면 시스템에 심각한 문제를 야기할 수 있다.

응용프로그램에서 직접 디바이스에 접근할 수는 없다. 응용프로그램이 디바이스 파일의 입출력을 요청하면 디바이스 드라이버로 전달되어 하드웨어를 제어한다. 응용프로그램은 사용자 공간에서 프로세스 형식으로 동작한다. 응용프로그램은 시스템에 의해 할당된 메모리와 파일만 제어할 수 있기 때문에 하드웨어에 직접 접근할 수 없다. 따라서 응용프로그램은 [그림6-4]과 같이 디바이스 파일을 경유한 후 디바이스 드라이버를 이용하여 하드웨어에 접근한다. 하드웨어에 접근할 수 있는 디바이스 드라이버는 커널 공간에 존재한다.

디바이스 드라이버는 컴퓨터에서 수행되는 저수준(Low level)의 소프트웨어이다. 디바이스 드라이버는 리눅스 운영체제가 자체적으로 지원하는 것도 있지만, 대부분 디바이스에 적합한 드라이버 프로그램을 별도로 설치하여야 하며, 디바이스 드라이버의 특징을 요약하면 다음과 같다.

- 디바이스와 시스템 사이에 데이터를 주고 받기 위한 인터페이스
- 표준적으로 동일한 서비스 제공을 목적
- 커널의 일부분으로 내장
- 서브루틴과 데이터의 집합체
- 디바이스의 고유한 특성을 내포

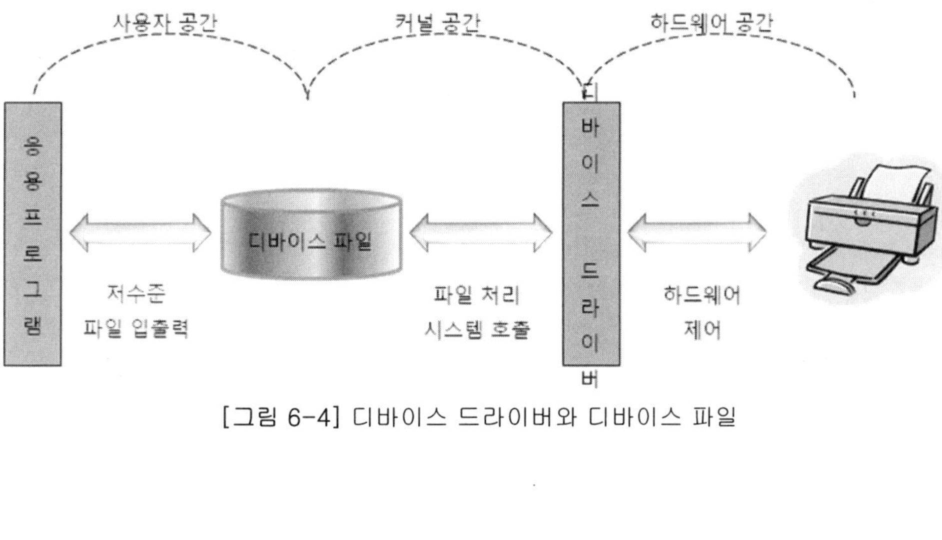

[그림 6-4] 디바이스 드라이버와 디바이스 파일

6.2. 파일 연산

리눅스는 디바이스를 일종의 파일로 취급하기 때문에 디바이스를 제어하기 위하여 파일 연산(File operation)을 이해해야 한다. 디바이스 파일을 위한 입출력 함수, 디바이스 드라이버를 위한 파일 구조체와 파일 연산 구조체 등에 대하여 살펴보자.

6.2.1. 파일 입출력 함수

파일 입출력을 위한 함수는 크게 [그림6-5]와 같이 스트림 파일 입출력 함수와 저수준 파일 입출력 함수로 구분된다. 시스템에서 제공하는 파일 입출력 함수를 저수준 파일 입출력 함수라고 하며, 버퍼를 사용하여 스트림 처리가 가능하며 저수준 파일 입출력 함수를 프로그램에서 사용하기 쉽게 만든 함수를 스트림 파일 입출력 함수라고 한다.

▶ 스트림 파일 입출력 함수

스트림 파일 입출력 함수는 fopen(), fread(), fwrite(), fclose() 등과 같이 대부분 'f' 로 시작하는 함수이며, 단순하게 파일을 접근하는 것이 아니라 형식화된 형태로 접근할 수 있다. 특히 입출력을 효율적으로 수행하기 위하여 내부적으로 버퍼를 사용한다. 따라서 스트림 파일 입출력 함수를 사용하여 디바이스 파일에 직접 접근할 수 없다. 스트림 파일 입출력 함수를 사용하면 먼저 버퍼에 보관된 후에 조건이 만족되면 파일에 기록되기 때문이다.

즉, 스트림 파일 입출력 함수를 사용하면 디바이스 파일에 데이터를 쓰더라도 곧 바로 디바이스에 영향을 미치지 않을 수도 있다.

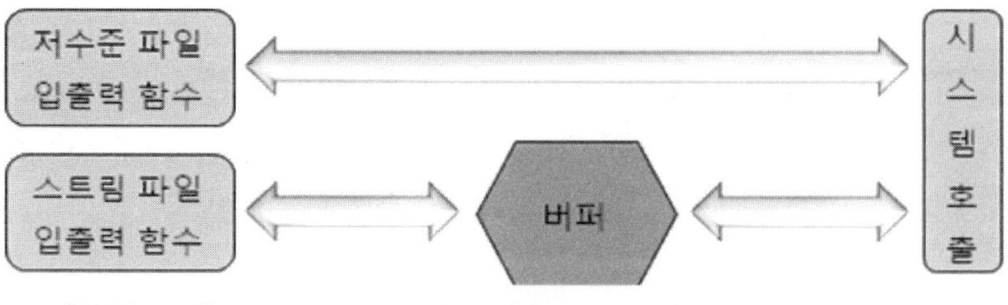

[그림 6-5] 저수준 파일 입출력 함수와 스트림 파일 입출력 함수

► 저수준 파일 입출력 함수

저수준 파일 입출력 함수는 리눅스 커널에서 제공하는 파일 관련 시스템 호출(System call)을 라이브러리 함수로 만든 것이다. 저수준 파일 입출력 함수는 디바이스 파일을 실질적으로 다루기 위하여 사용한다. 따라서 디바이스 드라이버를 구현하려면 저수준 파일 입출력 함수를 사용해야 한다. 저수준 파일 입출력 함수는 스트림 파일 입출력 함수와는 달리 버퍼를 사용하지 않는다. 저수준 파일 입출력 함수는 다음과 같은 것이 있으며, 이외에도 fsync(), select(), poll(), mmap() 등도 있다.

int open(const *pathname, int flags)
· 의미 ⇒ 파일이나 장치를 열어 사용할 준비를 갖추기 위한 함수 · 인자 ⇒ · pathname: 디바이스 파일 이름 · flags: O_RDONLY, O_WRONLY, O_RDWR, O_NONBLOCK, O_NDELAY, O_SYNC 등 · 반 환 값 ⇒ · 성공하면 3 이상 양수이고 실패하면 음수 · 양수는 파일 기술자로 사용 · 파일 기술자 값이 0이면 표준 입력(stdin), 1은 표준 출력(stdout), 2는 표준 오류(stderr)

int close(int fd)
· 의미 ⇒ 열린 파일을 닫는 함수 · 인자 ⇒ · fd: 파일 기술자

ssize_t read(int fd, void *buf, size_t count)
· 의미 ⇒ 열린 파일을 읽어오는 함수 · 인자 ⇒ · buf: 읽기/쓰기를 위한 공간의 주소며 count보다 커야 함 · count: 읽기/쓰기 데이터의 크기며 0이면 실행이 즉시 종료됨 · 반 환 값 ⇒ · 정상적으로 읽기/쓰기를 했다면 읽기/쓰기한 바이트 수를 반환하며 count보다 적을 수 있음 · 실패하면 반환값은 -1

ssize_t write(int fd, const void *buf, size_t count)
· 의미 ⇒ 열린 파일을 쓰는 함수 · 인자 ⇒ · read()와 동일

off_t lseek(int fd, off_t offset, int whence)
· 의미 ⇒ 일반 파일에서는 파일에 읽기/쓰기의 위치를 정하기 위해 사용하며 디바이스 파 일에서는 디바이스 드라이버마다 다르기 때문에 메모리 혹은 하드디스크와 같은 기억장치와 관련된 경우에만 처리 · 인자 ⇒ · offset: 이동할 파일 포인터의 위치를 바이트 단위로 지정 · whence: offset을 해석하기 위한 조건으로 SEEK_SET(실제 이동할 위치), SEEK_SET(현재 위치에서 offset을 더한 값이 이동할 위치), SEEK_END(마지막 위치에서 offset을 뺀 값이 이동할 위치) 등을 사용 · 반 환 값 ⇒ · 정상적으로 이동되었다면 이동한 실제 위치다.

int(*ioctl) (struct inode *inode, struct file *filp, unsigned int 층, unsigned long arg)
· 의미 ⇒ 시리얼 디바이스의 전송 전송속도를 변경하고자 할 때 write() 연산은 시리얼 포트를 통해 모두 외부로 전송되기 때문에 디바이스를 제어할 수 없다. 이렇게 하드웨어를 제어하기 곤란한 경우 응용프로그램에서 하드웨어 제어 등의 부가 연산을 위해 사용 · 인자 ⇒ · inode, filp: 응용프로그램에서 넘겨준 파일 기술자에 해당하는 값 · cmd: 실행할 명령어 · arg: 명령어 실행에 필요한 부가적인 인자. arg 인자가 없는 경우도 있음 · 반 환 값 ⇒ · 오류가 발생할 때 더 이상 명령이 진행되지 않고 사용자 프로그램에게 EINVAL 값을 반환한다.

6.2.2. file 구조체

file 구조체(Structure)는 디바이스 드라이버를 구현할 때 사용한다. file 구조체는 C라이브러리에 정의된 FILE 구조체와는 다르다. file 구조체는 응용프로그램에서 사용할 수 없고, 단지 커널에서만 사용할 수 있다. 또한 file 구조체는 파일 연산을 위한 인자 전달 방법으로 사용되며 디바이스에 필요한 데이터 구조를 정의할 수 있다.

디바이스 파일의 정보를 읽거나 쓰기 위한 파일 입출력 함수는 <kernel>/include/linux/fs.h 에 정의되어 있고 file 구조체의 내용은 [코드 6-1]과 같다.

```
01 struct file {
02       struct dentry f_dentry;
03       struct vfsmount *f_vfsmnt;
04       struct file_operations f_op;
05       atomic_t f_count;
06       unsigned int f_flags;
07       mode_t f_mode;
08       loff_t f_pos;
09       unsigned long f_reada, f_ramax, f_raend, f_ralen, f_rawin;
10       struct fown_struct f_owner;
11       unsigned int f_uid, f_gid;
12       int f_error;
13       unsigned long f_version;
14       void *private_data;
15 };
```

[코드 6-1] file 구조체

02행 : 파일에 대한 디렉토리 엔트리

04행 : 다양한 파일 연산 함수가 정의된 파일 연산 구조체를 지시

05행 : 프로세스의 파일 참조 횟수

06행 : 접근 모드, 비블록킹, 생성, 첨부 등에 관련된 플래그

07행 : 파일 모드로 FMODE_READ 혹은 FMODE_WRITE 비트에 의해 구분

08행 : 현재 읽기/쓰기 위치

11행 : 파일 사용자 및 그룹 식별자

14행 : 시스템 호출간에 필요한 정보를 보존하기 위해 사용

[struct file_operations]

- loff_t (*lseek)(struct file *, loff_t, int);
  - 파일에서 현재 읽고 (read), 쓰는(write) 위치를 이동한다.
- ssize_t (*read)(struct file *, char *, size_t, loff_t *);
  - 디바이스 장치에서 데이터를 읽는다.
- ssize_t (*write)(struct file *, const char *, size_t, loff_t *);
  - 디바이스 장치에서 데이터를 쓴다.
- int (*readdir)(struct file *, void *, filldir_t);
  - 디바이스 장치에서는 사용하지 않고(즉, 디바이스 노드에서는 NULL을 리턴함), 디렉토리에서만 사용하는 함수이다.
- unsigned int (*poll)(struct file *, struct poll_table_struct *);

– 현 프로세스를 대기 큐에 넣는다.

- int (*ioctl)(struct inode *, struct file *, unsigned int, unsigned long);
  – 디바이스에 종속적인 명령을 만드는 데 사용한다. 즉, 디바이스 장치에 고유한 명령을 사용자가 임의로 만들 수 있다.
- int (*mmap)(struct file *, struct vm_area_struct *);
  – 디바이스 장치의 메모리를 프로세스의 메모리에 매핑 시키는데 사용한다.
- int (*open)(struct inode *, struct file *);
  – 디바이스 장치를 오픈한다.
- int (*release)(struct inode *, struct file *);
  – 디바이스 장치를 종료한다.
- int (*fsync)(struct file *, struct dentry *);
  – 디바이스 장치를 flush 한다. 즉, 데이터 중에서 디바이스에 있는 것은 모두 디바이스에 쓴다.
- int(*fasync)(int, struct file *, int);
  – 비동기 통지(Asynchronous notification)를 알려주는 FLAG 인 FASYNC flag에 변화가 있는 디바이스를 확인하기 위해 사용한다.
- int (*check_media_change)(kdev_t dev);
  – 플로피 디스크처럼 사용도중에 Media가 변경될 수 있는 블록 디바이스 드라이버에서 사용한다.
- int (*revalidate)(kdev_t dev);
  – 제거 가능한 블록 디바이스에서 버퍼 캐쉬(Buffer cache)관리 위해 사용한다.
- int (*lock)(struct file *, int, struct file_lock *);
  – 파일을 lock하기 위해서 사용한다.

✔ 파일 포인터(File pointer)와 파일 기술자(File Descriptor)

파일 포인터는 C언어에서 제공하며 파일 기술자를 포함한 데이터 구조체다. 또한 C 표준 입출력 스트림에 사용하고 플랫폼에 독립적이며 고수준 입출력 fopen()에 의해 생성된다. 파일 기술자는 운영체제에서 제공되며 I/O 시스템 호출에서 입출력 자원을 구별하는 데 사용하고 플랫폼 종속적이며 저수준 입출력 open()에 의해 생성된다.

6.2.3. 파일 연산 구조체

응용프로그램은 저수준 파일 입출력 함수를 사용하여 디바이스 파일에 접근한다. 커널은 등록된 디바이스 드라이버의 파일 연산 구조체를 참고하여 응용프로그램의 요청에 대응하는 함수를 호출한다. 따라서 파일 연산 구조체 변수를 커널에 등록(Register)하는 것은 디바이스 드라이버를 등록하는 것이다.

► 파일 연산 구조체의 각 필드의 의미

파일 연산(file_operations) 구조체는 <linux>/include/linux/fs.h에 선언되어 있다. 커널 2.6은 비동기 처리를 위한 함수도 있지만 일반적인 디바이스 드라이버를 작성할 때에는 거의 사용하지 않는다.

```
01 struct file_operations {
02         struct module *owner;
03         loff_t (*lseek) (struct file *, loff_t, int);
04         ssize_t (*read) (struct file *, char *, size_t, loff_t *);
05         ssize_t (*write) (struct file *, const char *, size_t, loff_t *);
06         int (*readdir) (struct file *, void *, filldir_t);
07         unsigned int (*poll) (struct file *, struct poll_table_struct *);
08         int (*ioctl) (struct inode *, struct file *, unsigned int, unsigned  long);
09         int (*mmap) (struct file *, struct vm_area_struct *);
10         int (*open) (struct inode *, struct file *);
11         int (*release) (struct inode *, struct file *);
12         int (*fsync) (struct file *, struct dentry *);
13         int (*fasync) (int, struct file *, int);
14         int (*check_media_change) (kdev_t dev);
15         int (*revalidate) (kdev_t dev);
16         int (*lock) (struct file *, int, struct file_lock *);
17 };
```

[코드 6-2] file_operations 구조체

02행 : 파일 작업의 소유자. 보통 THIS_MODULE로 지정한다.

03행 : 파일에서 현재 읽고(read), 쓰는(write) 위치를 이동한다.

04행 : 디바이스에서 데이터를 읽는다.

05행 : 디바이스에 데이터를 쓴다.

06행 : 디바이스에서는 사용하지 않고(즉, 디바이스 노드에서는 NULL

을 반환함), 디렉토리에서만 사용하는 함수다.

07행 : 현 프로세스를 대기 큐에 넣는다.

08행 : 디바이스에 종속적인 명령을 만드는 데 사용한다. 즉, 디바이스에 고유한 명령을 사용자가 임의로 만들 수 있다.

09행 : 디바이스의 메모리를 프로세스의 메모리로 매핑한다.

10행 : 디바이스를 개방(open)한다.

11행 : 디바이스를 종료(close)한다.

12행 : 디바이스를 플러시(flush)한다. 즉, 데이터 중에서 디바이스에 있는 것은 모두 디바이스에 쓴다.

13행 : 비동기 통지(asynchronous notification)를 알려주는 FLAG인 FASYNC 플래그에 변화가 있는 디바이스를 확인하기 위해 사용한다.

14행 : 플로피 디스크처럼 사용 도중에 미디어가 변경될 수 있는 블록 디바이스 드라이버에서 사용한다.

15행 : 제거 가능한 블록 디바이스에서 버퍼 캐시(buffer cache) 관리를 위해 사용한다.

16행 : 파일에 잠금(lock) 기능을 위해 사용한다.

► 문자 디바이스 드라이버의 파일 연산 구조체 사용

파일 연산 구조체의 사용하지 않는 필드의 경우, 이를 선언하지 않으면 NULL 값으로 초기화된다. 따라서 문자 디바이스 드라이버를 구현할 때 파일 연산 구조체에서 필요한 필드만 선언하면 된다. 다음 내용은 문자 디바이스 드라이버에서 선언된 전형적인 파일 연산 구조체의 선언내용이다. 여기서 xxx는 일반적으로 디바이스의 이름을 사용한다.

```
struct file_operations xxx_fops = {
  .owner = THIS_MODULE,
  .open = xxx_open,
  .release = xxx_release,
  .read = xxx_read,
  .write = xxx_write,
```

```
.ioctl = xxx_ioctl,
};
```

file_operations 구조체를 사용하는 문자 디바이스 드라이버의 예 (정의되지 않은 것은 NULL)

```
struct file_operations device_fops = {
        NULL,                   /* seek*/
        device_read,            /*read*/
        device_write,           /*write*/
        NULL,                   /*readdir*/
        NULL,                   /*poll*/
        NULL,                   /*ioctl*/
        NULL,                   /*mmap*/
        device_open,            /*open*/
        NULL,                   /*flush*/
        device_release,         /*release*/
        };
```

file_operations 구조체를 사용하는 블록 디바이스 드라이버의 예 (정의되지 않은 것은 NULL)

```
struct file_operations blkdevice_fops = {
        NULL,                   /* seek/
        block_read,             /*read*/
        block_write,            /*write*/
        NULL,                   /*readdir*/
        NULL,                   /*poll*/
        NULL,                   /*ioctl*/
        NULL,                   /*mmap*/
        block_open,             /*open*/
        NULL,                   /*flush*/
        block_release,          /*release*/
        };
```

6.3. 디바이스 드라이버의 등록과 해제

디바이스 드라이버를 동작시키려면 커널에 디바이스의 특성에 맞는 형식으로 등록해야 한다. 일반적으로 문자 디바이스 드라이버, 블록 디바이스 드라이버, 네트워크 디바이스 드라이버 중 하나의 형식으로 등록된다. 블록 디바이스 드라이버와 네트워크 디바이스 드라이버의 경우 커널에 등록하는 과정이 매우 복잡하다.

일반적으로 응용프로그램과 디바이스 드라이버는 디바이스 파일이라는 인터페이스를 통해 접근할 수 있다. 문자 디바이스는 응용프로그램에 의하여 제어되지만 블록 디바이스와 네트워크 디바이스는 커널에 의하여 제어되기 때문에 디바이스 드라이버의 등록과 해제 절차가 디바이스 따라 다르다.

6.3.1. 문자 디바이스의 등록과 해제

문자 디바이스 드라이버를 커널에 등록 혹은 해제할 때, register_chrdev()와 unregister_chrdev()함수를 사용한다. file_operations 구조체를 등록 함수의 인자로 사용하며 커널은 주번호로 디바이스를 식별한다. 문자 디바이스 드라이버는 커널 모드에서 동작하지만 응용프로그램을 사용하여 디바이스를 제어할 수 있다.

```
int register_chrdev (unsigned int major, const char *name, struct file_operations *fops)
int unregister_chrdev (unsigned int major, const char *name)
```

- major : 주번호로, 0이면 사용하지 않는 주번호 중에서 동적으로 할당된다.
- name : 디바이스의 이름으로 /proc/devices에 나타나 있다.
- 반환값 : 오류 코드이며, 반환값이 0이거나 양수이면 성공적으로 수행되었음을 나타내고, 음수이면 오류가 발생했음을 나타낸다.
- 이름이 서로 다르거나 또는 지정된 드라이버가 없거나 주번호 경계를 벗어난 값에 대해서는 에러 코드인 -EINVAL을 리턴한다.

6.3.2. 블록 디바이스의 등록과 해제

블록 디바이스는 커널 모드에서 동작할 뿐만 아니라 커널이 디바이스를 제어한다. 따라서 문자 디바이스 드라이버와 등록하는 절차가 조금 다르다. 블록 디바이스 드라이버의 경우 디바이스 드라이버를 등록 및 해제하기 위하여 register_blkdev()와 unregister_blkdev() 함수를 사용한다. 특히 블록 디바이스를 등록할 때 block_device_operations 구조체를 함께 등록하지 않고 추후에 등록한다.

```
int register_blkdev (unsigned int major, const char * name)
int unregister_blkdev (unsigned int major, const char *name)
```

- major : 주번호로, 0이면 사용하지 않는 주번호 중에서 동적으로 할당된다.
- name : 블록 디바이스 장치 이름
- 반환값 : 오류 코드로, 0이나 양수이면 성공적으로 수행되었음을 나타내고, 음수이면 오류가 발생했음을 나타낸다.

6.3.3. 네트워크 디바이스의 등록과 해제

네트워크 디바이스도 블록 디바이스와 마찬가지로 커널 모드에서 동작할 뿐만 아니라 커널이 디바이스를 제어한다. 네트워크 디바이스를 등록 및 해제하는 방법은 문자 디바이스나 블록 디바이스와 달리 주번호를 사용하지 않는다. 네트워크 디바이스 드라이버와 등록하는 절차는 매우 복잡하다. 등록 및 해제하기 위하여 register_netdev()와 unregister_netdev() 함수를 사용하며, 함수 원형은 다음과 같다.

```
int register_netdev (struct net_device *dev)
void unregister_netdev (struct net_device *dev)
```

- dev : net_device 구조체 이름
- 반환값 : 등록에 성공하면 0이며, 실패하면 0이 아닌 값을 반환한다.

6.3.4. 문자 디바이스 드라이버의 등록 과정

문자 디바이스를 등록하기 위해서는 커널 내부의 chrdevs[ ] 배열 구조체에 적재될 디바이스 파일의 주번호가 할당되어야 한다. chrdevs라는 전역 변수는 <linux>/fs/char_dev.c에서 다음과 같이 정의하고 있다.

```
struct char_device_struct chrdevs[MAX_PROBE_HASH];
```

chrdevs[]는 256(MAX_PROBE_HASH)개의 배열로 구성되며 문자 디바이스 드라이버를 관리하는 구조체다. 각 배열의 구성 요소는 디바이스 파일 이름인 name과 파일 연산 구조체에 대한 포인터 fops를 포함한다. 파일 연산 구조체에 대한 포인터 fops는 디바이스 드라이버에 구현된 함수와 연관된다.

가상의 문자 디바이스 foo의 등록과 관련된 파일 연산 과정은 다음과 같다.

1. 쉘 모드에서 insmod foo.ko를 실행한다.
2. insmod 명령어는 디바이스 드라이버 파일의 module_init()를 호출한다.
3. 커널 내부의 chrdevs[ ] 배열 구조체에 등록하기 위해 resister _chrdev() 함수를 실행한다. 주번호를 chrdevs[ ]배열의 인덱스로 사용해 배열에 접근한다.
4. foo_fops는 모듈 내에 있는 파일 연산을 가리키며, 디바이스 드라이버에 대응하는 함수와 연관된다.

드라이버를 등록할 때 사용하는 register_chrdev() 함수는 디바이스 드라이버의 주번호, 디바이스 파일 이름, 그리고 file_operations 구조체를 포함한다. 문자 디바이스 등록 함수인 register_chrdev()는 첫 번째 매개변수인 주번호를 0으로 사용하면 사용 가능한 주번호를 할당받는다. 주번호를 0 이외의 값으로 사용한 경우 성공적으로 문자 디바이스를 등록하면 0을 반환하며, 다른 디바이스 드라이버가 사용한다면 오류를 나타내는 EBUSY를 반환한다.

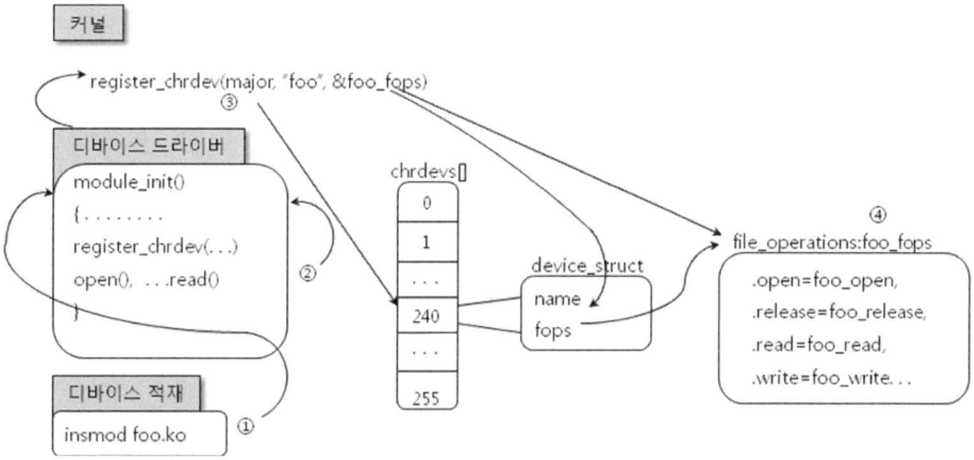

[그림 6-6] 디바이스의 등록과 파일 연산

6.4. 디바이스 드라이버 구성

리눅스의 응용프로그램은 디바이스 파일을 통해 하드웨어를 제어하는 디바이스 드라이버 함수와 연결된다. 즉, 디바이스 파일이 제공하는 디바이스 형식과 주번호를 이용해 커널 내에 등록된 디바이스 드라이버 함수를 연결하는 것이다. 문자 디바이스 드라이버의 경우 응용프로그램에서 해당 디바이스 드라이버와 연결된 디바이스 파일을 통해 호출하지만 블록/네트워크 디바이스 드라이버의 경우는 커널에서 직접 호출해서 사용한다.

6.4.1. 문자 디바이스 드라이버의 기본 구성

문자 디바이스 드라이버를 제작하려면 최소한 다음 항목을 구현해야 한다. 또한 디바이스 드라이버는 커널 모드에서 작동되는 모듈 프로그램의 일종이므로 모듈 프로그래밍의 기본 규칙을 준수해야 한다.

- 커널 소스 헤더 파일
- 저수준 파일 입출력에 대응하는 file_operations 구조체에 등록할 함수
- file_operations 변수
- 문자 디바이스 드라이버를 등록하는 모듈 초기화 함수
- 문자 디바이스 드라이버를 제거하는 모듈 종료 함수

6.4.2. 전형적인 문자 디바이스 드라이버

```
01 #include <linux/module.h>
02 #include <linux/kernel.h>
03 #include <linux/fs.h>
04 #include <linux/init.h>
05
06 #define TEST_DEV_NAME "test_dev" // 디바이스 파일 이름
07 #define TEST_DEV_MAJOR 240 // 디바이스 파일의 주번호
08
09 int test_open(struct inode *inode, struct file *filp)
10 {
11 ·········· (open 처리) ·······
12       return 0;
13 }
14
15 int test_release(struct inode *inode, struct file *filp)
16 {
17 ·········· (close 처리) ·······
18       return 0;
19 }
20
21 struct file_operations test_fops =
22 {
23       .owncer = THIS_MODULE,
24       .open = test_open,
25       .release = test_release,
26 };
27
28 int test_init(void) // 디바이스를 커널에 모듈로 적재시 수행되는 함수
29 {
30       register_chrdev(TEST_DEV_MAJOR, TEST_DEV_NAME, &test_fops);
31 ··········(초기화 처리) ·······
32        return 0;
33 }
34
35 void test_exit(void) // 커널에서 디바이스를 제거할 때 수행되는 함수
36 {
37 ··········(마무리 처리) ·······
38       unregister_chrdev(TEST_DEV_MAJOR,    TEST_DEV_NAME);
39 }
40
41 MODULE_LICENSE("GPL");
42 module_init(test_init);
43 module_exit(test_exit);
```

[코드 6-3] 전형적인 문자 디바이스 드라이버 구조

01~04행 : 헤더 파일. 필요에 따라 <linux/errno.h>, <linux/types.h>, <linux/ fcntl.h> 등을 추가한다. 헤더 파일 중에서

<linux/fs.h>는 모듈 프로그램의 기본 구조에서 추가된 것으로 디바이스 파일에 관련된 헤더 파일이다.

06~07행 : 디바이스 파일 이름이나 디바이스 파일의 주번호를 매크로로 정의한다. 필요하면 주소, 인터럽트 번호 등도 정의한다.

09~19행 : 저수준 파일 입출력에 대응하는 file_operations 구조체에 등록할 함수다.

21~26행 : file_operations 변수. 24행은 09~13행, 25행은 15~19행에 대응한다.

28~33행 : 문자 디바이스 드라이버를 적재하는 모듈 초기화 함수. 42행의 매크로 인자와 동일해야 한다.

35~39행 : 문자 디바이스 드라이버를 제거하는 모듈 종료 함수. 43행과 매크로 인자와 동일해야 한다.

6.5. 디바이스 드라이버 구조

리눅스 시스템의 구조는 크게 [그림 6-7]와 같이 어플리케이션 영역과 커널 영역, 그리고 하드웨어로 구성이 된다. 우리가 작업하는 디바이스 드라이버는 커널영역에서 동작되는 것을 볼 수 있다.

각 영역에서 하는 역할을 보면 <표 6-2>과 같다.

<표 6-2> 리눅스 시스템에서 각 영역의 기능

영 역	기 능
Application area	사용자 모드에서 동작 하는 프로그램 영역
Kernel area	시스템 콜 인터페이스 : 응용프로그램에게 커널서비스를 제공하는 인터페이스 VFS : VFS는여러 종류의 다양한 파일 시스템에 대해서 공통된 인터페이스를 제공한다. 커널 : 프로세스 관리, 메모리 관리, IPC, 파일 시스템, 네트워킹, 디바이스 드라이버등
Hardware	물리적인 하드웨어 영역

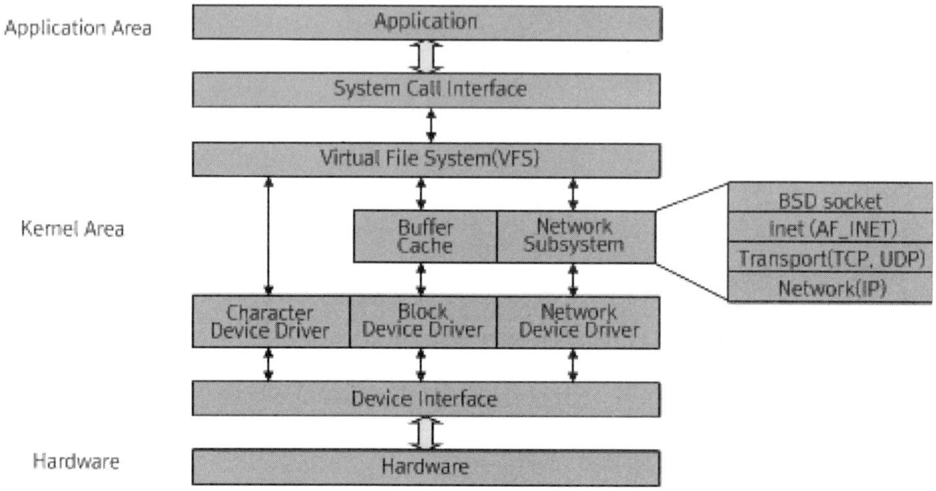

[그림 6-7] 리눅스 시스템 아키텍처

6.6. 디바이스 드라이버 구현

모듈은 일반적인 C언어 프로그램처럼 작성될 수 있지만, 커널이 제공하는 최소한의 함수만 사용할 수 있다. 디바이스 드라이버를 구현하고 테스트하려면 일반적으로 [그림6-8]과 같은 과정을 거쳐야 한다.

[그림 6-8] 디바이스 드라이버 구현 및 테스트 과정

6.6.1. 디바이스 드라이버 모듈의 적재

모듈은 목적 코드로 컴파일되어야 하며, 실행 중인 커널에 insmod 명령에 의해 적재된다. insmod 유틸리티는 실행 중인 커널 심볼테이블을 사용하여 모듈 내의 미해결 심볼(unresolved symbol)을 적절한 주소로 연

결한다. insmod는 커널 공간 안의 적당한 주소에 모듈을 적재해 모듈을 실행 중인 리눅스 커널에 통합한다.

6.6.2. 디바이스 파일의 생성

명령어 mknod를 사용하여 디바이스 파일을 /dev 디렉토리에 생성한다. 디바이스 파일을 생성하기 위하여 디바이스 이름, 디바이스 형식, 주번호 및 부번호가 필요하다.

6.6.3. 응용프로그램 작성

적재된 디바이스 드라이버의 정상적인 동작 여부를 판단하기 위한 응용프로그램을 작성해 디바이스가 제어되는지 확인한다. 응용프로그램은 디바이스의 열기, 읽기, 쓰기 등의 연산을 위하여 저수준 파일 입출력 함수를 사용한다.

6.6.4. 가상 디바이스 드라이버 구현

X-HYPER320-TKU 타겟 시스템에 장착된 디바이스에 대한 디바이스 드라이버를 구현하고 테스트하기 이전에, 메모리의 일부를 가상의 문자 디바이스로 사용하여 디바이스 드라이버를 구현하고 테스트해보자. 가상 문자 디바이스 드라이버 프로그램은 저수준 파일 입출력 함수를 사용해 디바이스 파일을 열고, 문자열을 읽고 쓰며, 등록된 디바이스에 ioctl() 함수를 통해 문자열 쓰기 작업을 한다. 가상 문자 디바이스를 이용하는 응용프로그램은 저수준 파일 입출력 함수를 사용해 디바이스 파일을 접근한다.

[실습6-4] 가상 디바이스 드라이버 구현

1. 에디터를 사용하여 가상 문자 디바이스 드라이버 프로그램을 작성한다.

```
#include <linux/module.h>
#include <linux/kernel.h>
#include <linux/fs.h>
#include <linux/init.h>

#define CHR_DEV_NAME "chr_dev" // 디바이스 파일 이름
```

```
#define CHR_DEV_MAJOR 245 // 디바이스 파일의 주번호

int chr_open(struct inode *inode, struct file *filp)
{
      int number = MINOR(inode ->i_rdev); // 부번호를 number에 저장
      printk("Virtual Character Device Open: Minor Number is %d₩n", number);
      return 0;
}

ssize_t chr_write(struct file *filp, const char *buf, size_t count, loff_t *f_pos)
{
      printk("write data: %s₩n", buf); // 응용프로그램 write()
// 함수의 buf 값을 커널메시지에 출력
return count;
}

ssize_t chr_read(struct file *filp, const char *buf, size_t count, loff_t *f_pos)
{
      printk("read data: %s₩n", buf); // 응용프로그램 read()
// 함수의 buf 값을 커널메시지에 출력
      return count;
}

int chr_ioctl(struct inode *inode, struct file *filp, unsigned int cmd, unsigned long arg)
{
      switch(cmd) { // ioctl 함수로 전달된 cmd 값을 출력
      case 0: printk("cmd value is %d₩n", cmd); break;
//•••••••••••••
      case 4: printk("cmd value is %d₩n", cmd); break;
}
return 0;
}

int chr_release(struct inode *inode, struct file *filp)
{
      printk("Virtual Character Device Release₩n");
      return 0;
}

struct file_operations chr_fops =
{
      .owner = THIS_MODULE,
      .ioctl = chr_ioctl,
      .write = chr_write,
      .read = chr_read,
      .open = chr_open,
      .release = chr_release,
};

```

```
58 int sample_init(void) // 디바이스를 커널에 모듈로 적재시 수행되는 함수
59 {
60      int registration; // registration 에 주번호나 반환값을 저장
61      printk("Registration Character Device to Kernel₩n");
62      registration = register_chrdev(CHR_DEV_MAJOR, CHR_DEV_NAME,
&chr_fops);
63      if(registration < 0)
64              return registration;
65      printk("Major Number : %d₩n", registration);
66      return 0;
67 }
68
69 void sample_cleanup(void) // 커널에서 디바이스를 제거할 때 수행되는 함수
70 {
71      printk("Unregistration Character Device to Kernel₩n");
72      unregister_chrdev(CHR_DEV_MAJOR, CHR_DEV_NAME);
73 }
74
75 MODULE_LICENSE("GPL");
76 module_init(sample_init);
77 module_exit(sample_cleanup);
```

[코드 6-4] 가상 문자 디바이스 드라이버(chr_dev.c)

01행 : 모듈에서 필요한 헤더

02행 : 커널에서 수행될 때 필요한 헤더

03행 : file_operations 구조체의 등록/해제를 위해 register_chrdev() 및 unregister_chrdev() 함수를 각각 사용한다. file_operations 구조체와 inode 구조체 등 가상 파일시스템의 데이터 구조를 사용하기 위한 헤더 파일

04행 : module_init(), module_exit() 매크로를 위한 헤더

06행 : 디바이스 파일 이름

07행 : 디바이스 파일의 주번호

09행 : 응용프로그램에서 open()으로 디바이스 파일을 열 때 실행할 함수. 정상적으로 수행한 경우 13행에서 0을 반환한다.

11행 : 주번호와 부번호는 결합되어 하나의 디바이스를 식별하기 위하여 사용한다. 결합된 디바이스 번호는 inode 구조체의 i_rdev 필드에 있어 각 드라이버 함수는 inode 구조체 포인터를 인자로 받아들인다. 각 드라이버 함수는 inode → i_rdev를 조사해 디바이스 번호를 추출할 수 있다. MAJOR()와 MINOR()는 kdev_t 구조체에서 각각 주번호와 부번호를 추출하는 매크로이다.

12행 : 11행에서 추출한 부번호를 출력한다.

13행 : 정상 종료되어서 0을 반환한다.

16행 : 저수준 파일 출력함수 write()에서 buf에 데이터를 쓰면 디바이스 드라이버의 buf로 주소 값이 전달된다. count는 디바이스에 기록하고자 하는 데이터 개수. f_pos는 파일 포인터 위치. 반환 값은 처리된 데이터 혹은 오류 값으로 저수준 파일 출력함수 write()에 그대로 전달된다. 처리된 데이터 수나 오류 값을 반환한다.

18행 : buf 메시지를 출력한다.

20행 : count 값을 반환한다.

23행 : 저수준 파일 입력함수 read()가 buf에서 데이터를 읽고자 하는 주소 값이 디바이스 드라이버의 buf로 전달된다. count는 디바이스에서 읽고자 하는 데이터 개수. f_pos는 파일 포인터 위치. 반환 값은 처리된 데이터 수 혹은 오류 값으로 저수준 파일 입력함수 read()에 그대로 전달된다.

25~27행 : 18~20행과 동일하다.

30행 : 디바이스를 제어하는데 사용하는 함수. 여기서는 전달된 cmd를 화면에 출력한다.

32~38행 : 전달된 cmd 값을 출력한다.

39행 : 정상 종료되어서 0을 반환한다.

42행 : 응용프로그램에서 close()를 호출하면 수행되는 부분이다. 여기서는 메시지를 화면에 출력하고 0을 반환한다.

48~56행 : 가상 디바이스 드라이버에서 처리할 기능들을 file_operations 구조체에 등록한다.

58~67행 : 디바이스 드라이버 모듈 초기화 함수. insmod 명령에 의해 호출된다.

61행 : 초기화 메시지를 출력한다.

62~67행 : register_chrdev() 함수를 사용해 문자 디바이스 드라이버를 커널에 등록한다. 주번호를 CHR_DEV_MAJOR에 정의된 240으로, CHR_DEV_NAME에 정의된 디바이스 파일 이름을 사용한다. 응용프로그램에서 저수준 파일 입출력 함수를 디바이스 파일에 사용하면 디바이스 드라이버에 대응

되는 함수가 호출되도록 마지막 인자에 파일 연산 구조체 변수인 chr_fops의 주소를 사용한다. 정상적으로 디바이스 드라이버가 커널에 등록되지 않으면 0보다 작은값을 반환한다. 정상적으로 등록된 경우는 CHR_DEV_MAJOR이 0이면 동적으로 할당된 주번호 값이 반환되고 0이 아닌 고정된 주번호 값이면 0을 반환한다. CHR_DEV _MAJOR가 0이 아니면 65행은 무의미하다.

69~73행 : 디바이스 드라이버 모듈 마무리 함수. CHR_DEV_MAJOR이 0이면 동적으로 할당된 주번호, 0이 아니면 주어진 주번호 값을 반환한다. 여기서는 CHR_DEV_MAJOR로 정의된 240을 반환한다.

71행 : 디바이스 드라이버 모듈 종료 메시지를 출력한다.

72행 : unregister_chrdev() 함수를 수행해 디바이스 드라이버 모듈을 커널에서 제거한다.

2. Make 유틸리티를 실행해 모듈을 생성한다. Makefile은 아래 [코드 6-5] 와 같으며,Makefile은 chr_dev.c 파일과 동일한 디렉토리에 있어야 한다.

```
CC := /usr/local/arm-linux-4.1.1/bin/arm-linux-gcc
KDIR := /embedded/Kernel/linux

obj-m :=  chr_dev .o

build:
make -C $(KDIR) SUBDIRS=$(PWD) modules

clean:
rm -rf *.o *.ko   *.mod.* .*.cmd
```

[코드 6-5] Makefile 수정

```
[root@localhost chr_dev]# make
make -C /embedded/Kernel/linux SUBDIRS=/embedded/Kernel/chr_dev modules
make[1]: Entering directory `/embedded/Kernel/linux'
  CC [M]  /embedded/Kernel/chr_dev/chr_dev.o
/embedded/Kernel/chr_dev/chr_dev.c:53: warning: initialization from incompatible
 pointer type
  Building modules, stage 2.
  MODPOST
  CC      /embedded/Kernel/chr_dev/chr_dev.mod.o
  LD [M]  /embedded/Kernel/chr_dev/chr_dev.ko
make[1]: Leaving directory `/embedded/Kernel/linux'
[root@localhost chr_dev]#
```

[그림 6-9] chr-dev.o 모듈의 생성

3. 가상 문자 디바이스를 사용하는 응용프로그램 chr_appl.c를 작성한다.

```
#include <stdio.h>
#include <sys/types.h>
#include <sys/stat.h>
#include <fcntl.h>
#include <sys/ioctl.h>
#include <unistd.h>

#define DEVICE_FILE_NAME "/dev/chr_dev" // 디바이스 파일

int main(int argc, char *argv[ ]) // argv 값을 받아 디바이스
{// 파일의 IOCTL cmd 값으로 사용
	int device;
	char wbuf[128] = "Write buffer data";
	char rbuf[128] = "Read buffer data";
	int n = atoi(argv[1]);

	device = open(DEVICE_FILE_NAME, O_RDWR|O_NDELAY);
	if( device >= 0) {
			printf("Device file Open\n");
			ioctl(device, n, NULL); // argv 값을 디바이스 파일에 cmd 값으로 전달
			write(device, wbuf, 10); // wbuf 값을 디바이스 파일에 전달
			printf("read value is %s\n", wbuf);
```

```
23              read(device, rbuf, 10);
24              printf("read value is %s₩n", rbuf);
25      }
26      else
27              perror("Device file open fail");
28
29      return 0;
30 }
```

[코드 6-6] 가상 문자 디바이스 어플리케이션 프로그램(chr_appl.c)

01행 : 입출력을 위한 헤더. printf()와 perror()를 사용하기 위해서다.

02~04행 : open()을 사용하기 위한 헤더

05행 : ioctl()을 사용하기 위한 헤더

06행 : read(), write(), close()를 사용하기 위한 헤더

08행 : 프로그램에서 사용할 가상 문자 디바이스 파일 이름

10~30행 : 주 프로그램

12행 : open()을 수행 후 반환된 파일 기술자를 저장하기 위한 변수

13~14행 : write()와 read()에 사용할 값

15행 : 명령행 인자로 주어진 숫자 문자를 숫자 값으로 변환한다.

17행 : 문자 디바이스 파일을 읽기/쓰기가 가능하고 비블록킹 모드한다.

18행 : 디바이스 파일이 정상적으로 열렸는지 확인한다.

19행 : 디바이스 파일을 열었다고 메시지를 출력한다.

20행 : 명령행 인자 값을 디바이스 드라이버에게 전달하며 chr_ioctl()에서 처리하게 한다.

21행 : 출력 메시지를 디바이스 파일을 통해 디바이스 드라이버에게 전달한다.

22행 : 출력 메시지를 확인한다.

23행 : 입력 메시지를 디바이스 파일을 통해 디바이스 드라이버에게 전달한다.

24행 : 입력 메시지를 확인한다.

27행 : 디바이스 파일을 열지 못했을 때 출력한다.

29행 : 정상 종료 시 0을 반환한다.

4. 응용프로그램을 타겟 시스템용으로 교차 컴파일한다.

> ☞ arm-linux-gcc -o chr_appl chr_appl.c

```
[root@localhost chr_dev]# make
make -C /embedded/Kernel/linux SUBDIRS=/embedded/Kernel/chr_dev modules
make[1]: Entering directory `/embedded/Kernel/linux'
  CC [M]  /embedded/Kernel/chr_dev/chr_dev.o
/embedded/Kernel/chr_dev/chr_dev.c:53: warning: initialization from incompatible
 pointer type
  Building modules, stage 2.
  MODPOST
  CC      /embedded/Kernel/chr_dev/chr_dev.mod.o
  LD [M]  /embedded/Kernel/chr_dev/chr_dev.ko
make[1]: Leaving directory `/embedded/Kernel/linux'
[root@localhost chr_dev]# arm-linux-gcc -o chr_appl chr_appl.c
[root@localhost chr_dev]# ls
Makefile      chr_appl     chr_dev.c    chr_dev.mod.c  chr_dev.o
Makefile_ols  chr_appl.c   chr_dev.ko   chr_dev.mod.o
[root@localhost chr_dev]#
```

[그림 6-10] 가상 디바이스를 사용하는 응용프로그램의 교차 컴파일

5. 디바이스 드라이버 모듈 chr_dev.ko 파일과 컴파일한 응용프로그램 chr_appl을 타겟 시스템으로 전송한다.
6. 생성된 디바이스 드라이버 모듈을 적재하고 적재 여부를 확인한다.

```
[root@WENDERS chr_dev]# ls
chr_appl          chr_chr_dev.ko   chr_dev.ko
[root@WENDERS chr_dev]# insmod chr_dev.ko
Using chr_dev.ko
[root@WENDERS chr_dev]# cat /proc/devices | grep chr_dev
245 chr_dev
[root@WENDERS chr_dev]#
```

[그림 6-11] 적재된 디바이스 드라이버 확인

(1) 디바이스 드라이버 모듈을 커널에 적재하고 출력되는 메시지를 관찰한다.

(2) 적재된 디바이스 드라이버를 lsmod 명령으로 확인한다.

7. 응용프로그램과 디바이스 드라이버를 연결시킬 디바이스 파일을 만들고 확인한다.

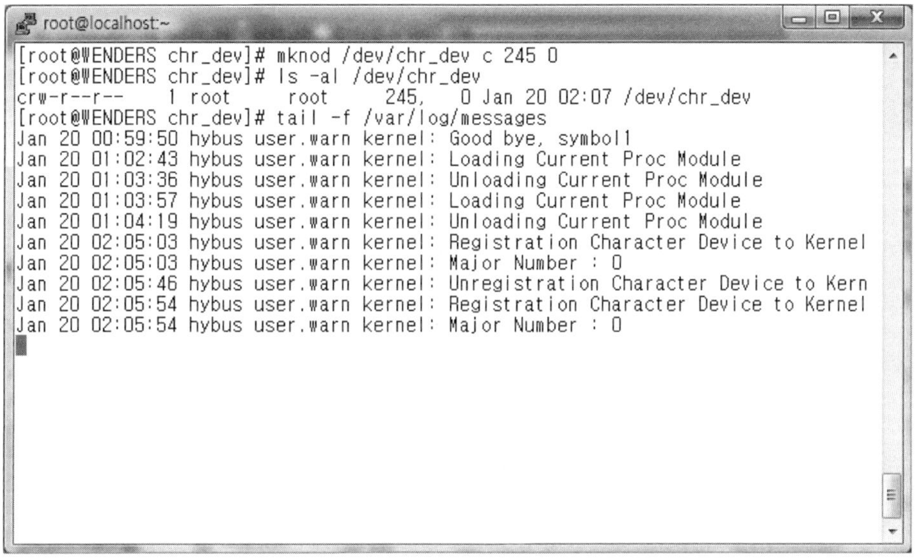

```
root@localhost:~
[root@WENDERS chr_dev]# mknod /dev/chr_dev c 245 0
[root@WENDERS chr_dev]# ls -al /dev/chr_dev
crw-r--r--    1 root     root     245,   0 Jan 20 02:07 /dev/chr_dev
[root@WENDERS chr_dev]# tail -f /var/log/messages
Jan 20 00:59:50 hybus user.warn kernel: Good bye, symbol1
Jan 20 01:02:43 hybus user.warn kernel: Loading Current Proc Module
Jan 20 01:03:36 hybus user.warn kernel: Unloading Current Proc Module
Jan 20 01:03:57 hybus user.warn kernel: Loading Current Proc Module
Jan 20 01:04:19 hybus user.warn kernel: Unloading Current Proc Module
Jan 20 02:05:03 hybus user.warn kernel: Registration Character Device to Kernel
Jan 20 02:05:03 hybus user.warn kernel: Major Number : 0
Jan 20 02:05:46 hybus user.warn kernel: Unregistration Character Device to Kern
Jan 20 02:05:54 hybus user.warn kernel: Registration Character Device to Kernel
Jan 20 02:05:54 hybus user.warn kernel: Major Number : 0
```

[그림 6-12] 디바이스 파일의 생성과 확인

8. 명령행 인자를 사용해 응용프로그램을 실행하고 모듈을 제거한다.

```
[root@WENDERS chr_dev]# ./chr_appl 0
Device file Open
read value is Write buffer data
read value is Read vuffer data
[root@WENDERS chr_dev]# tail -f /var/log/messages
Jan 20 02:05:03 hybus user.warn kernel: Registration Character Device to Kernel
Jan 20 02:05:03 hybus user.warn kernel: Major Number : 0
Jan 20 02:05:46 hybus user.warn kernel: Unregistration Character Device to Kern
Jan 20 02:05:54 hybus user.warn kernel: Registration Character Device to Kernel
Jan 20 02:05:54 hybus user.warn kernel: Major Number : 0
Jan 20 02:08:47 hybus user.warn kernel: Virtual Character Device Open : Minor NO
Jan 20 02:08:47 hybus user.warn kernel: cmd value is 0
Jan 20 02:08:47 hybus user.warn kernel: write data: Write buffer data
Jan 20 02:08:47 hybus user.warn kernel: read data: Read vuffer data
Jan 20 02:08:47 hybus user.warn kernel: Virtual Character Device Release
```

[그림 6-13] 응용프로그램 실행 및 모듈 제거

(1) 응용프로그램을 실행한다. 출력되는 부번호와 디바이스 파일의 부번호가 모두 0으로 일치함을 확인한다. 출력 메시지를 확인하고 디바이스 드라이버 모듈의 동작 과정을 살펴본다.

(2) 모듈을 커널에서 제거한다.

6.7. 블록 디바이스와 네트워크 디바이스

6.7.1. 블록 디바이스

블록 디바이스는 버퍼 캐시(Buffer cache)를 통해 임의 접근이 가능한 장치로써 블록 단위로 입출력하며, 파일시스템을 구축할 수 있다. 블록 디바이스 드라이버는 주번호로 구별되며, 문자 디바이스 드라이버와는 별개로 관리되므로 문자 디바이스 드라이버와는 주번호가 중첩되어도 관계없다. 파일시스템은 버퍼 캐시를 통해서 블록 디바이스 접근하며, 버퍼 캐시를 통한 작업은 일반적인 읽기/쓰기 동작과는 다르다. 버퍼 캐시를 통한 읽기/쓰기 동작을 효율적으로 수행하기 위해 요구 큐(Request Queue)를 사용하기 때문에 추가적인 구조체 request_queue, gendisk, spin_lock_t

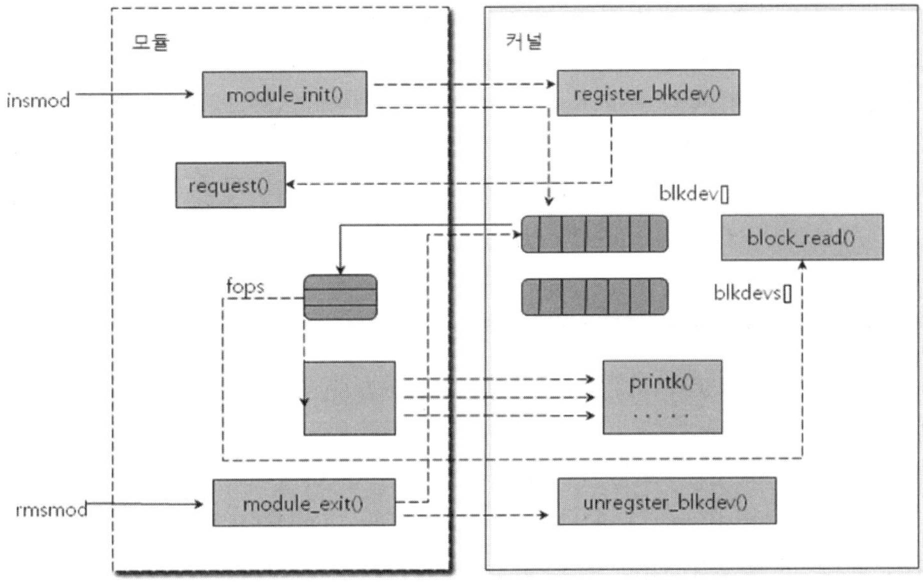

[그림 6-14] 블록 디바이스 드라이버 모듈과 커널

등이 필요하다. 인터럽트 처리가 필요 없는 블록 디바이스의 경우 spin_lock_t 없이 make_request() 함수로 구현한다. 인터럽트 처리를 기반으로 하는 블록 디바이스는 request() 함수 방식으로 구현해야 한다. 블록 디바이스를 관리하기 위하여 블록의 크기, 섹터의 크기, 전체 크기 등과 같은 별도의 전역 변수가 필요하다.

► 블록 디바이스 연산

응용프로그램과 블록 디바이스 드라이버는 문자 디바이스 드라이버와 마찬가지로 디바이스 파일 인터페이스를 통해 접근된다. 따라서 응용 프로그램이 문자 디바이스처럼 블록 디바이스에 접근할 수 있고, 또한 한 번에 전송할 수 있는 바이트 수도 제한이 없다. 응용프로그램 입장에서는 문자 디바이스와 블록 디바이스가 차이가 없지만 커널이 내부적으로 데이터를 관리하는 인터페이스는 완전히 다르다. 특히 파일 연산 중 ioctl() 함수는 크게 다르다. 블록 디바이스 드라이버가 지원할 것으로 예상되는 많은 공통 IOCTL 명령이 있으며 대부분은 반드시 지원해야 한다.

블록 디바이스를 관리하기 위하여 다양한 전역 변수가 필요하다. 디바이스의 크기를 섹터의 개수로 반환하는 BLKGETSIZE, 버퍼 캐시를 플러시(Flush)하는 BLKFLSBUF, 미리 하는 BLKRASET, 블록 디바이스 장치의 읽기 전용 플래그를 얻어오는 BLKROGET, 변경하는 BLKROSET, 파티션이 있는 장치에서 파티션 테이블을 다시 읽어오는 BLKRRPART, 하드디스크의 구조를 읽어오는 HDIO_ GETGEO가 있다.

► 블록 디바이스 드라이버 작성

블록 디바이스 드라이버를 작성하기 위해 다음과 같은 내용을 처리해야 한다.

1. 블록 디바이스 특성, 주번호와 부번호 및 디바이스 이름 정의
2. register_blkdev() 함수를 사용한 블록 디바이스 드라이버의 등록
3. 블록 디바이스 연산 구조체 처리
4. 요구 큐에 관련된 처리 및 함수를 선언
5. 블록 디바이스 추가를 위한 gendisk 구조체 생성 및 등록
6. 블록 디바이스의 크기 설정 및 기타 속성을 처리

다음은 블록 디바이스 드라이버의 전형적인 block_device_operations 구조체 선언이다. block_device_operations 구조체는 <linux>/include/linux/fs.h 파일에 정의되어 있다.

```
struct block_device_operations blkdevice_fops = {
        .owner    = THIS_MODULE,
        .open     = block_open,         /* open */
        .release  = block_release,      /* release */
        .ioctl    = block_ioctl         /* input output control */
}
```

블록 디바이스는 미디어가 변경될 수 있다. 따라서 미디어의 변경 여부를 조사하기 위하여 media_changed라는 변수가 block_device_operations 구조체에 정의되어 있다. 미디어의 변경 여부에 따라 1 혹은 0을 반환한

다. 또한 revalidate_disk라는 변수는 미디어가 변경된 경우 호출되는 함수다.

6.7.2. 네트워크 디바이스

네크워크 디바이스는 네트워크 통신을 통해 네트워크 패킷을 송신 및 수신할 수 있는 장치를 말하며, Ethernet, PPP, Slip, ATM, NIC (Network Interface Card) 등이 있다. 네크워크 디바이스의 종류만큼 네트워크 디바이스 드라이버는 다양하다.

► 네트워크 스택과 네트워크 디바이스 드라이버

리눅스는 네트워크를 지원하기 위하여 [그림6-15]와 같은 네트워크 스택이라는 프로토콜 계층과 네트워크 디바이스 드라이버 계층이 있다. 네트워크 스택은 네트워크 응용프로그램과 네트워크 디바이스 드라이버 사이에 위치하여 TCP/IP 등을 포함한 다양한 통신 프로토콜을 지원한다. 네트워크 디바이스 드라이버는 네트워크 스택과 네트워크 하드웨어 사이에 위치하며 데이터의 송신 및 수신을 담당하는 커널 프로그램으로 하드웨어와 밀접한 관계를 갖는다.

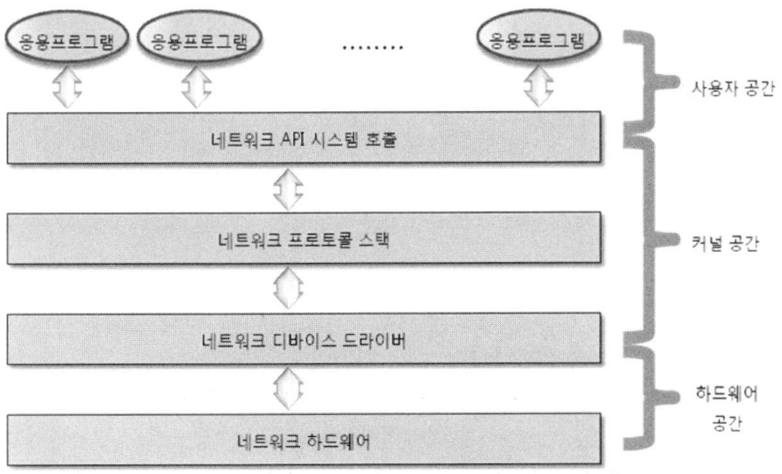

[그림 6-15] 네트워크 프로토콜 스택과 네트워크 디바이스 드라이버

► **등록된 네트워크 디바이스 드라이버**

커널 부팅이 끝나면 네트워크 디바이스 드라이버가 커널에 포함되거나 모듈 형태로 존재한다. 단지 네트워크 디바이스를 처리하는 구조체가 커널에 등록된 상태일 뿐 아직 동작할 수 있도록 초기화된 상태는 아니다. 그러나 proc 파일시스템을 살펴보면 현재 등록된 네트워크 디바이스 드라이버에 대한 정보를 파악할 수 있다.

[실습6-4] 등록된 네트워크 디바이스 드라이버의 정보 보기

1. proc 파일시스템에서 커널에 등록된 디바이스 드라이버 정보를 살펴본다.

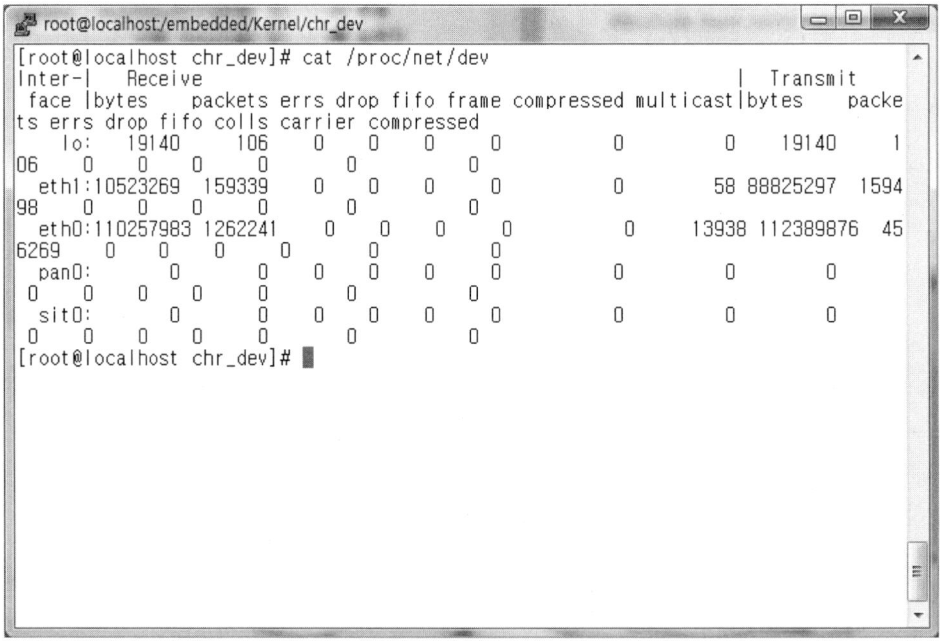

```
root@localhost:/embedded/Kernel/chr_dev
[root@localhost chr_dev]# cat /proc/net/dev
Inter-|   Receive                                                |  Transmit
 face |bytes    packets errs drop fifo frame compressed multicast|bytes    packe
ts errs drop fifo colls carrier compressed
    lo:   19140      106    0    0    0     0          0         0    19140      1
06    0    0    0     0       0          0
  eth1:10523269  159339    0    0    0     0          0        58 88825297   1594
98    0    0    0     0       0          0
  eth0:110257983 1262241    0    0    0     0          0     13938 112389876   45
6269    0    0    0     0       0          0
  pan0:       0        0    0    0    0     0          0         0        0
 0    0    0    0     0       0          0
  sit0:       0        0    0    0    0     0          0         0        0
 0    0    0    0     0       0          0
[root@localhost chr_dev]#
```

[그림 6-16] Proc 파일시스템에 나타난 네트워크 디바이스 드라이버 정보

(1) proc 파일시스템에서 네트워크 디바이스 드라이버 정보를 보기 위하여 /proc/net/dev 디렉토리를 살펴본다.

(2) lo는 실제로 존재하지 않는 루프백(Loopback) 네트워크 디바이스이다.

(3) eth0은 이더넷 네트워크 디바이스이다.

► **소켓**

네트워크를 소켓(Socket)이라는 단일 인터페이스에 의해 접근함으로써 통신 요소를 추상화한다. 네트워크를 초기화해 다양한 통신 수단으로 사용할 수 있도록 한다. 네트워크의 초기화는 파일 시스템 체제로 통신을 수행할 수 있도록 하는 것이다. 송수신을 위해 하나의 연결 connect()이 생성되는 것은 하나의 파일을 등록하고 초기화하여 파일 연상을 수행하는 것과 같다. 파일 연산의 module_init()와 open()과 같은 과정은 소켓의 socket()과 bind() 함수를 수행하는 것에 해당한다.

► **어소시에이션(Association)**

소켓 프로그램에 있어서 로컬 호스트에서 실행되는 프로세스와 원격 호스트에서 실행되는 프로세스 간에 데이터를 교환하기 위해 요구되는 정보이다. 프로토콜 식별자, 로컬 인터넷 주소, 로컬 포트 번호, 원격 인터넷 주소, 원격 포트 번호로 구성된다.

► **파일시스템과 소켓의 관계**

파일시스템에서는 파일을 식별하기 위해서 파일 기술자를 사용한다. 소켓은 하나의 커넥션 혹은 어소시에이션(Association)을 식별하기 위한 수단으로 전체 16바이트로 구성된 데이터 구조체로 존재한다. 파일시스템에는 파일 기술자와 연결되고, TCP/IP에서는 포트 번호와 IP주소에 할당된다. 사용자에게 간편함을 제공하기 위한 커넥션을 하나의 파일 기술자와 연결한다. 그러므로 사용자는 통신 과정을 일반 파일처럼 사용할 수 있다.

► **네트워크 디바이스 드라이버 작성**

네트워크 디바이스 드라이버를 작성하기 위해서는 다음과 같은 내용을 구현해야 한다.

1. 모듈 적재 혹은 커널 부팅에 의한 초기화 처리

2. 모듈 제거를 위한 마무리 처리
3. 네트워크 디바이스 검출
4. 네트워크 디바이스 초기화 및 등록
5. 네트워크 디바이스 열기 및 닫기
6. 네트워크 데이터 전송 및 수신
7. 인터럽트 처리
8. 네트워크 디바이스 제어를 위한 ioctl() 함수 구현
9. 멀티 캐스트 처리
10. 설정 정보의 재설정 처리

07

디바이스 드라이버 활용

1. LED
2. GPIO LED
3. Dot Matrix
4. FND
5. 문자 LCD
6. Key Scan
7. ADC/DAC
8. Stepper Motor
9. DC Motor
10. Touch Screen
11. UART
12. RTC
13. USB Slave
14. USB Host
15. MMC/SD/SDIO
16. Frame Buffer(TFT LCD)
17. Ethernet
18. Sound

7.1. LED

X-Hyper320-TKU 보드에는 8개의 LED 출력장치가 구성되어 있으며, FPGA 어드레스 디코딩에 의해서 8개의 LED를 쉽게 제어 할 수 있다.

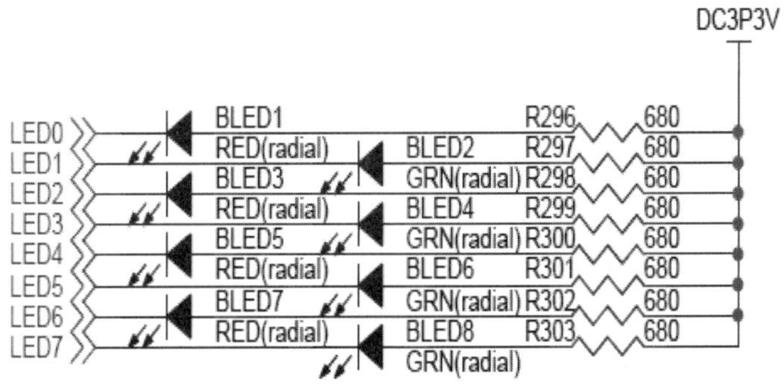

[그림 7-1] LED 회로도

1. Device Driver 프로그램에는 아래와 같은 물리적인 주소와 디바이스 이름이 정해져 있다.

(embedded/Kernel/linux/drivers/X-HYPER_IEB/led.c)

```
#define LED_DEVMAJOR 239
#define LED_DEVNAME "led"
#define LED_PHYS 0x12400000
```

2. 우선 Device node를 확인하는 것으로, X-Hyper320-TKU 보드에서 다음과 같은 명령으로 확인한다. 만약 LED 노드가 없다면 mknod 명령으로 생성한다.

```
[root@WENDERS /]# ls -al /dev/LED
crw-r--r--    1 root     root     239,   0 Mar 25  2008 /dev/LED
[root@WENDERS /]#
```

3. Led_test 응용 프로그램

(embedded/Kernel/linux/drivers/X-HYPER_IEB/APP/led_test.c)

```
#include <stdio.h>
#include <stdlib.h>

#include <unistd.h>
#include <fcntl.h>

#include <sys/types.h>
#include <sys/ioctl.h>
#include <sys/stat.h>

#define led_dev  "/dev/LED"

#define UP_ 1
#define DOWN_ 2
#define ALL_ 3
#define EXIT_ 0

static int key;

int print_menu(void){

int    key;

printf("\n");
printf("*********** Choice Menu **********\n");
printf("* 1. LED UP Shift *\n");
printf("* 2. LED DOWN Shift *\n");
printf("* 3. ALL *\n");
printf("* 0. EXIT *\n");
printf("**********************************\n");
printf("\n");

printf("Select th menu number :");
scanf("%d", &key);
return key;
}

void led_down_shift(int *dev){

unsigned char data, data2;
int led_device, count;

for ( count = 0; count <16 ; count++){
data2 = (~(data >> 7)) & 0x01;
data = (data << 1 ) | data2;
usleep(50000);
write (*dev, &data, sizeof(unsigned char));
}
}

void led_up_shift(int *dev){
```

```
unsigned char data, data2;
int led_device, count;

for( count =0 ; count < 16 ; count++) {
data2 = (~(data << 7)) & 0x80;
data = (data >> 1 ) | data2;
usleep(50000);
write (*dev, &data, sizeof(unsigned char));
}
}

void led_all( int *dev){
unsigned char data;
int led_device, count;

for( count =0 ; count <16; count ++) {
if( count%2){
data = 0xff;
write(*dev, &data, sizeof(unsigned char));
}
else{
data = 0x00;
write(*dev, &data, sizeof(unsigned char));
}
usleep(100000);
}
}


int main(){

int dev;

dev = open(led_dev, O_RDWR);
if (dev < 0){
fprintf(stderr, "cannot open LED Device (%d)", dev);
exit(2);
}
led_up_shift(&dev);
led_all(&dev);
led_down_shift(&dev);

while(( key = print_menu()) != 0){
if(key == UP_) led_up_shift( &dev);
else if (key== DOWN_) led_down_shift(&dev);
else if (key == ALL_) led_all(&dev);
else if (key == EXIT_) {printf("₩n₩t₩t₩t EXIT Program ₩n"); break; return
0;}
else { printf(" unknow command ~ ^^₩n"); break; }
}//end   while
close(dev);
return 0;
}
```

4. LED 테스트

[그림 7-2]와 같이 ./led_test를 실행하고, 1번 선택하면 위로 쉬프트 되면서 LED가 켜지는 것을 볼 수 있으며, 2번은 아래로 쉬프트 되면서 LED가 켜지며, 3번은 전체적으로 수차례 점멸하는 것을 확인할 수 있다. 그리고 0번을 입력하는 본 프로그램이 종료된다.

```
root@localhost:~
[root@WENDERS app]# ./led_test

*********** Choice Menu **********
* 1.     LED UP    Shift          *
* 2.     LED DOWN  Shift          *
* 3.     ALL                      *
* 0.           EXIT               *
***********************************

Select th menu number :2

*********** Choice Menu **********
* 1.     LED UP    Shift          *
* 2.     LED DOWN  Shift          *
* 3.     ALL                      *
* 0.           EXIT               *
***********************************

Select th menu number :
```

[그림 7-2] LED 테스트

7.2. GPIO_LED

gpio_led 프로그램은 gpio 설정, 레벨 세팅, gpio 인터럽트 등록 등을 사용하는 예제이다. 각종 디지털 입출력 디바이스 드라이버 개발을 위해서 좋은 예제로 사용할 수 있다.

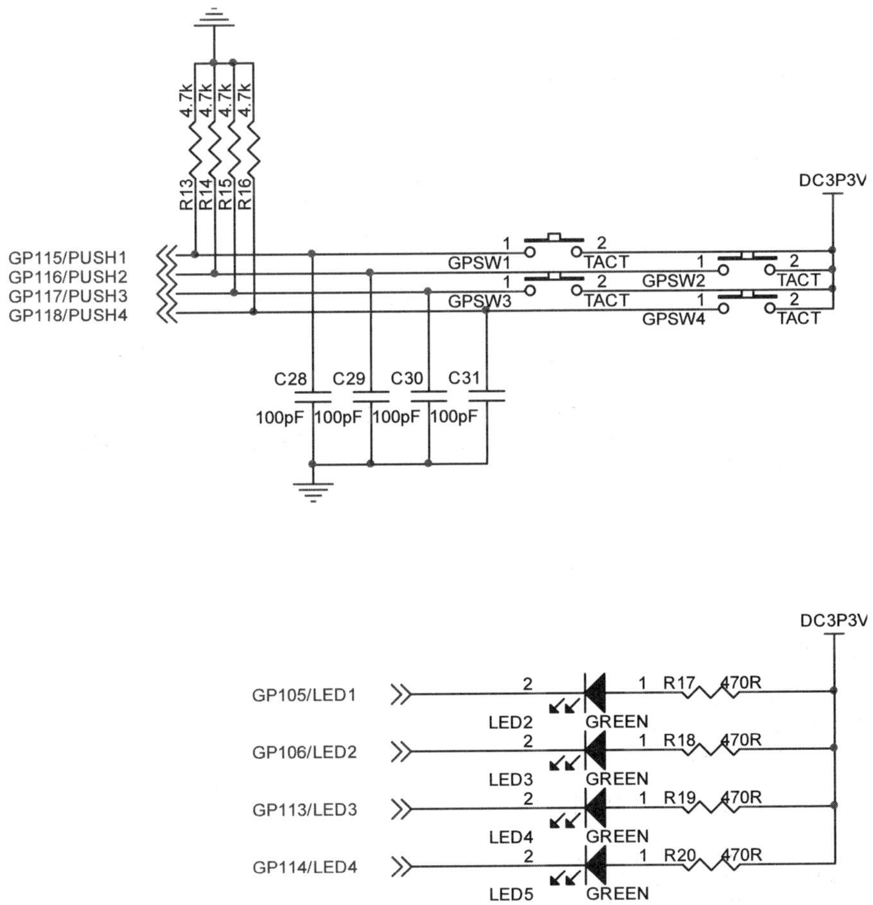

[그림 7-3] gpio_led 회로도

1. Device Driver 프로그램

(embedded/Kernel/linux/drivers/X-HYPER_IEB/gpio_led.c)

```
#define IRQ_KEY1 IRQ_GPIO(MFP2GPIO(MFP_PUSH1_GPIO))
#define IRQ_KEY2 IRQ_GPIO(MFP2GPIO(MFP_PUSH2_GPIO))
#define IRQ_KEY3 IRQ_GPIO(MFP2GPIO(MFP_PUSH3_GPIO))
#define IRQ_KEY4 IRQ_GPIO(MFP2GPIO(MFP_PUSH4_GPIO))

#define GPIO_LED1 GPIO_bit(4)
#define GPIO_LED2 GPIO_bit(3)

#define GPIO_LED_MAJOR 242
#define GPIO_LED_NAME "gpio_led"
```

2. Device Node를 아래와 같인 X-Hyper320-TKU 보드에서 확인한다. 만약 GPIO_LED 노드가 없다면 mknod 명령으로 생성한다.

```
[root@WENDERS /]# ls -al /dev/GPIO_LED
crw-r--r--    1 root     root     242,   0 Mar 25  2008 /dev/GPIO_LED
[root@WENDERS /]#
```

3. Gpio_led_test 응용 프로그램

(embedded/Kernel/linux/drivers/X-HYPER_IEB/APP/gpio_led_test.c)

```
#include <stdio.h>
#include <stdlib.h>
#include <fcntl.h>

static char gpio_testDev[] = "/dev/GPIO_LED";

#define GPIO_KEY_READ 0x0
#define GPIO_LED1_ON_OFF 0x1
#define GPIO_LED2_ON_OFF 0x2
#define GPIO_LED3_ON_OFF 0x3
#define GPIO_LED4_ON_OFF 0x4

int ON = 0;
int OFF = 1;

int main()
{
int dev;
```

```
char buf;

if((dev = open(gpio_testDev, O_RDWR )) < 0){
perror("open faile /dev/GPIO_LED₩n");
exit(-1);
}
printf("########################################
#########
########₩n");
printf(" GPIO LED TEST₩n");
printf(" Please PUSH ANY GPIO BUTTONS ₩n");
printf("########################################
#########
########₩n");

while(1){
read(dev , &buf, sizeof(buf)); // Key READ
printf("KEY %d PUSH ₩n",buf);
switch(buf)
{
case 1:
{
ioctl(dev, GPIO_LED1_ON_OFF, &ON);
printf("LED1 ON₩n");
break;
}
case 2:
{
ioctl(dev, GPIO_LED2_ON_OFF, &ON);
printf("LED2 ON₩n");
break;
}
case 3:
{
ioctl(dev, GPIO_LED3_ON_OFF, &ON);
printf("LED3 ON₩n");
break;
}
case 4:
{
ioctl(dev, GPIO_LED4_ON_OFF, &ON);
printf("LED4 ON₩n");
break;
}
default:
{
printf("No Operation₩n");
break;
}
}
}
close(dev);
return 0;
}
```

4. GPIO_LED 테스트

./gpio_led_test를 실행한 후 GPIO 키를 누르게 되면 해당 되는 키입력에 대한 LED 출력 화면을 볼 수 있다.

[그림 7-4] gpio_led 실행화면

7.3. Dot Matrix

X-Hyper320-TKU 보드에서는 FPGA의 어드레스 디코딩에 의해 Dot MATRIX를 제어 한다. Dot Matrix의 LED 디스플레이 패널은 LED 칩을 매트릭스 형태로 배선하며 기판 상에 부착된 것이다. 종래의 Dot Matrix는 램프 형태의 LED를 기판에 직접 부착한 것이다. LED 램프를 사용하는 이유는 LED의 빛을 중심축 상에 집중시키기 위해서다. 따라서 이와 같은 이유로 정면에서의 휘도 레벨이 높게 된다. LED 칩을 사용한 디스플레이 패널은 표면 밝기를 위해서 렌즈 내부에 확산제를 부가하였다. 확산제를 추가하면 휘도 레벨이 30% 떨어지지만 그 시각은 넓게 된다.

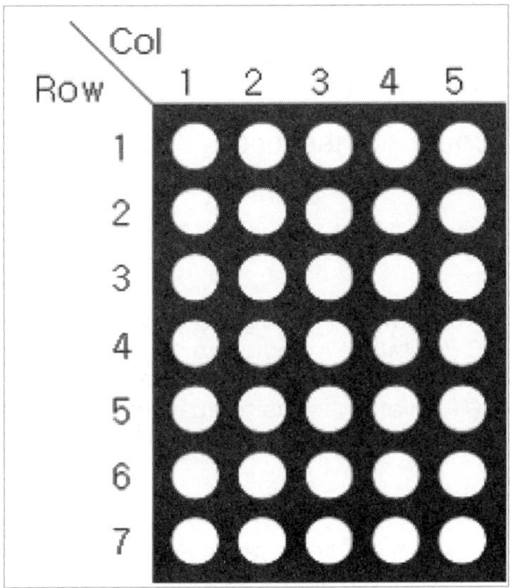

[그림 7-5] Dot Matrix 구조

1. Device Driver 프로그램

Dot Matrix는 5개의 열이 각각의 cs(Chip select)주소를 가지며, 다음과 같은 주소로 이를 각각 제어한다.

FPGA_DOT_COL_1 (0x11800000)
FPGA_DOT_COL_2 (0x11900000)
FPGA_DOT_COL_3 (0x11A00000)
FPGA_DOT_COL_4 (0x11B00000)
FPGA_DOT_COL_5 (0x11C00000)

이 주소는 물리주소 이기 때문에 커널에서는 ioremap_nocache() 함수를 이용해 가상주소로 remap하여 사용한다.

(embedded/Kernel/linux/drivers/X-HYPER_IEB/dot.c)

```
#define DOT_DEVMAJOR 232
#define DOT_DEVNAME "dot"
```

```
#define DOT_RESET 4
#define FPGA_DOT_COL_1 (0x11800000)
#define FPGA_DOT_COL_2 (0x11900000)
#define FPGA_DOT_COL_3 (0x11A00000)
#define FPGA_DOT_COL_4 (0x11B00000)
#define FPGA_DOT_COL_5 (0x11C00000)

static void *mem_dot_col1, *mem_dot_col2, *mem_dot_col3, *mem_dot_col4,
*mem_dot_col5;

#define DOT_COL_1 (*((volatile   unsigned char *)(mem_dot_col1)))
#define DOT_COL_2 (*((volatile   unsigned char *)(mem_dot_col2)))
#define DOT_COL_3 (*((volatile   unsigned char *)(mem_dot_col3)))
#define DOT_COL_4 (*((volatile   unsigned char *)(mem_dot_col4)))
#define DOT_COL_5 (*((volatile   unsigned char *)(mem_dot_col5)))

static int dot_reset(void){

GPCR(DOT_RESET) |= GPIO_bit(DOT_RESET);
GPSR(DOT_RESET) |= GPIO_bit(DOT_RESET);
return 0;
}
/*********************************************************************
** ssize_t dot_write (struct file *file, const char *buf, size_t count, loff_t
*f_pos) *
** Application 에서 dot matrix의 Column 데이터를 받아 dot matrix 주소 영역 **
** data를 넘겨주어 dot matrix led에 불이 들어 오도록 설계 하였음 **
*********************************************************************/
static ssize_t dot_write (struct file *file, const char *buf, size_t count, loff_t
*f_pos){

unsigned char dot_data[5]={0};
int col_number;
copy_from_user(dot_data, buf, count);
for ( col_number =0 ; col_number < 6 ; col_number++){
switch( col_number){
case   1 : DOT_COL_1 = dot_data[0]; break;
case 2 : DOT_COL_2 = dot_data[1]; break;
 case 3 : DOT_COL_3 = dot_data[2]; break;
 case 4 : DOT_COL_4 = dot_data[3]; break;
case 5 : DOT_COL_5 = dot_data[4]; break;
}
}
return   0;
}
```

2. Dot matrix 회로도

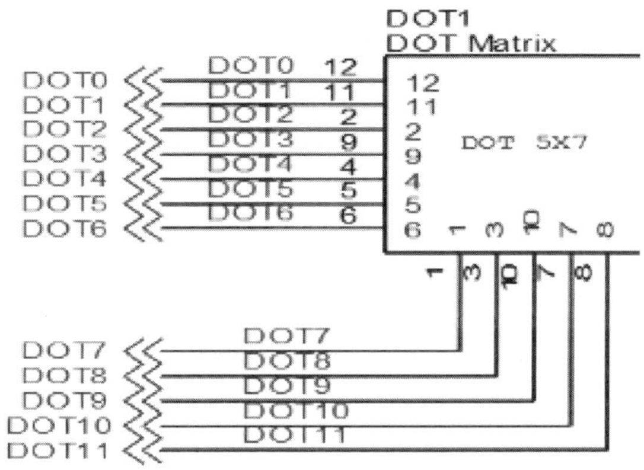

[그림 7-6] Dot Matrix 회로도

3. Dot Matrix 테스트

응용 프로그램의 소스는 driver/X-HYPER-IEB/APP/dot_test.c에 있으며, 그 디렉토리에서 make를 수행하면 dot_test란 테스트 프로그램이 컴파일 된다. 빌드된 실행파일이 이미 파일시스템(/usr/bin)에 포함되어 있으며, 타겟 보드에서 아래와 같이 실행하면 dot matrix가 동작하는 것을 확인할 수 있다.

```
[root@WENDERS /]# dot_test
```

7.4. FND

X-Hyper320-TKU 보드에서는 FPGA의 어드레스 디코딩에 의해 8개의 FND를 제어 한다. FND는 7세그먼트(Segment)라고도 하며 숫자나 간단한 기호 표현에 많이 사용된다.

7-segment LED는 a 부터 g의 7개 LED와 소수점 표시를 위한 dp(Decimal Point)의 1개 LED로 구성된다. 각 LED는 표시되는 문자의 일부분을 구성하므로 각각을 세그먼트(부분)라고 부른다.

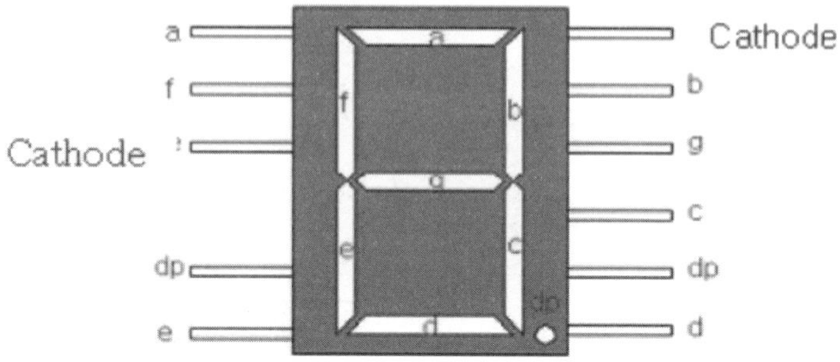

[그림 7-7] 7 Segment의 구조

1. Device Driver 프로그램

(embedded/Kernel/linux/drivers/X-HYPER_IEB/fnd.c)

```
#define FND_MAJOR 231
#define FND_NAME "fnd"
#define MAX_FND 8

#define FPGA_FND_CS0 (0x11000000)
#define FPGA_FND_CS1 (0x11100000)
#define FPGA_FND_CS2 (0x11200000)
#define FPGA_FND_CS3 (0x11300000)
#define FPGA_FND_CS4 (0x11400000)
#define FPGA_FND_CS5 (0x11500000)
#define FPGA_FND_CS6 (0x11600000)
#define FPGA_FND_CS7 (0x11700000)
```

2. FND Device Node를 아래와 같이 X-Hyper320-TKU 보드에서 확인한다. 만약 FND 노드가 없다면 mknod 명령으로 생성한다.

```
[root@WENDERS /]# ls -al /dev/FND
crw-r--r--    1 root     root     231,   0 Mar 25  2008 /dev/FND
[root@WENDERS /]#
```

3. Fnd_test 응용 프로그램
(embedded/Kernel/linux/drivers/X-HYPER_IEB/APP/fnd_test.c)

```
#include <stdio.h>
#include <stdlib.h>
#include <fcntl.h>
#include <string.h>

#define fnd_dev  "/dev/FND"

#define MAXFND 8

/*
* bit# pos
*
* --0--
* 5| |1
* --6--
* 4| |2
* --3--  o7
*/
unsigned char asc_to_fnd(int n){
unsigned char c;

switch (n) {
/* 여러가지 문자를 추가할수 있다 */
case 0: c = 0x3f; break;
case 1: c = 0x06; break;
case 2: c = 0x5b; break;
case 3: c = 0x4f; break;
case 4: c = 0x66; break;
case 5: c = 0x6d; break;
case 6: c = 0x7d; break;
case 7: c = 0x07; break;
case 8: c = 0x7f; break;
case 9: c = 0x67; break;
default: c = 0x00; break;
}
return c;
}

int main(int argc, char *av[])
{
int n=0, count=0, dev=0;
int len=0;
int i=0;
unsigned char buf[MAXFND+1];
unsigned char new_buf[MAXFND+1];

dev = open( fnd_dev, O_RDWR);
if (dev < 0) {
```

```
fprintf(stderr, "cannot open FND (%d)", dev);
exit(2);
}
while(1)
{
memset(buf,    0, sizeof(buf));
memset(new_buf,    0, sizeof(new_buf));
i=0;
printf("################################₩n");
printf(" FND TEST₩n");
printf(" press any numbers₩n");
printf(" 'q' to exit ₩n");
printf("################################₩n");

fgets(buf,sizeof(buf)+1,stdin);
len=strlen(buf);
buf[len-1]='₩0';

if(!strcmp(buf,"q"))
{
printf("FND    TEST END ₩n");
close(dev);
return    0;
}

for(n=MAXFND-len+1;n<MAXFND;n++)
{
new_buf[n]=asc_to_fnd( (buf[i]-48    ));
i++;
}

write(dev,    new_buf,MAXFND);

}
}
```

4. FND 테스트

아래를 FND 테스트 프로그램을 실행하면 8자리 FND의 count 동작을 확인 할 수 있다.

```
root@localhost:~
[root@WENDERS app]# ./fnd_test
########################################################
                        FND TEST
                     press any numbers
                                             'q' to exit
########################################################
0323
########################################################
                        FND TEST
                     press any numbers
                                             'q' to exit
########################################################
111
########################################################
                        FND TEST
                     press any numbers
                                             'q' to exit
########################################################
```

[그림 7-8] FND 테스트

7.5. 문자(Character) LCD

X-Hyper320-TKU 보드에서는 문자 LCD 사용을 위하여 HD44780 LCD 컨트롤러 모듈을 사용한다.

- 디스플레이 포맷 : 16문자 / 2라인
- 디스플레이 폰트 : 5 * 7 도트
- LCD Controller : HD44780
- +5[V]단일 전원

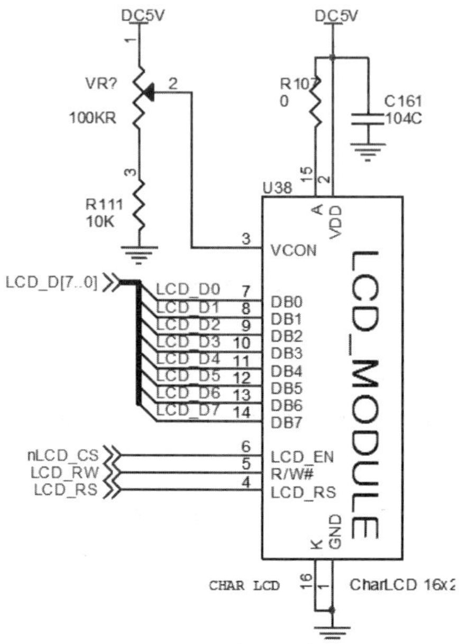

[그림 7-9] LCD Module 회로도

<표 7-1> LCD Module 핀 번호 및 기능

핀번호	기호	레벨	기능
1	Vss	–	0V
2	VDD	–	+5V
3	VL		LCD 밝기 조절
4	RS	H/L	L: 명령 입력(내부 레지스터 선택) H: 데이터 입력
5	R/W	H/L	H: 리드 (LCD모듈 -> CPU) L: 라이트 (LCD모듈 <- CPU)
6	DB0	H	enable 신호 LCD동작신호
7	DB1	H/L	데이터 버스
8	DB2	H/L	
9	DB3	H/L	
10	DB4	H/L	
11	DB5	H/L	
12	DB6	H/L	
13	DB7	H/L	
14	DB8	H/L	

1. Device Driver 프로그램

(embedded/Kernel/linux/drivers/X-HYPER_IEB/clcd.c)

```
#define CLCD_MAJOR 238
#define CLCD_NAME "clcd"

/*
FPGA
0x17800000 // CS5 : FPGA_CLCD_WR#i
0x17840000 // CS5 : FPGA_CLCD_RS
FND_D[0:7]:X_D[0:7]
*/
#define FPGA_CLCD_WR_ADD (0x12300000)
#define FPGA_CLCD_RS_ADD (0x12380000)
```

2. CLCD Device Node를 다음와 같이 X-Hyper320-TKU 보드에서 확인한다. 만약에 CLCD 노드가 없다면 mknod 명령으로 생성한다.

```
[root@WENDERS /]# ls -al /dev/CLCD
crw-r--r--    1 root     root     238,   0 Mar 25  2008 /dev/CLCD
[root@WENDERS /]#
```

3. Clcd_test 응용 프로그램

(kernel/drivers/X-Hyper_IEB/APP/clcd_test.c)

```
#include <stdio.h>
#include <stdlib.h>
#include <fcntl.h>
#include <string.h>

static char lcdDev[] = "/dev/CLCD";
static int lcdFd = (-1);

#define MAXCHR  32

main(int ac, char *av[])
{
        int n;
        char buf[MAXCHR];

        lcdFd = open( lcdDev, O_RDWR);
        if (lcdFd < 0) {
                fprintf(stderr, "cannot open LCD (%d)", lcdFd);
                exit(2);
        }

        // ioctl(lcdFd, 1, 0);
        // sleep(1);
```

```
            memset(buf, 0, sizeof(buf));
            if (ac > 1) {
                    n = strlen(av[1]);

            if (n > MAXCHR)
                    n = MAXCHR; //plus the newline
            memcpy(buf, av[1], n);
            }

    write(lcdFd, buf, MAXCHR);

    }
```

4. CLCD 테스트

아래를 응용 프로그램을 실행하면 character lcd 에 "Hello Mr.Lee"가 나타나는 것을 볼 수 있다.

```
[root@WENDERS /]# clcd_test "Embadded World"
[root@WENDERS /]#
```

7.6. Key Scan

X-Hyper320-TKU 실습장치에는 키보드 입력을 위하여 4 x 4 Key Matrix가 [그림 7-10]과 같이 구성되어 있다. 1번부터 16번까지 16개의 Push button이 있고 그중 하나를 누르면 몇 번 키가 입력되었는지 확인할 수 있다.

[그림 7-10]회로도를 보면 출력으로 4개의 데이터 라인만 사용하고, 입력 역시 4개의 데이터 라인만 사용한다.

출력과 입력 데이터 라인의 개수를 곱하면(4 x 4 = 16) 총 16이 계산된다. 즉, 검출해 낼 수 있는 최대 키의 개수가 16이라는 것을 의미한다. 16개의 키 중 어느 키가 눌러졌는지를 구분하기 위한 방법은 아래와 같다.

출력 측의 4개의 데이터 라인인 KEYOUT0, KEYOUT1, KEYOUT2, KEYOUT3 중 하나의 라인만 1로 set하고 나머지 라인은 0으로 되어야 한다. KEYOUT0이 1로 set 되면 KEYIN0 ~ KEYIN3 의 입력을 통해서 KEY4, KEY8, KEY12, EY16중 어느 KEY가 눌러졌는지를 알 수 있다.

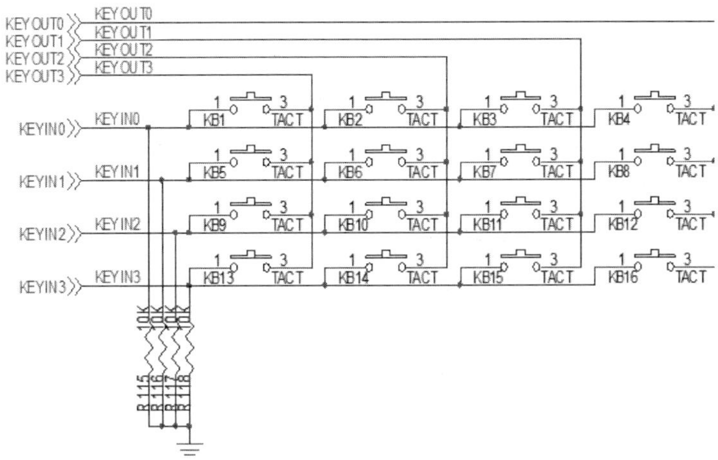

[그림 7-10] Key Matrix 회로도

또한 KEYOUT1 ~ KEYOUT3 역시 마찬가지로 KEYIN0 ~ KEYIN3의 입력값을 읽음으로써 어느 KEY가 입력되었지 알 수 있다. 먼저 무한루프를 돌려서 KEYOUT0 ~ KEYOUT3까지 한라인만 1로 set 한다. (KEYOUT0을 1로 set 하면 나머지 KEYOUT1 ~ KEYOUT3 데이터 라인은 0 이다.) 이때 키가 눌러지면 KEYIN 에서는 어떤 값이 입력 될 것이다. KEYIN 값이 0 이면 키가 눌러지지 않은 경우이므로 무한루프가 계속 돌면서 KEYOUT으로 데이터를 보내게 된다.(KEYOUT0, KEYOUT1, KEYOUT2, KEYOUT3 이 순서대로 하나의 라인만 1로 set된다.) KEYIN 에 어떤 값이 입력되어졌을 때 KEYOUT 중 어디에서 데이터가 출력이 됐는지를 검사한다. 만약에 KEYOUT0에서 데이터가 출력되었다면 KEYIN의 값을 읽어서 KEY13 ~ KEY16중 어느 키 입력이 눌러졌는지를 알 수 있다. KEYIN0로 값이 입력되면 KEY13이 입력된 것이고, KEYIN1로 입력이 있으면 KEY14가 입력된 것이고, KEYIN2로 입력이 있으면 KEY15가 눌러진 것이고, 그리고 KEYIN3로 입력이 있으면 KEY16이 눌러진 것을 알 수 있다.

1. Device Driver 프로그램

(embedded/Kernel/linux/drivers/X-HYPER_IEB/key.c)

```
#define KEY_MAJOR 233
#define KEY_NAME "key"
#define SCAN_NUM 4

#define FPGA_KEY_OUT (0x11D00000)
#define FPGA_KEY_IN (0x11E00000)
```

2. 아래와 같이 KEY Device Node를 X-Hyper320-TKU 보드에서 확인한다. 만약에 KEY 노드가 없다면 mknod 명령으로 생성한다.

```
[root@WENDERS /]# ls -al /dev/KEY
crw-r--r--    1 root     root      233,   0 Mar 25  2008 /dev/KEY
[root@WENDERS /]#
```

3. Key_test 응용 프로그램

(embedded/Kernel/linux/drivers/X-HYPER_IEB/APP/key_test.c)

```
#include <termios.h>
#include <stdio.h>
#include <stdlib.h>
#include <unistd.h>
#include <fcntl.h>
#include <sys/signal.h>
#include <sys/types.h>
#include <string.h>
#include <asm/ioctls.h>

#define KEY_NUM1 1
#define KEY_NUM2 2
#define KEY_NUM3 3
#define KEY_NUM4 4
#define KEY_NUM5 5
#define KEY_NUM6 6
#define KEY_NUM7 7
#define KEY_NUM8 8
#define KEY_NUM9 9
#define KEY_NUM10 10
#define KEY_NUM11 11
#define KEY_NUM12 12
#define KEY_NUM13 13
#define KEY_NUM14 14
#define KEY_NUM15 15
```

```
#define KEY_NUM16 16

#define dbg(x...) printf(x)

static char keyDev[] = "/dev/KEY";
static int keyFd = (-1);

unsigned char key_get(int tmo)
{
        unsigned char b;

        if (tmo) {
                if (tmo < 0)
                        tmo = ~tmo * 1000;
                else
                tmo *= 1000000;
                while (tmo > 0) {
                        usleep(10000);
                        ioctl(keyFd, FIONREAD, &b);
                        if (b) return(b);
                        tmo -= 10000;
                }
                return(-1); /* timeout */
        }
        else {
                read(keyFd, &b, sizeof(b));
                return(b);
        }
}

int main()
{
        unsigned char c;

        if((keyFd = open( keyDev, O_RDONLY )) < 0){ // KEY open
                perror("open faile /dev/key");
                exit(-1);
        }

        while(1){
                c = key_get(10);
                switch (c) {
                case KEY_NUM1: dbg("KEY_NUM1₩n"); break;
                case KEY_NUM2: dbg("KEY_NUM2₩n"); break;
                case KEY_NUM3: dbg("KEY_NUM3₩n"); break;
                case KEY_NUM4: dbg("KEY_NUM4₩n"); break;
                case KEY_NUM5: dbg("KEY_NUM5₩n"); break;
                case KEY_NUM6: dbg("KEY_NUM6₩n"); break;
                case KEY_NUM7: dbg("KEY_NUM7₩n"); break;
                case KEY_NUM8: dbg("KEY_NUM8₩n"); break;
                case KEY_NUM9: dbg("KEY_NUM9₩n"); break;
                case KEY_NUM10: dbg("KEY_NUM10₩n"); break;
```

```
                    case KEY_NUM11: dbg("KEY_NUM11₩n"); break;
                    case KEY_NUM12: dbg("KEY_NUM12₩n"); break;
                    case KEY_NUM13: dbg("KEY_NUM13₩n"); break;
                    case KEY_NUM14: dbg("KEY_NUM14₩n"); break;
                    case KEY_NUM15: dbg("KEY_NUM15₩n"); break;
                    case KEY_NUM16: dbg("KEY_NUM16₩n"); break;
                    default: /* timeout */ break;
                    }
          }
          return 0;
}
```

4. KEY 테스트

키 스캔의 테스트는 key_test를 실행한 후, 키 버튼를 누르면 해당 키에 대한 출력 화면을 [그림 7-11]과 같이 볼 수 있다.

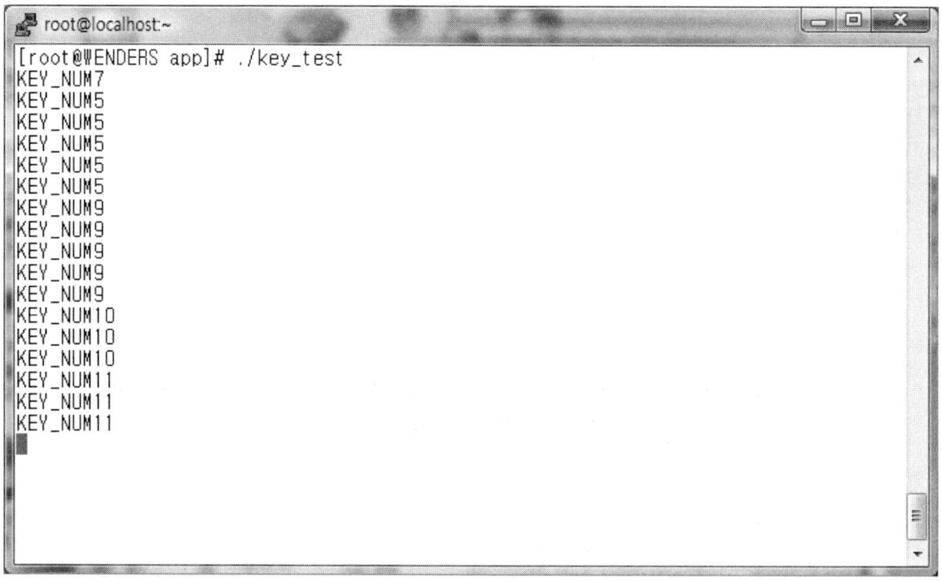

[그림 7-11] Key test 실행화면

7.7. ADC / DAC

ADC 및 DAC는 아래의 물리 주소로 각각 할당되어 있으며, ADC는 변환된 값을 FPGA_ADC_CS로 읽으면 되며, 그리고 DAC는 FPGA_DAC_CS에 출력값을 출력하면 전압값이 출력된다. DAC의 출력 범위는 0.0V ~5.0V 까지 허용된다.

FPGA_ADC_CS (0xf2000000) (가상 address)
FPGA_DAC_CS (0xf1f00000) (가상 address)

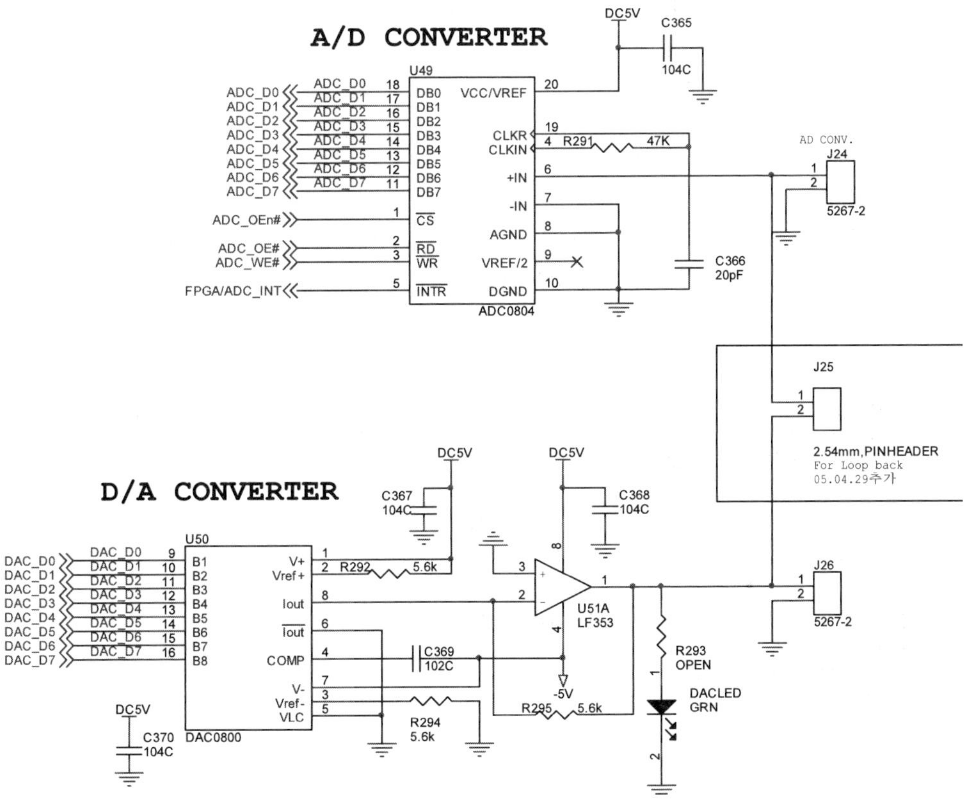

[그림 7-12] ADC/DAC 회로도

1. Device Driver 프로그램

(embedded/Kernel/linux/drivers/X-HYPER_IEB/adc.c)

```
#define ADC_MAJOR 247
#define ADC_NAME "ADC"

#define FPGA_ADC_CS 0xf2000000
#define ADC_CS (*((volatile unsigned short *)(FPGA_ADC_CS)))
#define IRQ_ADC IRQ_GPIO(4)
```

2. Device Driver 주소 및 이름 정의

(embedded/Kernel/linux/drivers/X-HYPER_IEB/dac.c)

```
#define DAC_MAJOR 248
#define DAC_NAME "DAC"
#define FPGA_DAC_CS 0xf1f00000
#define DAC_CS (*((volatile unsigned short *)(FPGA_DAC_CS)))
```

3. ADC 및 DAC의 Device Node를 X-Hyper320-TKU 보드에서 확인한다. 만약 아래와 같은 노드가 없다면 mknod 명령으로 만들어 주면 된다.

```
[root@WENDERS /]# ls -al /dev/ADC
crw-r--r--    1 root     root     247,   0 Mar 25  2008 /dev/ADC
[root@WENDERS /]#
```

< ADC >

```
[root@WENDERS /]# ls -al /dev/DAC
crw-r--r--    1 root     root     248,   0 Mar 25  2008 /dev/DAC
[root@WENDERS /]#
```

< DAC >

4. Adc_test 응용 프로그램

(embedded/Kernel/linux/drivers/X-HYPER_IEB/APP/adc_test.c)

```
#include <stdio.h>
#include <stdlib.h>
#include <fcntl.h>
#include <string.h>

static char adcDev[] = "/dev/ADC";
static int adcFd = (-1);

int main()
{
        unsigned char data;
        adcFd = open(adcDev, O_RDWR );

        if (adcFd < 0) {
                fprintf(stderr, "cannot open ADC (%d)", adcFd);
                exit(2);
        }

        while(1)
        {
                read(adcFd, &data, sizeof(data));
                printf("adc result: %x₩n", data);
                sleep(1);
        }
}
```

5. Dac_test 응용 프로그램
(embedded/Kernel/linux/drivers/X-HYPER_IEB/APP/dac_test.c)

```
#include <stdio.h>
#include <stdlib.h>
#include <fcntl.h>
#include <string.h>

static char DACDev[] = "/dev/DAC";
static int DACFd = (-1);


main(int argc, char *argv[])
{
int n;
char data[1];
int buf;

DACFd = open( DACDev, O_RDWR);

if (DACFd < 0)
{
printf("cannot open DAC (%d)", DACFd);
exit(2);
}
if(argc<2)
{
printf("Usage : dac_test [data]₩n");
close(DACFd);
return 0;
}

buf=(int) atoi(argv[1]);
data[0]=(char) buf;
printf("dac_test = %d ₩n",data[0]);


write(DACFd, data, sizeof(char));
close(DACFd);

}
```

6. ADC 및 DAC 테스트

adc_test 실행을 하기 전에 Loop back jumper를 연결하고 adc_test를 백그라운드로 실행시키고 dac_test에 인자로 출력 값을 입력한다. DAC로 출력한 값을 ADC 테스트 adc_test에서 출력 값을 확인해본다.

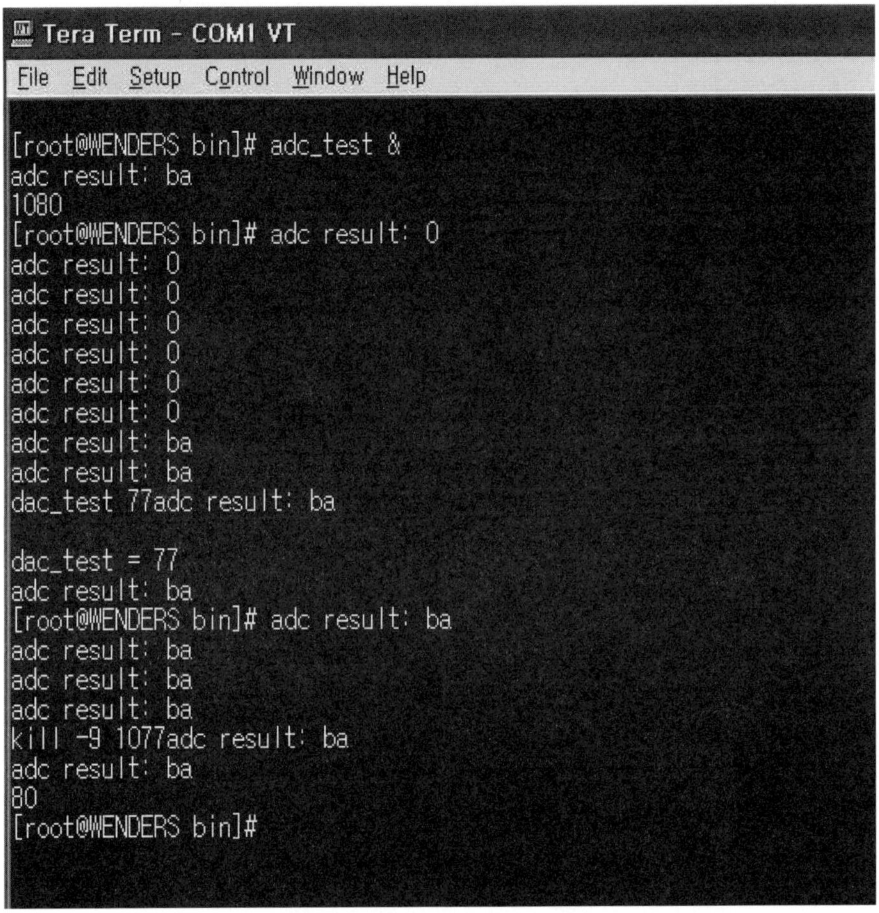

[그림 7-13] ADC/DAC 실행화면

7.8. Stepper Motor

X-Hyper320-TKU 보드의 Stepper Motor 장치는 입력 펄스로 구동하며, L297 구동 IC를 사용하여 디지털 값으로 방향 및 속도를 제어하도록 설계되었다.

Step 모터는 정확한 각도 제어에 유리하여 지폐 계수기, 팩시밀리, 위치제어, 프린터 제어 등 각종 OA 및 FA에 많이 사용되고 있다.

L297은 모터를 제어하는 스텝모터 제어기(Stepper Motor Controller)이다.

HALF STEP MODE를 보면 4개의 펄스 위상을 가지고 스테핑 모터를 제어하게 된다. L297의 장점으로 회로가 간단하고 크기가 작으며 평균 200에서 250mA 정도의 적은 소모전류와 2000에서 4000pps 이상의 고속구동이 가능하다는 것이다.

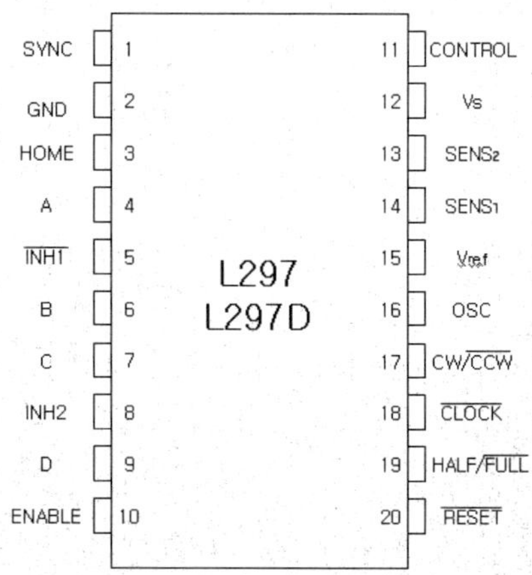

[그림 7-14] L297/L297D 핀 기능

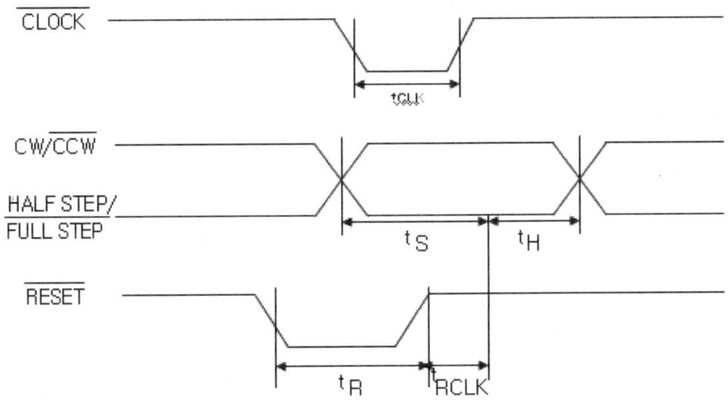

[그림 7-15] stepper motor 타이밍 사이클

CW/CCW 핀은 모터를 시계방향으로 회전하는지, 또는 반시계 방향으로 회전하는지를 결정한다. HIGH 신호를 주면 CW(시계방향) 으로 회전하며, 그리고 LOW 신호를 주면 CCW(반시계 방향)으로 회전한다.

ENABLE 핀은 L297을 동작시키는 핀으로, ENABLE 핀에 HIGH 신호를 주지 않으면 L297 구동 장치가 동작을 하지 않는다.

CLK 핀은 입력 Clock 을 의미하며, 이 입력 클록에 의해 모터의 속도가 결정된다. 즉, 입력 클록의 주파수가 높으면 그만큼 모터의 회전 속도가 빨라지고 주파수가 낮으면 회전 속도가 느려진다(프로그램상에서 타이머 인터럽트 시간을 가감하여 모터의 속도를 조절한다).

1. Device Driver 프로그램

(embedded/Kernel/linux/drivers/X-HYPER_IEB/st_motor.c)

```
#define ST_MOTOR_MAJOR 236
#define ST_MOTOR_NAME "st_motor"
#define FPGA_ST_MOTOR_CS (0x12100000)

#define OSTIMER_IRQ IRQ_OST2

#define Sec_Clk 3686400
#define Usec_Clk (Sec_Clk/100000) // 100uSec

#define OSTIMER_ON OIER |= OIER_E2; OSSR = OSSR_M2
#define OSTIMER_OFF OIER    &= ~OIER_E2; OSSR = OSSR_M2
```

2. ST_MOTOR Device Node를 아래와 같이 X-Hyper320-TKU 보드에 서 확인한다. 만약에 노드가 없다면 mknod 명령으로 생성한다.

```
[root@WENDERS /]# ls -al /dev/ST_MOTOR
crw-r--r--    1 root     root     236,   0 Mar 25  2008 /dev/ST_MOTOR
[root@WENDERS /]#
```

3. St_motor_test 응용 프로그램

(embedded/Kernel/linux/drivers/X-HYPER_IEB/APP/st_motor_test.c)

```
#include <stdio.h>
#include <stdlib.h>
#include <fcntl.h>
#include <string.h>

#define MOTOR_Forward 0x1
#define MOTOR_Reverse 0x2
#define MOTOR_SpeedUp 0x3
#define MOTOR_SpeedDown 0x4
#define MOTOR_STOP 0x5

#define stmotor_dev "/dev/ST_MOTOR"

int main_menu(void){
int key;
printf("₩n₩n");
printf("********** MOTOR menu **********₩n");
printf("* 1. MOTOR Forward *₩n");
printf("* 2. MOTOR Reverse *₩n");
printf("* 3. MOTOR Speed Up *₩n");
printf("* 4. MOTOR Speed Down *₩n");
printf("* 5. MOTOR STOP *₩n");
printf("* 6. *₩n");
printf("* 7. *₩n");
printf("* 8. *₩n");
printf("* 9. *₩n");
printf("* 0. Exit Program *₩n");
printf("********************************₩n");
printf("₩n₩n");

printf("select the command number : ");
scanf("%d",&key);
return key;
```

```
}

main(int ac, char *av[]){
int key, dev;

dev = open(stmotor_dev, O_RDWR );
if ( dev < 0) {
fprintf(stderr, "cannot open ST_MOTOR (%d)", dev);
exit(2);
}

while((key = main_menu()) != 0){
switch(key){
case 1: printf("₩t MOTOR Forward ₩n");
ioctl(dev, MOTOR_Forward, 0);
break;
case 2: printf("₩t MOTOR Reverse ₩n");
ioctl(dev, MOTOR_Reverse, 0);
break;
case 3: printf("₩t MOTOR Speed Up ₩n");
ioctl(dev, MOTOR_SpeedUp, 0);
break;
case 4: printf("₩t MOTOR Speed Down ₩n");
ioctl(dev, MOTOR_SpeedDown, 0);
break;
case 5: printf("₩t MOTOR Stop ₩n");
ioctl(dev, MOTOR_STOP, 0);
break;
default: printf("₩t Unknow command... ₩n");
break;
}
}
ioctl(dev,5,0);
}
```

4. ST_MOTOR 테스트

./st_motor_test를 실행하면 아래와 같은 메뉴가 화면에 출력된다. 아래 화면에서 보는 바와 같이 키보드 1번 키를 누르면 스텝모터 정회전, 2번 역회전, 3번 속도 증가, 4번 속도 감소, 그리고 0번 프로그램 종료이다.

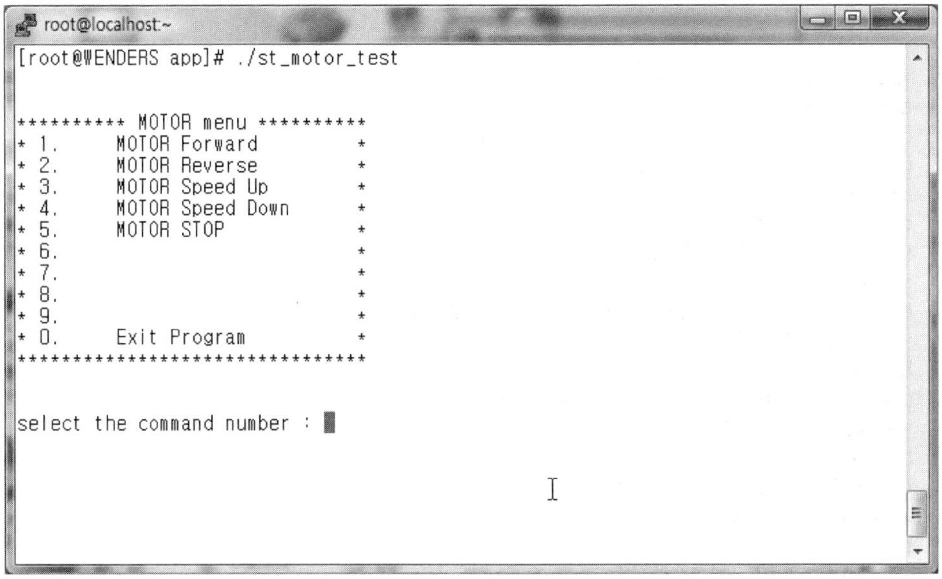

[그림 7-16] stepper motor 실행화면

7.9. DC Motor

DC 모터는 전자기력을 응용하여 전기에너지를 기계적에너지로 바꾸어 회전력을 생성시키게 된다. DC Motor는 직류전원만 연결하면 바로 구동되어 회전제어가 쉽고 가격이 저렴하여 많은 곳에 응용 되고 있다. 그러나 스파크, 회전소음, 짧은 수명의 단점이 있기도 하다.

X-Hyper320-TKU 보드에서는 DC Motor를 제어하기위해 L298P(PowerSO20 package) 구동장치를 사용하였다.

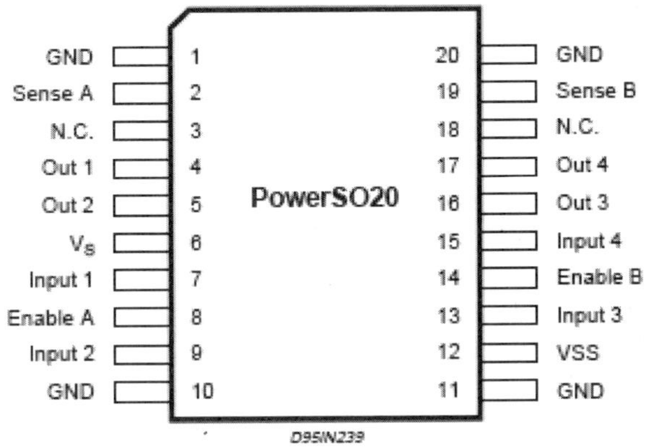

[그림 7-17] PowerSO20 핀번호

<표 7-2> PowerSO20 핀 기능

PowerSO	Name	Function
2;19	Sense A; Sense B	Between this pin and ground is connected the sense resistor to control the current of the load.
4;5	Out 1; Out 2	Outputs of the Bridge A; the current that flows through the load connected between these two pins is monitored at pin 1.
6	V_S	Supply Voltage for the Power Output Stages. A non-inductive 100nF capacitor must be connected between this pin and ground.
7;9	Input 1; Input 2	TTL Compatible Inputs of the Bridge A.
8;14	Enable A; Enable B	TTL Compatible Enable Input: the L state disables the bridge A (enable A) and/or the bridge B (enable B).
1,10,11,20	GND	Ground.
12	VSS	Supply Voltage for the Logic Blocks. A100nF capacitor must be connected between this pin and ground.
13;15	Input 3; Input 4	TTL Compatible Inputs of the Bridge B.
16;17	Out 3; Out 4	Outputs of the Bridge B. The current that flows through the load connected between these two pins is monitored at pin 15.
3;18	N.C.	Not Connected

1. Device Driver 프로그램

(embedded/Kernel/linux/drivers/X-HYPER_IEB/dc_motor.c)

```
#define DEVMAJOR 237
#define DEVNAME "dc_motor"

int motor_speed = 500;
static unsigned short dc_motor_port;

static void DC_MOTOR_Init(void)
{
        /*  MOTOR_ClearBit(0) // clk low
```

```
        MOTOR_ClearBit(1) // enable low
        MOTOR_ClearBit(2) // cw/ccw low
        MOTOR_ClearBit(3) // reset low
        MOTOR_ClearBit(4) // reset low
        MOTOR_ClearBit(5) // reset low
        */
        MOTOR_SetBit(0) // clk low
        MOTOR_SetBit(1) // enable low
        MOTOR_SetBit(2) // cw/ccw low
        MOTOR_SetBit(3) // reset low
        MOTOR_SetBit(4) // reset low
        MOTOR_SetBit(5) // reset low
}
```

2. DC_MOTOR Device Node를 아래와 같이 X-Hyper320-TKU 보드에서 확인한다. 만약에 동일한 노드가 없다면 mknod 명령으로 만들어 주면 된다.

```
[root@WENDERS /]# ls -al /dev/DC_MOTOR
crw-r--r--    1 root     root     237,   0 Mar 25  2008 /dev/DC_MOTOR
[root@WENDERS /]#
```

3. Dc_motor_test 응용 프로그램

(embedded/Kernel/linux/drivers/X-HYPER_IEB/APP/dc_motor_test.c)

```
#include <termios.h>
#include <stdio.h>
#include <stdlib.h>
#include <unistd.h>
#include <fcntl.h>
#include <sys/signal.h>
#include <sys/types.h>
#include <string.h>

#include "motor.h"

#define _IOCTL_LEFT_FORWARD 1
#define _IOCTL_LEFT_REVERSE 2
#define _IOCTL_LEFT_STOP 3

#define _IOCTL_RIGHT_FORWORD 4
#define _IOCTL_RIGHT_REVERSE 5
```

```
#define _IOCTL_RIGHT_STOP 6



static unsigned short flag;

int main()
{
        int fd;
        int key;

        fd = open("/dev/DC_MOTOR", O_RDWR );

        if (fd <0) {perror("/dev/DC_MOTOR"); exit(-1); }
        else
                printf("MOTOR detected ₩n");

        while((key =    main_menu()) != 0){
                switch(key){
                case 1:
                        ioctl(fd, 1, flag);
                        break;
                case 2:
                        ioctl(fd, 2, flag);
                        break;
                case 3:
                        ioctl(fd, 3, flag);
                        break;
                case 4:
                        ioctl(fd, 4, flag);
                        break;
                case 5:
                        ioctl(fd, 5, flag);
                        break;
                case 6:
                        ioctl(fd, 6, flag);
                        break;
                case 7:
                        ioctl(fd, 7, flag);
                        break;
                case 8:
                        ioctl(fd, 8, flag);
                        break;
                case 9:
                        ioctl(fd, 9, flag);
                        break;
                case 0:
```

```
                        printf("₩n₩t₩t₩t Exit Program ₩n");
                        break;
                default: printf ("unknow command₩n");
                break;
                } // end of switch
        } // end of while
}

int main_menu(void)
{
        int key;
        printf("₩n₩n");
        printf("********** MOTOR menu **********₩n");
        printf("* 1. MOTOR LEFT Forward *₩n");
        printf("* 2. MOTOR LEFT Reverse *₩n");
        printf("* 3. MOTOR LEFT Stop *₩n");
        printf("* 4. MOTOR RIGHT Forward *₩n");
        printf("* 5. MOTOR RIGHT Reverse *₩n");
        printf("* 6. MOTOR RIGHT Stop *₩n");
        printf("* 7. *₩n");
        printf("* 8. *₩n");
        printf("* 9. *₩n");
        printf("* 0. Exit Program *₩n");
        printf("********************************₩n");
        printf("₩n₩n");

        printf("select the command number : ");
        scanf("%d",&key);
        return key;
}
```

4. DC_MOTOR 테스트

./dc_motor_test를 실행하면 [그림7-18]와 같은 메뉴가 화면에 출력된다. [그림7-18]에서 보는 바와 같이 키보드 1번키를 누르면 왼쪽 모터 회전, 2번은 왼쪽 모터 뒤로, 4번은 오른쪽 모터 회전, 5번은 오른쪽 모터를 뒤로 회전시키며, 그리고 3번 및 6번은 각각 좌우 모터가 정지된다. 또한 0번은 테스트 프로그램 종료이다.

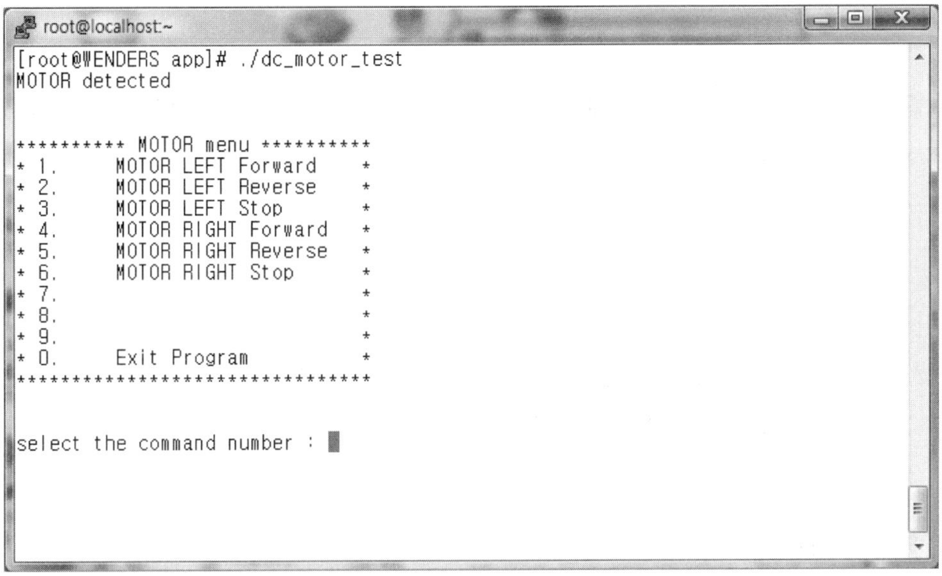

[그림 7-18] DC Motor 실행화면

7.10. Touch Screen

Touch Screen 장치는 외부 칩셋이 아닌 내부 컨트롤러를 통하여 사용되며, 구동 프로그램인 tslib를 이용하기 위해 event 디바이스로 등록하여 사용한다. 소스코드는 drivers/input/touchscreen/pxa.c 이다.

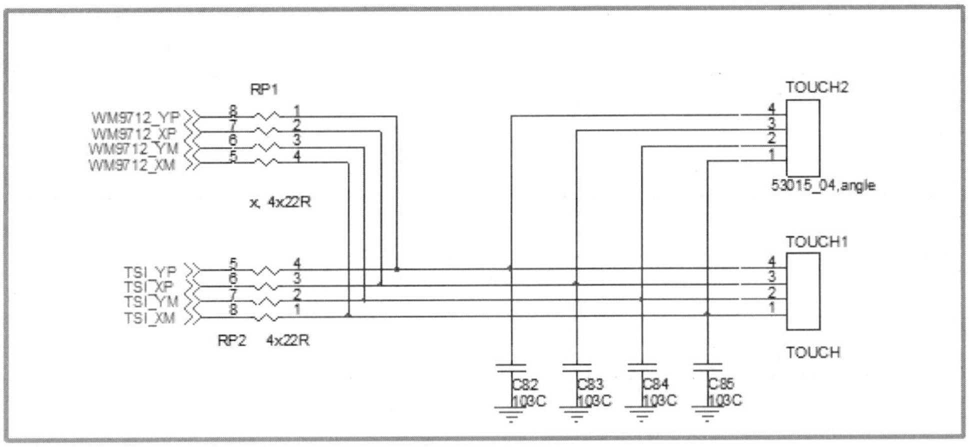

[그림 7-19] Touch Screen 회로도

1. Touch Screen 테스트

Tslib 라이브러리에서 제공된 아래와 같은 응용프로그램으로 Touch Screen을 테스트 할 수 있다

ts_calibrate : 좌표 보정 프로그램
ts_harvest : sampling 테스트
ts_print : 보정된 터치 data 출력
ts_print_raw : 보정 되지 않은 터치 data 출력
ts_test : 드래그, 드로우 테스트

7.11. UART

PXA320은 세개의 UART를 지원하며, Full Function UART (FFUART), Bluetooth UART(BTUART), Standard UART(STUART)이다. 본 시스템에서는 추가로 16C554A를 확장하여 4Port를 추가하였다.

<표 7-3> UART 설정

Port	Signals	Level	UART Name	Part Name
COM1(ttyS0)	Rx/Tx	RS232	FFUART	DEBUG1
COM2(ttyS1)	Rx/Tx	RS232	BTUART	Not used
COM3(ttyS2)	Full Function	TTL	EXT A	CON2
COM4(ttyS3)	Full Function	TTL	EXT B	CON3
COM5(ttyS4)	Full Function	RS232	EXT C	J8
COM6(ttyS5)	Full Function	RS232	EXT D	J9
COM7(ttyS6)	Rx/Tx	TTL	STUART	

► **Device Node**

```
/dev/ttyS0 FFUART(main serial console)
/dev/ttyS1 BTUART (extra serial)
/dev/ttyS2 16C554 A
/dev/ttyS3 16C554 B
/dev/ttyS4 16C554 C
/dev/ttyS5 16C554 D
/dev/ttyS6
```

► **Device Driver 프로그램**

```
drivers/serial/pxa.c PXA320 Serial Function Device Driver
drivers/serial/serial_core.c  Serial Core Device Driver
```

► **Kernel Configuration 구성**

```
Character devices --->
Serial drivers --->
[*] PXA2xx/PXA3xx Processor serial port support
[*] Console on PXA2xx/3xx Processor serial port
```

► **Platform Device 설정**

```
static struct platform_device ffuart_device = {
.name = "pxa2xx-uart",
.id = 0,
};
static struct platform_device btuart_device = {
.name = "pxa2xx-uart",
.id = 1,
};
static struct platform_device stuart_device = {
.name = "pxa2xx-uart",
.id = 2,
};
```

7.12. RTC

X-Hyper320-TKU에서 외부 RTC 칩으로 RTC4513을 사용한다.

RTC4513은 Deivce Driver로 접근하는 것이 아니고, Kernel Time과 동기화를 시키기 위해 커널소스에 직접 포함이 되어있다.

► RTC 프로그램

```
arch/arm/mach-pxa/rtc4513.c
arch/arm/mach-pxa/wenders.c
```

► RTC 테스트

```
[root@xhyper ~]# date 2007.11.8-18:14:00
Tue Nov  8 18:14:00UTC2007
[root@xhyper ~]#
```

위와 같이 설정한 후 보드를 재 구동(전원 Off후 On) 현재의 시간이 RTC에 저장되어 있다.

7.13. USB Slave

PXA320에서 지원하는 USB Slave를 이용하여, USB-Ethernet을 사용하는 방법을 기술한다.

1. Kernel Configuration 구성

```
USB support --->
USB Gadget Support --->
<*> Support for USB Gadgets
USB Peripheral Controller (PXA3xx Processor USB 1.1 controller)  --->
<*> USB Gadget Drivers (Ethernet Gadget (with CDC Ethernet support))
--->
[*] RNDIS support (EXPERIMENTAL) (NEW)
```

2. USB Network 설정

Host PC IP(usb0) :10.0.0.1, X-HYPER320-TKU IP(usb0) : 10.0.0.2

- Target Board

```
[root@xhyper ~]# ifconfig usb0 10.0.0.2
```

위와 같이 설정한 후 USB Cable을 연결하면 Host PC에서 다음과 같이 메시지가 출력된다.

- Host PC

```
#tail -f /var/log/message
Apr 8 15:43:01kernel:usb.c:registerednewdriverusbnet
Apr 8 16:24:58kernel:usb0:registerusbnet001/005,LinuxDevice
Apr 8 16:24:59kernel:NET4:LinuxIPX0.46forNET4.0
Apr 8 16:24:59kernel:IPXPortionsCopyright(c)1995Caldera,
Apr 8 16:24:59kernel:NET4:AppleTalk0.18aforLinuxNET4.0
```

위의 출력 화면은 사용자의 배포판마다 다소 차이가 발생한다.
연결 후 ifconfig -a를 실행하면 usb0 장치가 생성되는 것을 알 수 있다.

- Host PC

```
[root@xhyper ~]# ifconfig usb0 10.0.0.1
```

IP를 부여한 후 Target Board와 통신이 가능하다.

7.14. USB Host

PXA320은 USB 1.1 Host Controller를 지원하며 사양은 아래와 같다.

- ► USB Rev. 1.1 compatible
- ► Low-speed and full-speed supports.
- ► Open Host Controller Interface(OHCI) Rev 1.0a compatible.

<표 7-4> Signal Description

Name	Type	Description
USBHPWR<3:1>	Input	Over-current indicator from ports 3, 2 and 1
USBH_P<3:1>	Inout	Data positive to ports 3, 2 and 1
USBH_N<3:1>	Inout	Data minus to ports 3, 2 and 1.
USBHPEN<3:1>	Output	Controls power to the USB ports

1. Device Driver 프로그램

```
drivers/usb/host/ohci-hcd.c OHCI Hosr Contoller Driver
drivers/usb/host/ohci-pxa3xx.c PXA320 OHCI Function Driver
```

2. Kernel Configuration(USB Host Controller) 구성

```
USB support --->
<*> Support for Host-side USB
[*] USB device filesystem
<*> OHCI HCD support
```

3. USB Device 테스트

► USB Mass Storage Class

USB Mass Storage는 SCSI device로 emulation된다. 그러므로 다음과 같이 SCSI support를 enable 해주어야 한다.

```
SCSI device support --->
[*] legacy /proc/scsi/ support
<*> SCSI disk support
USB support --->
<*> USB Mass Storage support
```

위와 같이 Kernel 설정을 수행한 후, 컴파일하여 새로운 Kernel을 타겟에 다운로드하여 구동한다.

► 파티션 설정

```
[root@Xhyper /root]# fdisk /dev/sda
```

► 마운트

```
[root@Xhyper /root]# mkdir /mnt/usb
[root@Xhyper /root]# mount /dev/sda1 /mnt/usb
```

► USB Keyboard

USB Keyboard의 설정은 다음과 같다.

```
Input device support --->
[*] Keyboards
USB support --->
<*> USB Human Interface Device (full HID) support
[*] HID input layer support
```

위와 같이 Kernel 설정을 한 후, 컴파일하여 새로운 Kernel을 올린다.

► USB Mouse

USB Mouse의 설정은 다음과 같다.

```
Input device support --->
(1024) Horizontal screen resolution
(768) Vertical screen resolution
USB support --->
<*> USB Human Interface Device (full HID) support
[*] HID input layer support
```

위와 같이 Kernel 설정을 한 후, 컴파일하여 새로운 Kernel을 올린다.

7.15. MMC/SD/SDIO

MMC/SD/SDIO 제어기(Controller)는 표준 Memory card와의 직렬 인터페이스(Serial interface)를 제공한다. 본 제어기는 MMC나 SPI mode로 최대 2개의 카드를 지원한다. MMC 제어기는 메모리 장치로부터 DMA 방식을 지원하는 FIFO를 포함한다.

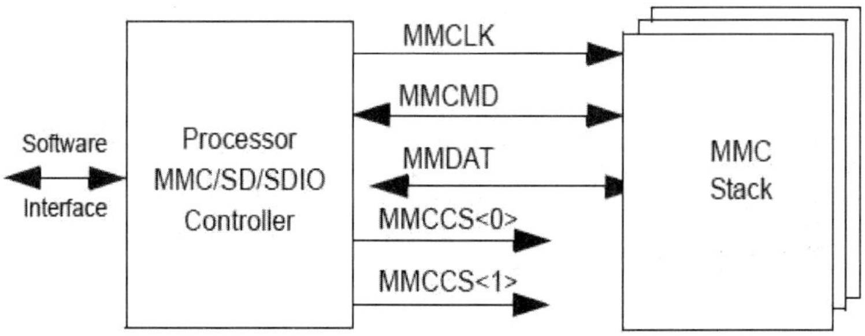

[그림 7-20] MMC (MMC Protocol) System Interaction

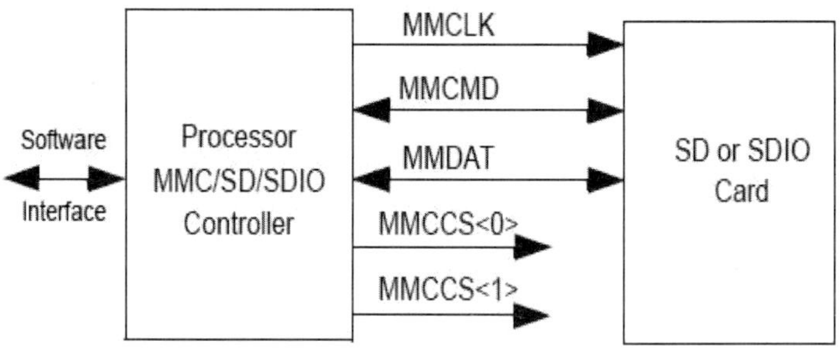

[그림 7-21] SD/SDIO (SD or SDIO Protocol) System Interaction

1. Device Driver 프로그램

```
drivers/mmc/mhn_controller.c MMC subsystem core implementation
drivers/mmc/mmc_prot.c Driver for PXA32X MMC controller
drivers/mmc/mss_block.c Driver for the block device on the MMC
```

2. Device Node 확인

```
/dev/mmc MMC node
/dev/mmc1 MMC partition 1
/dev/mmc2 MMC partition 2
/dev/mmc3 MMC partition 3
```

3. Kernel Configuration 구성

```
MMC/SD Card support --->
<*> MMC support
<*> MMC block device driver
<*> MMC protocol
<*> Zylonite Multimedia Card Interface support
```

4. MMC Partition 설정

```
[root@xhyper /root]# fdisk /dev/mmc
The number of cylinders for this disk is set to 31360.
There is nothing wrong with that, but this is larger than 1024,
and could in certain setups cause problems with:
1) software that runs at boot time (e.g., old versions of LILO)
2) booting and partitioning software from other OSs (e.g., DOS FDISK, OS/2
FDISK)

Command (m for help):p
Disk /dev/mmcda: 1 heads, 1 sectors, 31360 cylinders
Units = cylinders of 1 * 512 bytes

Device Boot Start End Blocks Id System
/dev/mmc123136015679+83 Linux

/* 이미 파티션이 잡혀 있다면 이를 지워준다. */
Command (m for help): d
Partition number (1-4): 1
Command (m for help): p
```

```
Disk /dev/mmcda: 1 heads, 1 sectors, 31360 cylinders
Units = cylinders of 1 * 512 bytes

Device Boot Start End Blocks Id System

Command (m for help):

/* 파티션을 잡아준다. */
Command (m for help): n
Command action
e extended
p primary partition (1-4)
p
Partition number (1-4): 1
First cylinder (2-31360, default 2): ¿
Using default value 2
Last cylinder or +size or +sizeM or +sizeK (2-31360, default 31360):¿
Using default value 31360

Command (m for help): p

Disk /dev/mmcda: 1 heads, 1 sectors, 31360 cylinders
Units = cylinders of 1 * 512 bytes

Device Boot Start End Blocks Id System
/dev/mmcda123136015679+ 83 Linux

Command (m for help):

/* 파티션을 저장하고 빠져 나온다.
Command (m for help): w
The partition table has been altered!

Calling ioctl() to re-read partition table.

WARNING: If you have created or modified any DOS 6.x
partitions, please see the fdisk manual page for additional
information.
Syncing disks.
[root@xhyper /root]#
```

5. MMC Format

```
[root@xhyper /root]# mkfs.ext2 /dev/mmc1
mke2fs 1.19, 13-Jul-2000forEXT2FS0.5b,95/08/09
Filesystem label=
OS type: Linux
Block size=1024 (log=0)
Fragment size=1024 (log=0)
3920 inodes, 15679 blocks
783 blocks (4.99%) reserved for the super user
First data block=1
2 block groups
8192 blocks per group, 8192 fragments per group
1960 inodes per group
Superblock backups stored on blocks: 8193
Writing inode tables: done
Writing superblocks and filesystem accounting   information: ¿
[root@xhyper /root]#
```

6. MMC Mount

```
[root@xhyper /root]# mount /dev/mmc1 /media/mmc/
[root@xhyper /root]# df
Filesystem 1k-blocks Used Available Use% Mounted on
/dev/root 30976 20788 10188 68% /
/dev/mmc1151801314384 1% /media/mmc
[root@xhyper /root]# mount
/dev/root on / type jffs2 (rw)
ramfs on /etc/tmp type ramfs (rw)
ramfs on /etc/var type ramfs (rw)
ramfs on /root type ramfs (rw)
/proc on /proc type proc (rw)
none on /dev/pts type devpts (rw)
/dev/mmc1 on /media/mmc type ext2 (rw)
```

7.16. Frame Buffer(TFT LCD)

X-Hyper320-TKU에서는 Color LCD로 800 x 480 픽셀의 디스플레이 장치를 사용하며 간단한 특징은 아래와 같다.

- ► PXA320 Processor LCD Controller
- ► Passive(DSTN), active(TFT) support

► Pixel Format 2,4,8,16,18 and 24bits per pixel in RGB support

<표 7-5> LCD Signal Description

Signal Name	Type	Description
LDD<17:0>	Bidirectional	Data lines that transmit 4, 8, 16 or 18 data values at a time to the LCD display module. LDD<7:0> are used as an input data bus during reads from the panel with internal frame buffers.
L_PCLK_WR	Output	Pixel clock used by the LCD display module to clock the pixel data into the Line Shift register. In passive mode, pixel clock toggles only when valid data is available on the data pins. In active mode, pixel clock toggles continuously and the AC bias pin is used as an output to signal when data is valid on the LCD data pins. Write signal for writing to LCD panels with internal frame buffer.
L_LCLK_A0	Output	Line clock used by the LCD display module to signal the end of a line of pixels that transfers the line data from the shift register to the screen and increment the line pointers. Also, it is used by active (TFT) displays as the horizontal synchronization signal. For active displays, this is also referred to as the "horizontal sync signal" or "HSYNC". It is a control signal that specifies command or data transactions when interfacing to an LCD panel with internal frame buffer.
L_FCLK_RD	Output	Frame clock used by the LCD display module to signal the start of a new frame of pixels that resets the line pointers to the top of the screen. Also, it is used by active (TFT) display module as the vertical synchronization signal. For active displays, this is also referred to as the "vertical sync signal" or "VSYNC". Read signal during reads from the panel with internal frame buffers.
L_BIAS	Output	AC bias that signals the LCD display module to switch the polarity of the power supplies to the row and column axis of the screen to counteract DC offset. In active (TFT) mode, it is used as the output-enable to signal when data should be latched from the data pins using the pixel clock.
L_CS	Output	For LCD panels with internal frame buffers, this pin is used as chip-select signal.
L_VSYNC	Input	Refresh sync signal from the LCD panel with internal frame buffer.

FrameBuffer는 화면이 표시할 한 화면 분량의 화상정보를 일시적으로 저장하기 위해 사용되는 기억장치이다. X-Hyper320-TKU에서는 SDRAM의 한 부분을 FrameBuffer 영역으로 사용한다. LCD Controller는 DMA를 이용하여, FrameBuffer의 내용을 주기적으로 LCD에 전달한다. X-Hyper320-TKU에서 사용하는 Display 장치는 TFT-LCD 16bit (800 X 480)이다.

PXA320에 관련된 부분은 drivers/video/pxafb.c에서 확인이 가능하다.

► Device Driver 프로그램

실제 사용하는 LCD에 관한 설정은 arch/arm/mach-pxa/wenders.c에 있다.

```
drivers/video/fbcon.c Low level operations for display
drivers/video/fbmem.c Initialize frame buffer
drivers/video/pxa.c PXA320 LCD controller Freame buffer driver
```

```
drivers/video/logo/logo_xhyper320_clut224.c linux booting logo for
X-Hyper320-TKU arch/arm/mach-pxa/wenders.c Initialize TFT LCD
Timing
```

► **Device Node**

```
/dev/fb0 frame buffer Node
```

► **Kernel Configuration 구성**

```
Graphics support --->
<*> Support for frame buffer devices
[*] Enable Video Mode Handling Helpers
<*> PXA2xx/PXA3xx Processor LCD framebuffer support
<*> LCD overlay support
Console display driver support --->
<*> Framebuffer Console support
[*] Select compiled-in fonts
[*] VGA 8x16 font
Logo configuration --->
[*] Bootup logo
[*] XHYPER320 TKU Linux logo
```

► **LCD 제어 레지스터 초기 값**

```
static struct pxafb_mach_info chunghwa_claa070 __initdata = {
.pixclock = 270000,
.xres = 800,
.yres = 480,
.bpp = 16,
.hsync_len = 0x3,
.left_margin = 0x32,
.right_margin = 0x32,
//.vsync_len = 0x3,
.vsync_len = 0x11,
.upper_margin = 0x5,
.lower_margin = 0,
.sync = FB_SYNC_HOR_HIGH_ACT|FB_SYNC_VERT_HIGH_ACT,
.lccr0 = LCCR0_Act,
.lccr3 = 0x04400006,
.pxafb_backlight_power = xhyper320tku_backlight_power,
.pxafb_lcd_power = NULL,
};
```

► **Platform Device 설정**

```
static struct resource pxafb_resources[] = {
[0] = {
.start = 0x44000000,
.end = 0x4400ffff,
.flags = IORESOURCE_MEM,
},
[1] = {
.start = IRQ_LCD,
 .end = IRQ_LCD,
.flags = IORESOURCE_IRQ,
},
};

static u64 fb_dma_mask = ~(u64)0;
static struct platform_device pxafb_device = {
.name = "pxa2xx-fb",
.id = -1,
.dev = {
.platform_data = &pxa_fb_info,
.dma_mask = &fb_dma_mask,
.coherent_dma_mask = 0xffffffff,
},
.num_resources = ARRAY_SIZE(pxafb_resources),
.resource = pxafb_resources,
};
```

7.17. Ethernet

X-Hyper320-TKU에서는 100 Base-T Ethernet chip인 dm9000를 사용한다. 이를 위한 Memory map은 arch/arm/mach-pxa/wenders.c에서 설정한다.

► **Virtual Memory 정의**

```
{ 0xF0100000, 0x10100000, 0x00100000, MT_DEVICE }, /* DM9000-1 */
{ 0xF0200000, 0x10200000, 0x00100000, MT_DEVICE }, /* DM9000-2 */
```

► **Device Driver 프로그램**

이더넷 드라이버는 dm9000.c이고 이더넷 드라이버 등록은 arch/arm/

mach-pxa/wenders.c에서 수행된다.

```
drivers/net/dm9000.c dm9000 ethernet driver source
drivers/net/dm9000.h dm9000 ethernet driver header
```

► **Kernel Configuration 구성**

```
Network device support --->
[*] Network device support
[*] Ethernet (10 or 100Mbit)
<*> DM9000 support
```

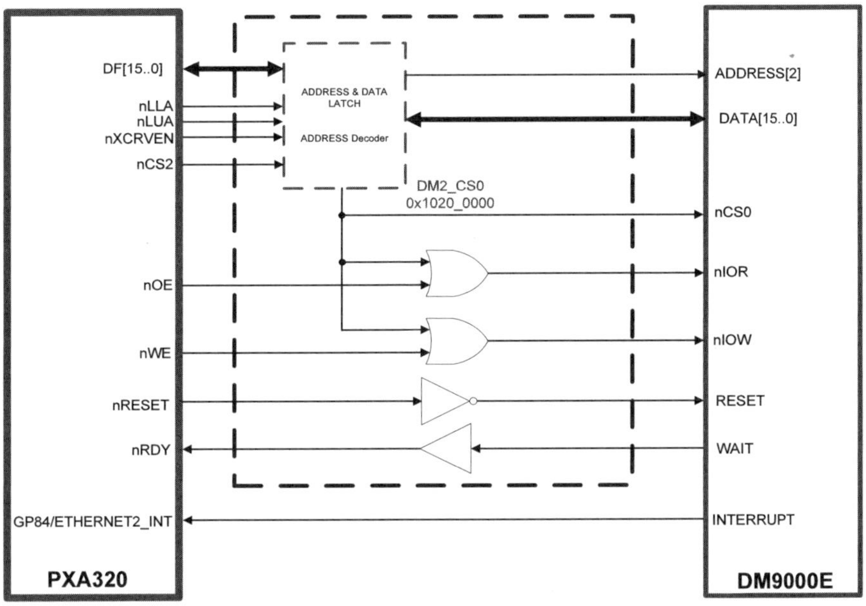

[그림 7-22] Ethernet 연결 블록 다이어그램

현재 DM1 포트는 eth0, DM2 포트는 eth1로 사용할 수 있다.

► **Platform Device 설정**

```
static struct resource dm9000_0_resources[] = {
[0] = {
.start = (XHYPER320TKU_ETH0_BASE + 0x300),
.end = (XHYPER320TKU_ETH0_BASE + 0xfffff),
.flags = IORESOURCE_MEM,
```

```
},
[1] = {
.start   = IRQ_GPIO(MFP2GPIO(MFP_DM9000_INT_0_GPIO)),
.end = IRQ_GPIO(MFP2GPIO(MFP_DM9000_INT_0_GPIO)),
.flags   = IORESOURCE_IRQ,
}
};

static struct resource dm9000_1_resources[] = {
[0] = {
.start = (XHYPER320TKU_ETH1_BASE + 0x300),
.end = (XHYPER320TKU_ETH1_BASE + 0xfffff),
.flags = IORESOURCE_MEM,
},
[1] = {
.start = IRQ_GPIO(MFP2GPIO(MFP_DM9000_INT_1_GPIO)),
.end = IRQ_GPIO(MFP2GPIO(MFP_DM9000_INT_1_GPIO)),
.flags = IORESOURCE_IRQ,
}
};

static struct dm9000_plat_data dm9000_setup = {
.flags = DM9000_PLATF_16BITONLY
};
static struct dm9000_plat_data dm9000_2_setup = {
.flags = DM9000_PLATF_16BITONLY
};

static struct platform_device dm9000_device_1 = {
.name = "dm9000",
.id = 1,
.num_resources = ARRAY_SIZE(dm9000_1_resources),
.resource = dm9000_1_resources,
.dev = {
.platform_data = &dm9000_2_setup,
}

};

static struct platform_device dm9000_device_0 = {
.name = "dm9000",
.id = 0,
.num_resources = ARRAY_SIZE(dm9000_0_resources),
.resource = dm9000_0_resources,
.dev = {
.platform_data = &dm9000_setup,
}

};
```

7.18. Sound

PXA320은 AC97 Controller Unit(ACUNIT)를 내장하고 있다. ACUNIT는 Audio Controller Link(AC-link)를 지원한다. 또한 Digital audio, Modem, Mic-in, Register Control, Status information을 전송할 때는 Serial interface를 사용하며, 그리고 Audio Codec으로는 WM9712를 사용한다.

<표 7-6> External interface to Codec

Name	Type	Description
AC97_RESET_n	Output	Active-low Codec reset. The Codec's registers are reset when AC97_RESET_n is asserted.
AC97_BITCLK	Input	12.288-MHz bit-rate clock
AC97_SYNC	Output	48-kHz frame indicator and synchronizer
AC97_SDATA_OUT	Output	Serial audio output data to Codec for digital-to-analog conversion
AC97_SDATA_IN_0	Input	Serial audio input data from primary Codec
AC97_SDATA_IN_1	Input	Serial audio input data from secondary Codec
AC97_SYSCLK	Output	Optional 24.576-MHz clock output

► **Device Driver 프로그램**

```
sound/arm/pxa-ac97.c AC97 interface for Xhyper320
sound/arm/snd-pxa2xx-pcm.c audio interface for Xhyper320
```

► **Device Node**

```
/dev/dsp audio input, audio output
/dev/mixer control of volume, sampling rates, bass, treble, etc
```

► **Kernel Configuration 구성**

```
Sound --->
<*> Sound card support
Advanced Linux Sound Architecture  --->
<*> Advanced Linux Sound Architecture
<*> OSSMixerAPI
<*> OSSPCM(digitalaudio)API
ALSA ARM devices --->
<*> AC97 driver for the Intel PXA2xx chip
```

► **Audio 테스트**

```
Record :
[root@Xhyper ~]# cd /tmp
[root@Xhyper /tmp]# cat /dev/dsp > test.wav

Play :
[root@Xhyper /tmp]# cat test.wav > /dev/dsp

Loop back:
[root@Xhyper ~]# cat /dev/dsp > /dev/dsp
Loop back은 오디오 버퍼에 데이터를 저장하는 시간이 있기 때문에 1초정도의 지
연이 있을수 있다.
```

08

리눅스 시스템 응용

8.1. NFS(Network File System)

8.1.1. NFS 설정

► 개요

NFS는 네트워크를 통해 파일을 공유하는데 폭넓게 사용되는 프로토콜이다. NFS는 UDP프로토콜을 사용하며, 네트워크로 전송되는 데이터가 전혀 암호화되지 않는다.

► Kernel 설정

기본적으로 NFS 서버와 클라이언트는 서로 NIC장치가 활성화 되어야 한다. [그림 8-1]는 타겟보드의 make menuconfig에서 DM9000E 드라이버를 커널에 포함시키는 화면이다

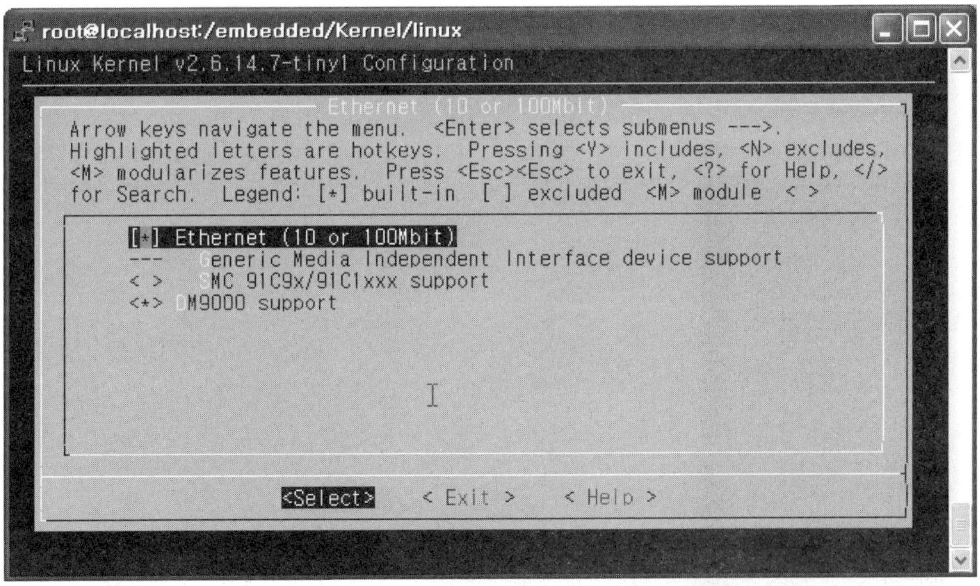

[그림 8-1] Ethernet DM9000E 설정

타겟보드 커널에 파일시스템 부분에서 [그림 8-2]와 같이 네트워크 파일시스템을 커널에 포함시킨다.

File System->Network File systems

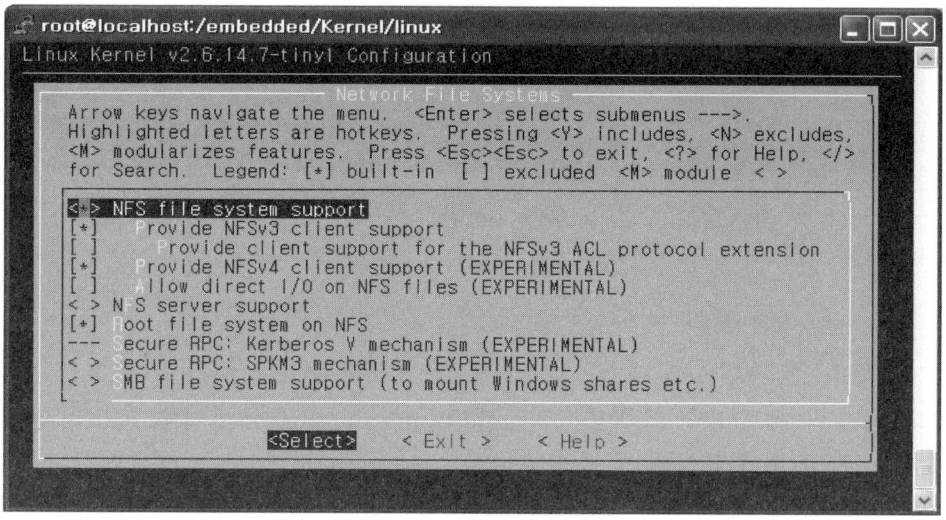

[그림 8-2] NFS 설정

► **Host PC 설정**

호스트 PC의 /etc/export 파일을 아래와 같이 수정한다.

[그림 8-3] /etc/export 수정

첫 번째 인자는 타겟보드에서 마운트해서 사용할 공유 디렉토리이다. 두 번째 인자인 *은 access 할 수 있는 client를 지정한다. *은 모든 사용자이고 특정한 IP로 제한하려면 IP 주소를 입력한다. 세 번째 인자인 (rw,no_root_squash)는 접근 권한이다, 여기서는 읽고/쓰기와 루트권한의 파일을 접근할 수 있도록 옵션을 선택하였다. 설정이 완료 되었으면 nfs 데몬을 재시작 한다(Stop을 먼저하고, start를 한다).

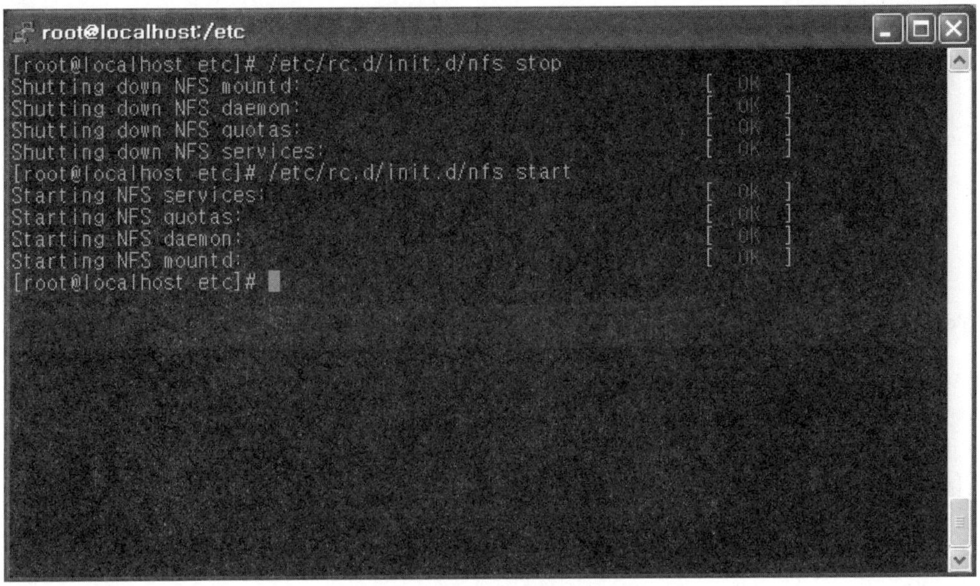

[그림 8-4] nfs 데몬 재시작

► **Ping Test**

호스트 PC와 타겟 보드의 주소 도메인을 일치시킨다(netmask). 일치시켰으면 Ping 테스트를 통하여 네트워크 연결이 정상적인지 테스트 해본다.

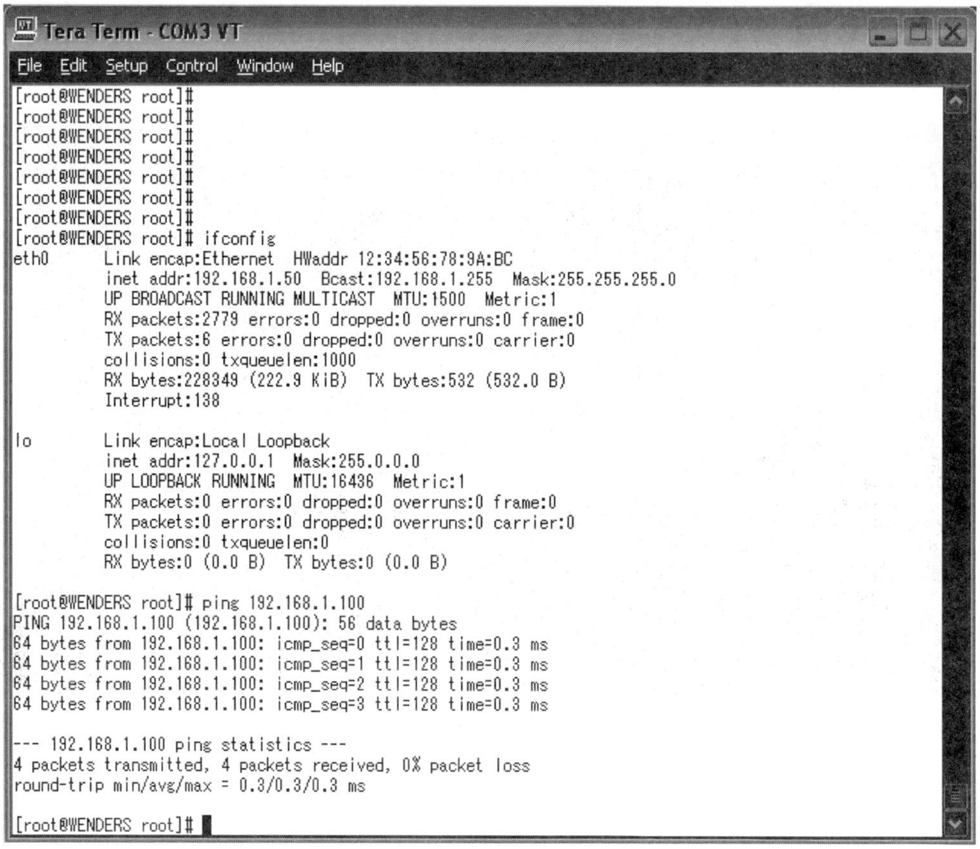

[그림 8-5] ping test

8.1.2. NFS Boot

► **NFS Boot**

NFS 부팅은 타겟에서 사용하는 root file system을 NFS로 마운트해서 사용하는 것을 의미한다. 네트워크 환경이 잘 구축되어 있다면 큰 무리 없이 사용할 수 있으며, 개발할 때 용량걱정 없이 프로그램을 작성하고 타겟 장치에서 프로그램을 실행할 수 있어서 매우 편리하다. 다만 모든 파일시스템을 NFS를 통해 사용하므로 네트워크가 불안정한 환경에서는 사용하기 불편한 단점이 있다.

NFS가 동작되는 환경에서 부팅 명령(command)만 잘 설정하면 곧 바로 사용할 수 있다. 설정 옵션이 길기 때문에 config file을 vi로 바로 수정하는 것이 편리하다. embedded/Kernel/linux/arch/arm/configs 디렉토리 안의 WENDERS_NFS_defconfig를 아래 [그림 8-6]과 같이 수정한다.

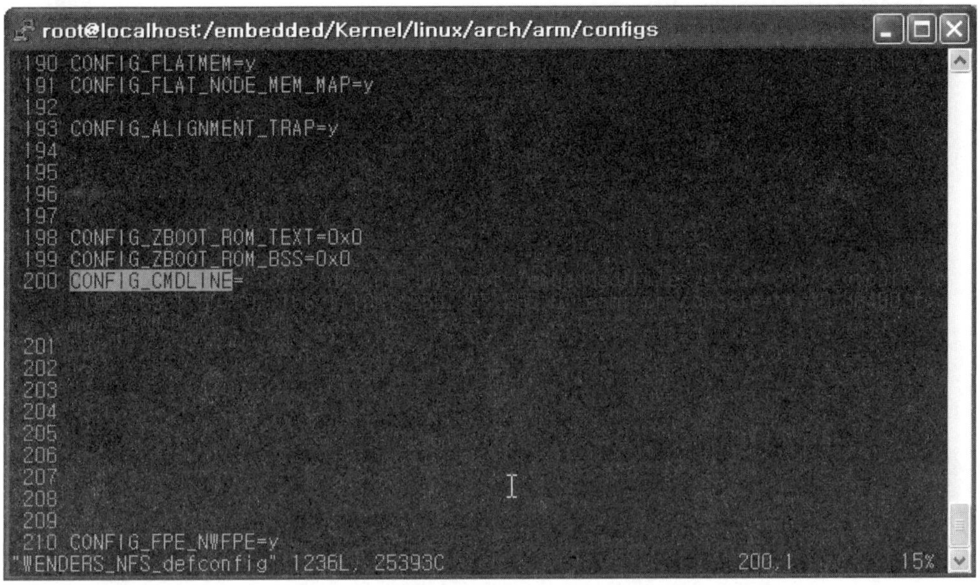

[그림 8-6] CONFIG_CMDLINE 수정

192.168.1.100은 Host PC의 IP이고 /PROJECT……/rootfs-qtopia는 NFS 루트 파일시스템으로 지정한 경로이다. 타겟의 IP는 192.168.1.50이다. 255.255.255.0은 subnet mask이다

```
#make WENDERS_NFS_defconfig
#make
```

zImage를 생성하고 이 이미지로 부팅해본다.

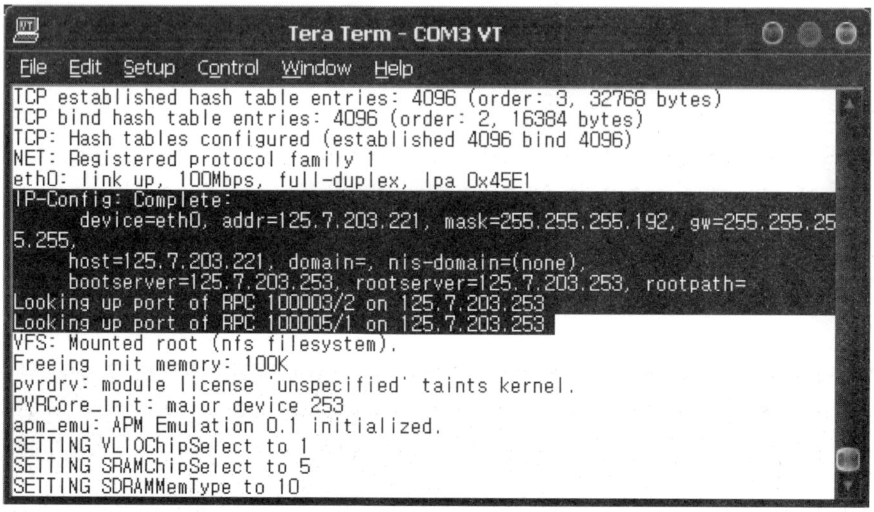

[그림 8-7] Booting시 NFS설정 확인

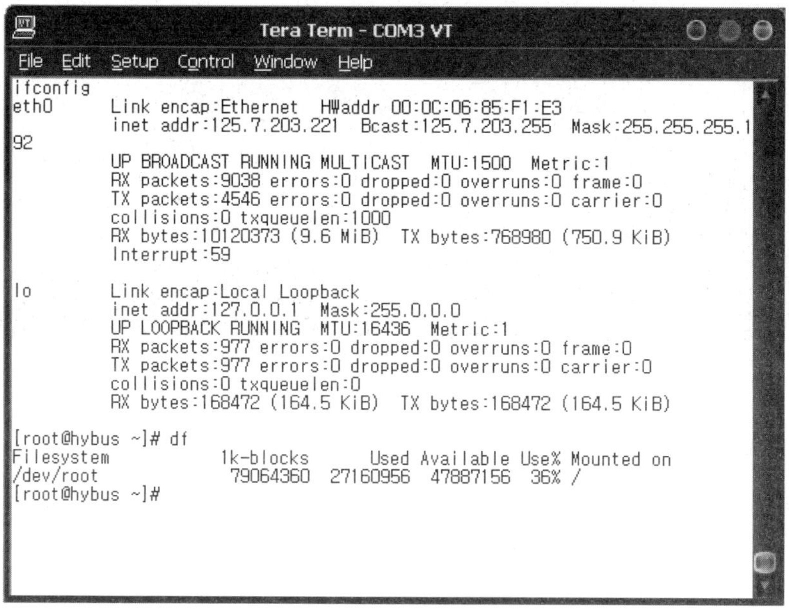

[그림 8-8] df명령으로 디스크 용량 확인

만일 모든 설정이 정상이나 NFS가 동작되지 않는다면, HOST PC의 방화벽 설정을 확인하고 "방화벽을 사용하지 않음"으로 설정한다.

8.2. MP3 플레이어(GQMPEG)

► 다운로드

파일 다운로드

http://prdownloads.sourceforge.net/gqmpeg/gqmpeg-0.91.1.tar.gz

► 개념 정의

gqmpeg는 다양한 오디오 플레이어, 특징 테마(스킨), 재생 등 많은 구성 옵션을 가지고 있다. 본 프로그램이 지원되는 백 엔드는 mpg123, ogg123, xmp, 그리고 video4linux 등이 있다.

► gqmpeg 설정

"/root/" 폴더에 "gqmpeg-0.91.1.tar" 파일을 복사한 후 "tar zxvf gqmpeg-0.91.1.tar"를 이용해 압축 해제한다. 그리고 압축 해제한 폴더로 이동한다.

[그림 8-9] gqmpeg 압축 해제

압축을 푼 디렉토리에 configure_target파일을 생성하고 아래의 스크립트를 작성한다.

참고
※ 설치 파일에 대한 소스파일로 된 패키지를 설치할 때에는 "./configure"를 이용해야 하지만 Target Board에 포팅을 하기 위해서는 임의적으로 파일을 생성해 실행할 수 있도록 한다.

스크립트 코드

```
#!/bin/sh
export CFLASS="=mabi=aapcs-linux -mtune=iwmmkt -mcpu=iwmmkt"
export
PKGLCONFIGLPATH=/usr/local/arm-linux-4.1.1/arm-iwmmkt-linux-gnueabi/lib/pkgconfig
./configure ₩
--build=i386-linux ₩
--host=arm-linux ₩
--prefix=/usr/ ₩
--disable-esd ₩
disable-arts
```

위의 소스 코드를 통해 환경 설정을 할 수 있도록 크로스 컴파일 환경을 설정한다.

사용자가 위의 소스코드를 추가해서 생성한 파일명을 "./configure _target"으로 실행한다.

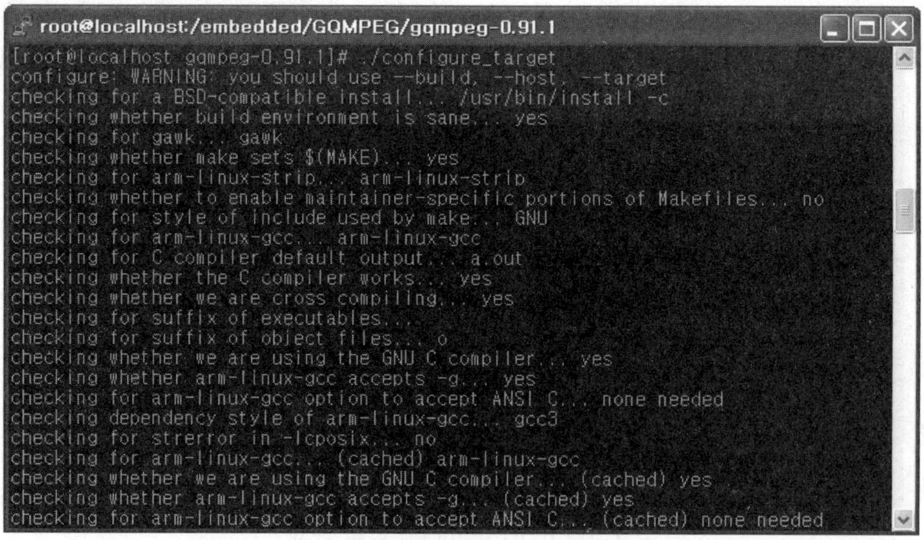

[그림 8-10] gqmpeg 압축 해제

주의
"configure" 명령어 앞에 "./" 붙는 이유는 "configure"가 해당 디렉토리에 들어 있는 실행 파일이기 때문에 "."은 현재 디렉토리를 의미한다. 그렇기 때문에 "./"없이는 "configure"가 실행 되지 않는다.

"make" 를 실행한다.

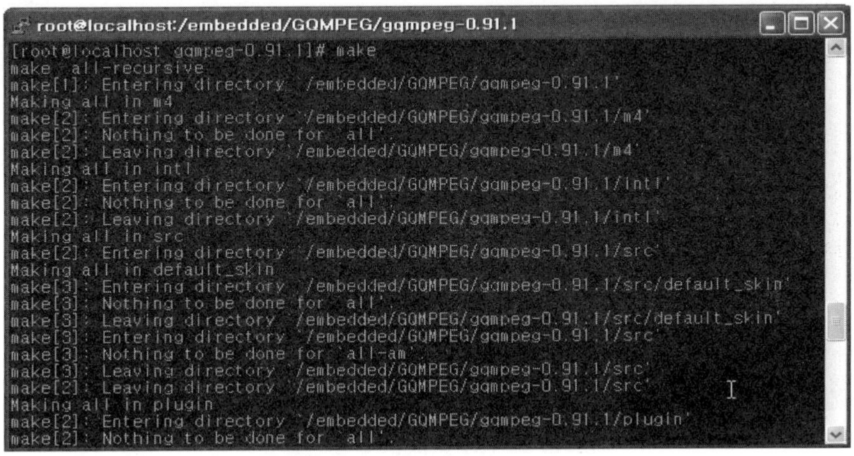

[그림 8-11] gqmpeg make

- make는 소스를 컴파일 하는 것으로 make 과정이 끝나면 실행 파일이 생성된 상태라고 할 수 있다.

[그림 8-12]에서처럼 binary 파일이 생성됨을 알 수 있다.

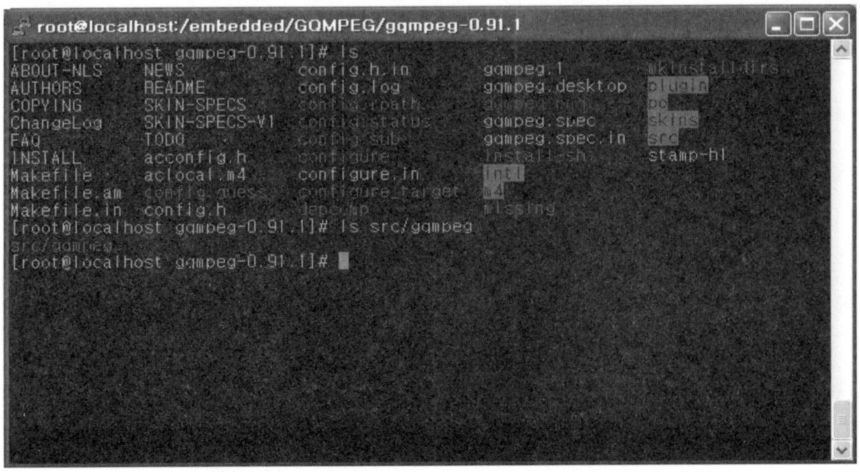

[그림 8-12] gqmpeg 바이너리파일 확인

생성된 바이너리파일을 /tftpboot으로 옮긴 다음 타겟보드에 전송해서 실행하면 [그림8-13]과 같이 프로그램이 실행됨을 확인 할 수 있다.

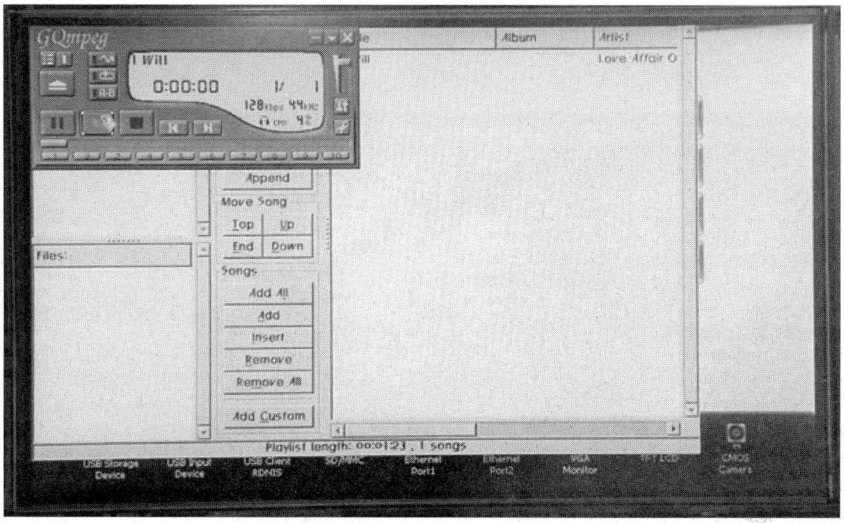

[그림 8-13] gqmpeg 실행화면

8.3. 이미지 뷰어(GQVIEW)

► 다운로드

http://prdownloads.sourceforge.net/gqview/gqview-2.0.4.tar.gz?download

► 개념 정의

그림파일을 쉽게 볼 수 있도록 구성된 프로그램으로서 화면에 나타나는 정보의 형식을 다양하게 조절할 수 있어 매우 편리하다. 아이콘 형식으로 보여주거나 파일 이름을 중심적으로 보여주는 리스트 형식 등을 선택할 수 있으며 줌인 및 줌 아웃 등의 그래픽 편집 형식을 이용할 수도 있다.

즉, GQVIEW는 커맨드라인 형태의 명령어로 이미지를 변경할 수 있으며 이미지 섬네일을 지원하며 이미지 자체에 복사, 이동, 확대를 지원하고 슬라이드 쇼 및 전체화면 보기를 지원한다. 크기는 작지만 이미지 보기에 충실한 프로그램이다.

► gqview 설정

"tar zxvf gqview-2.0.4.tar" 을 이용해 아래와 같이 압축을 해제한다.

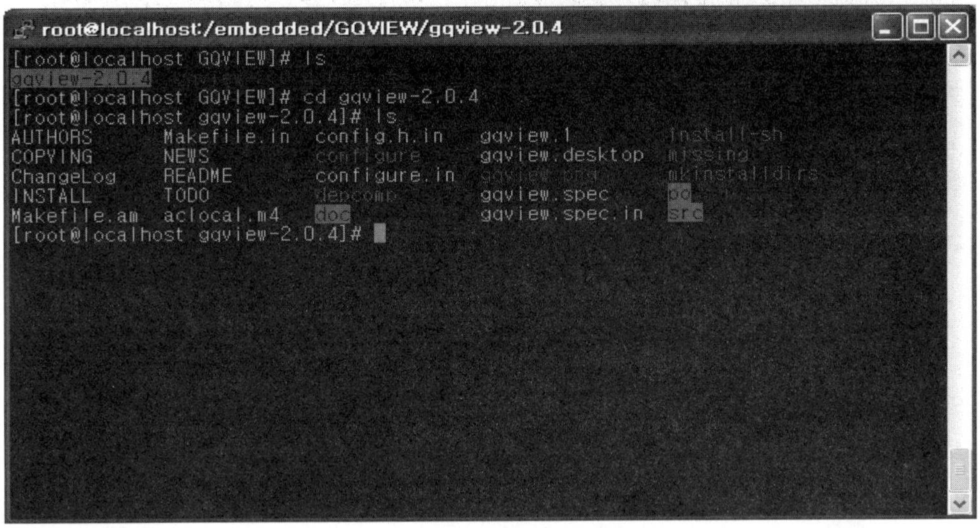

[그림 8-14] gqview 압축해제

"gqview-2.0.4/src/" 폴더의 layout.c 파일을 [그림 8-15]과 같이 수정한다.

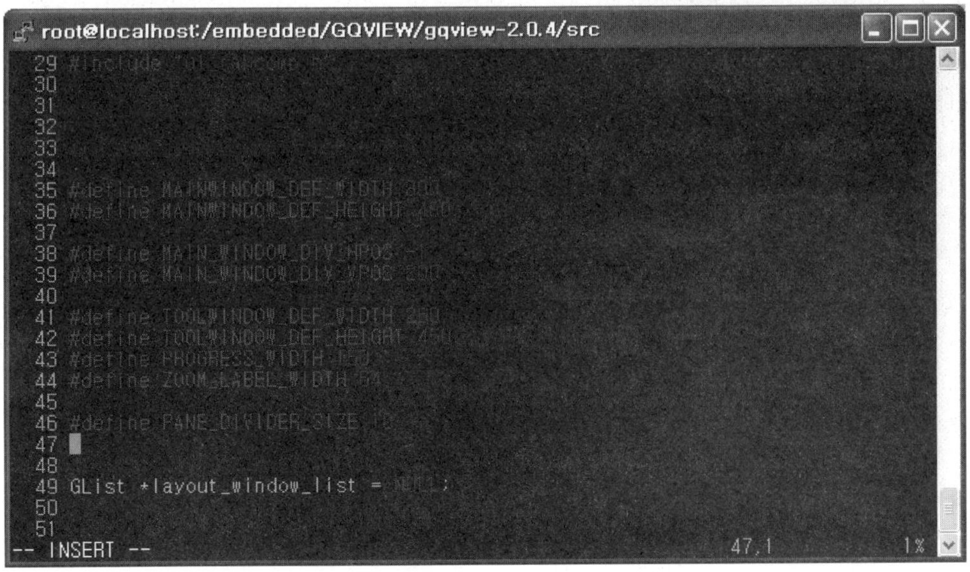

[그림 8-15] layout.c 파일 수정 #1

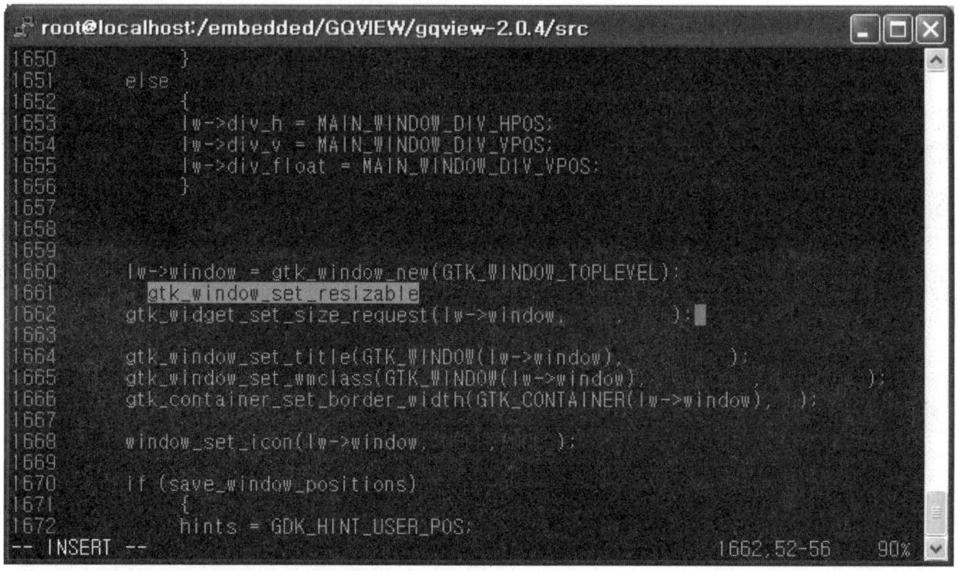

[그림 8-16] layout.c 파일 수정 #2

"/gqview-2.0.4/src/" 폴더의 "preference.c"를 [그림 8-17]과 같이 수정한다.

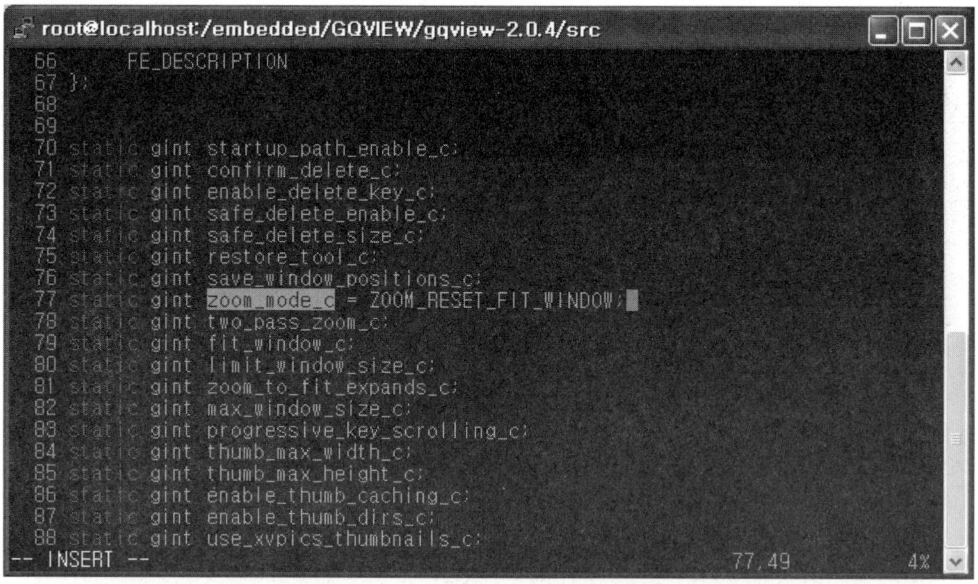

[그림 8-17] preference.c 파일 수정

압축을 푼 디렉토리에 configure_target파일을 생성하고 아래의 스크립트를 작성한다.

스크립트 코드

```
#!/bin/sh
export PKG_CONFIG_PATH=/usr/local/arm-linux-4.1.1/arm-iwmmkt-linux-gnueabi/lib/pkgconfig
export PATH=/usr/local/arm-linux-4.1.1/bin:$PATH
export CFLAGS="=mabi=aapcs-linux –mtune=iwmmkt –mcpu=iwmmkt"
./configure    --build=i386-linux \
   --host=arm-linux \
   --target= arm-linux \
   --enable-static \
```

위의 configure_target 스크립트를 실행한다.

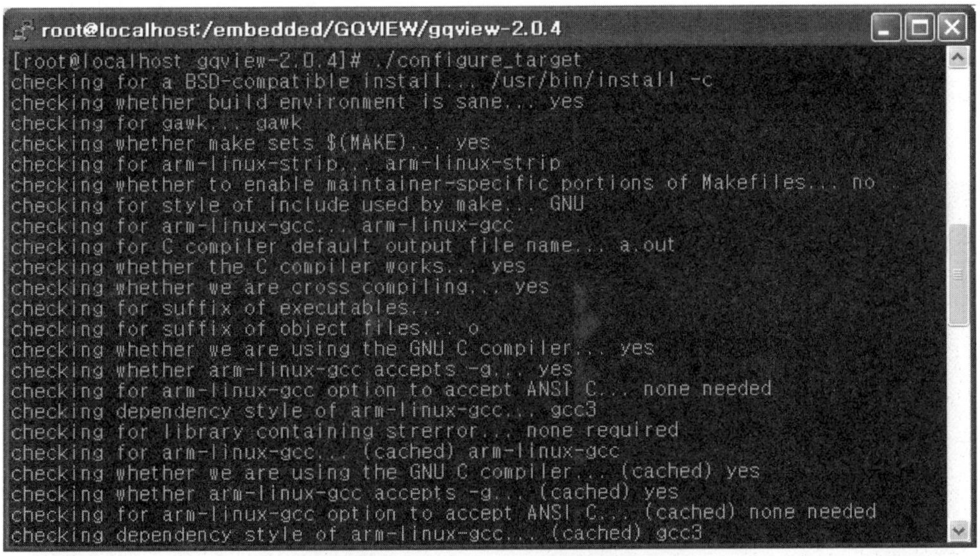

[그림 8-18] configure_target 실행

► 설정된 환경에 알맞은 Makefile이 생성된다.
"gqview-2.0.4/"폴더에서 "make" 명령어를 실행한다.

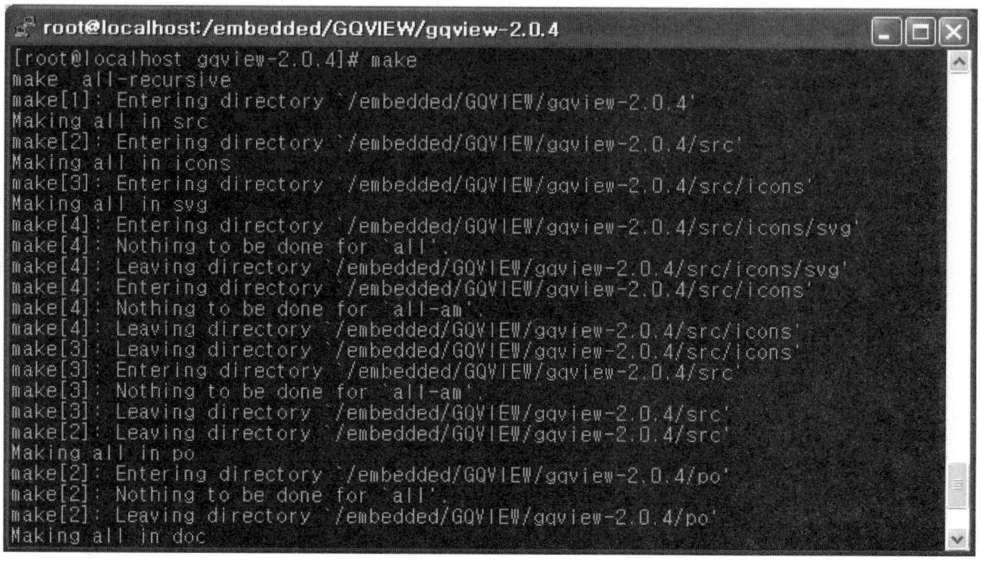

[그림 8-19] make 실행

► make는 스크립트와 소스들을 실제로 컴파일해서 실행 파일을 생성하며, 이와 같이 생성된 실행 파일을 확인할 수 있다. 실행 파일을 타겟보드에 전송하고 실행해 보자.

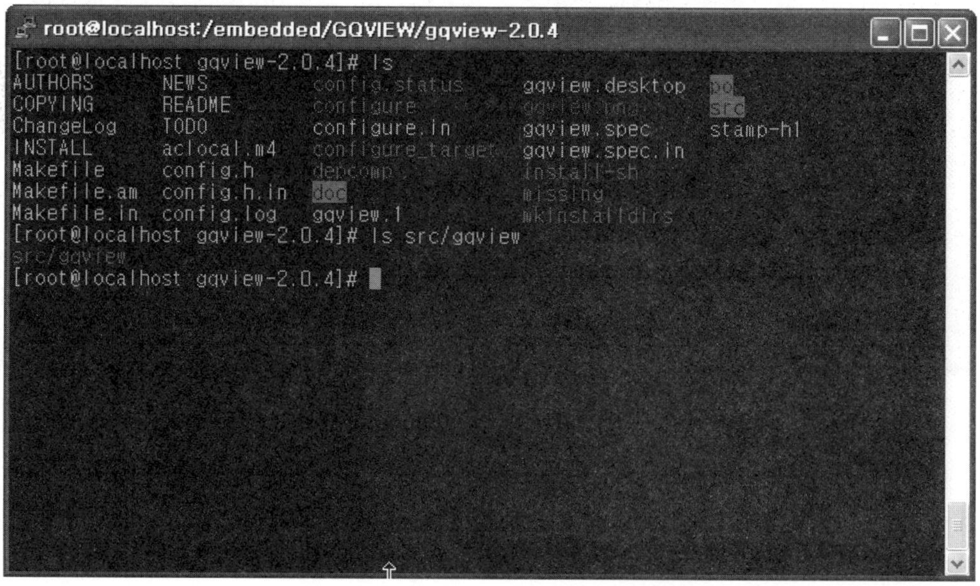

[그림 8-20] gqview 바이너리 파일 확인

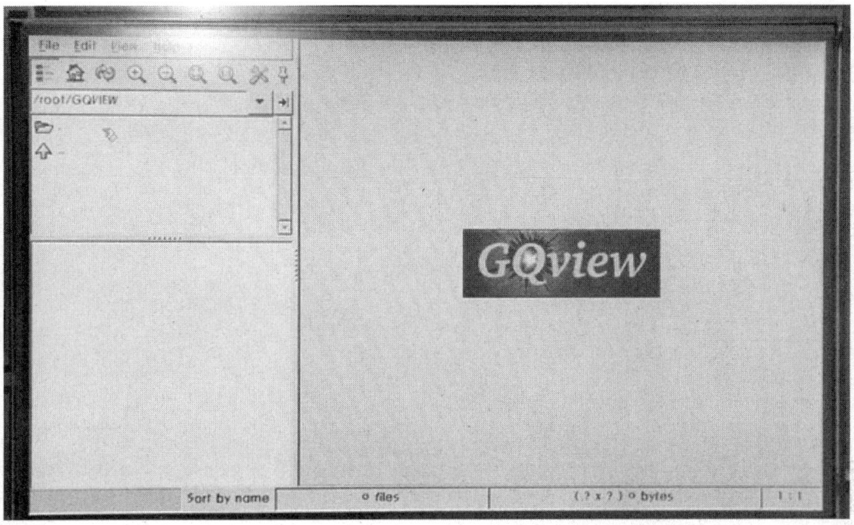

[그림 8-21] gqview 실행화면

8.4. 동영상 플레이어(MPLAYER)

► 다운로드

http://www.mplayerhq.hu/MPlayer/releases/MPlayer-1.0rc1.tar.bz2

► 개념 정의

오픈소스 소프트웨어 미디어 재생 프로그램이다. GNU 공중 사용 허가(Public License)로 서로 배포된다. 리눅스와 유닉스 계열, 윈도우, 맥OS를 포함한 대부분의 운영체제에서 작동하며, 아미가(Amiga) OS와 Morph OS를 위한 버전도 있다. 또한 MPlayer은 다양한 미디어 포맷을 지원하며, 그리고스트리밍된 정보도 파일로 저장을 할 수 있다.

► MPlayer 설정

"tar xvf MPlayer-1.0rc2.tar.tar" 명령을 사용해서 압축을 해제한다.

압축 파일로 되어 있기 때문에 압축해제를 통해 MPlayer 설치 준비를 한다. "cd MPlayer-1.0rc2"폴더로 이동해서 폴더 내부에 있는 파일들을 확인한다.

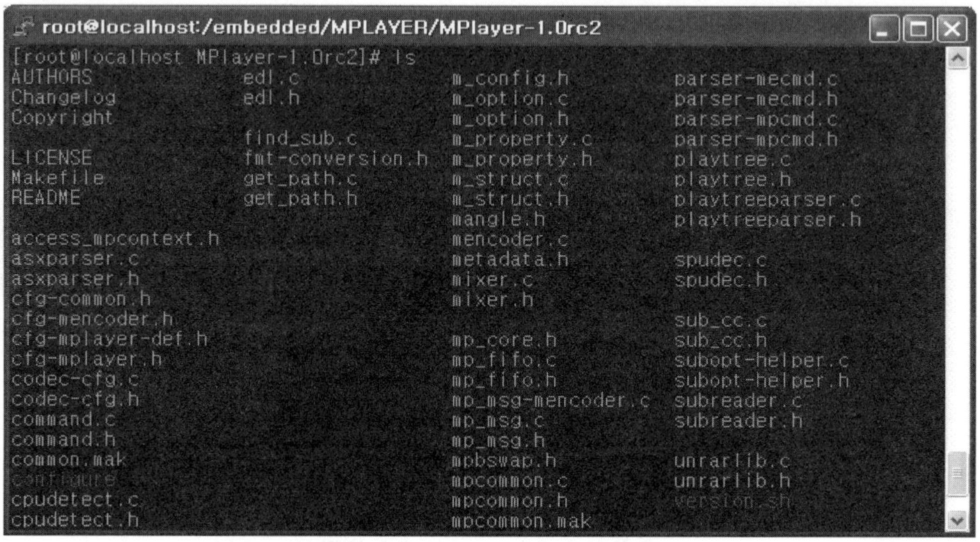

[그림 8-22] MPlayer 압축 해제

"../MPlayer-1.0rc2/configure" 파일을 다음과 같이 수정한다.

수정 전

```
for I in /usr/X11/include /usr/X11R6/include /usr/include/X11R6 /usr/open    win/include ; do
if test -f "$I/X11/Xlib.h" ; then
        _inc_extra="$_inc_extra -I$I"
        _x11_headers="yes"
        _res_comment="using $I"
        break
```

수정 후

```
for I in $_ld_x11 "" -L/usr/local/arm-linux-4.1.1/arm-iwmmxt-linux-gnueab    i/lib ; do
 iftest -f "$I/X11/Xlib.h" ; then
       _inc_extra="$_inc_extra -I$I"
        _x11_headers="yes"
        _res_comment="using $I"
        break
```

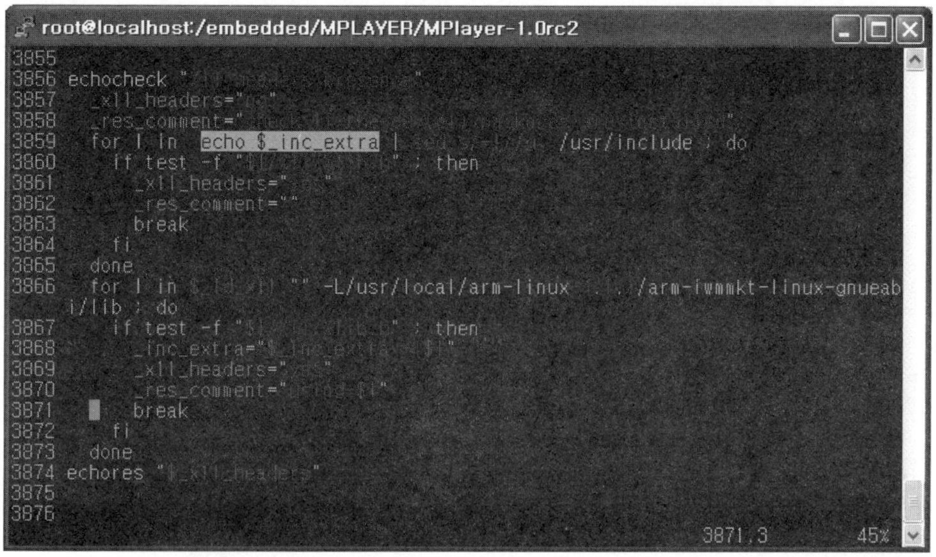

[그림 8-23] configure 수정

"../MPlayer-1.0rc2/input/input.c" 파일에 [그림 8-24]의 스크립트를 추가한다.

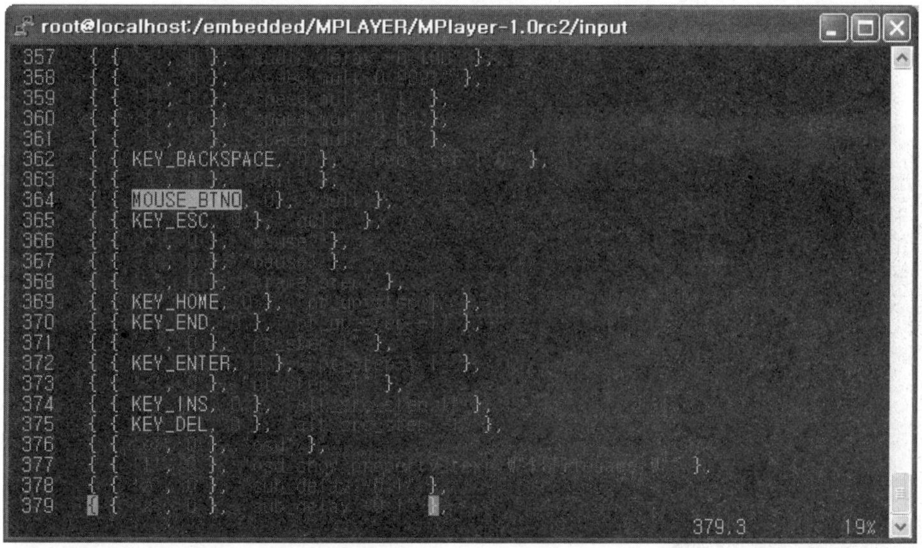

[그림 8-24] input.c 파일 수정

configure_target 스크립트 파일을 생성하여 다음과 같은 코드를 입력한다.

Configure_target

```
#!/bin/bash
export PKG_CONFIG_PATH=/usr/local/arm-linux-4.1.1/arm-iwmmxt-linux-gnueabi/l
ib/pkgconfig
export CFLAGS="-mabi=aapcs-linux -mcpu=iwmmxt -mtune=iwmmxt"
export ASFLAGS="-mcu=iwmmxt"
 ./configure ₩
        --cc=arm-linux-gcc ₩
        --as=asm-linux-as ₩
        --host-cc=gcc ₩
        --target=arm-linux ₩
        --prefix=/usr ₩
        --enable-cross-compile ₩
        --enable-gui ₩
        --disable-sdl ₩
        --disable-lirc ₩
        --disable-tv ₩
        --disable-mp3lib ₩
--disable-network ₩
        --disable-dvdnav ₩
        --disable-mencoder ₩
        --disable-pvr ₩
        --disable-sortsub ₩
        --disable-unrarlib ₩
        --disable-rtc ₩
        --disable-network ₩
        --disable-ossaudio ₩
        --disable-bitmap-font ₩
        --width-x11libdir=/usr/local/arm-linux-4.1.1/arm-iwmmxt-linux-gnueabi/l     ib ₩
        --width-freetype-config=/usr/local/arm-linux-4.1.1/arm-iwmmxt-linux-gnu
eabi/bin/freetype-config ₩
```

./configure_target을 실행하여 설정된 환경에 적합한 Makefile을 생성한다.

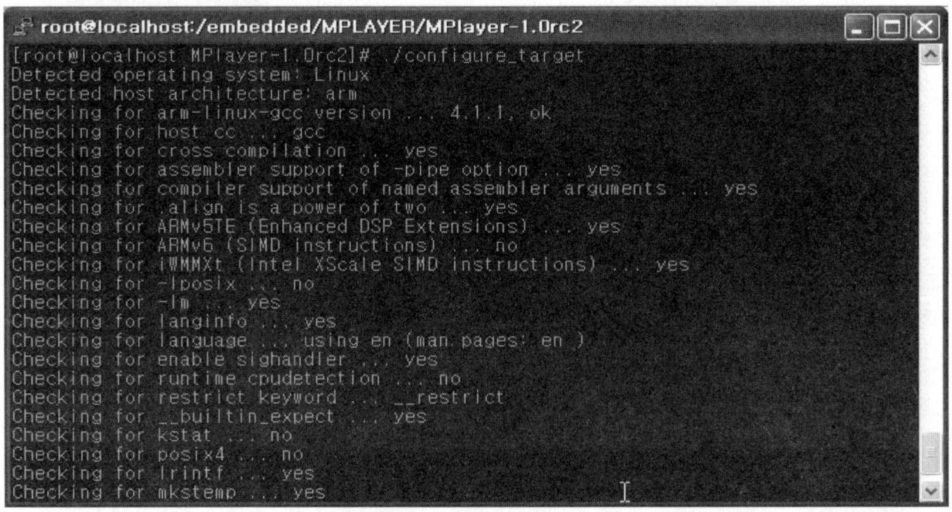

[그림 8-25] configure_target 실행

[그림8-25]와 같이 생성된 Makefile을 실행하기 위하여 "make"를 실행한다.

[그림 8-26] make 실행

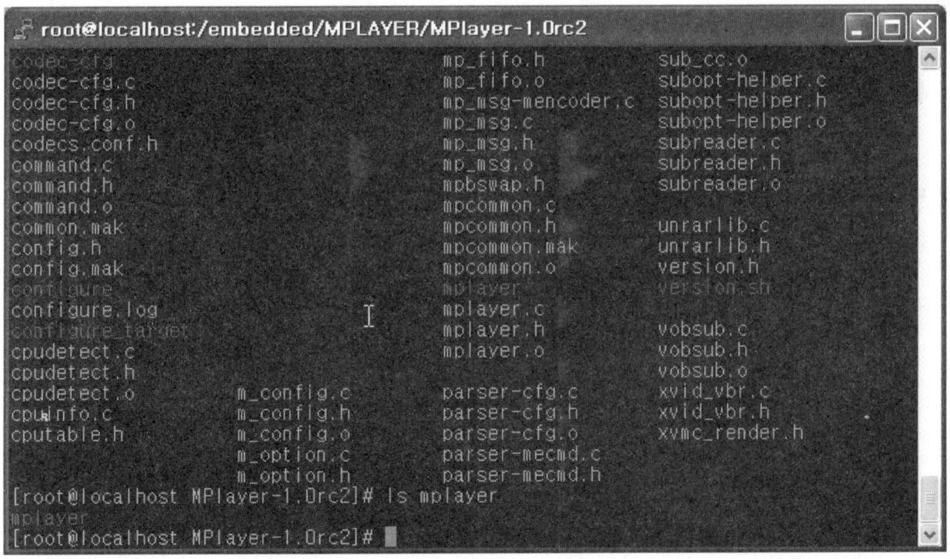

[그림 8-27] mplayer 바이너리 파일 확인

[그림 8-28] mplayer 실행화면

make는 소스를 컴파일하는 것으로, 컴파일이란 소스파일을 사용자가 실행 가능한 이진 파일로 만들어 주는 과정을 말한다. make 과정이 끝나면 설치 파일이 생성된 상태라고 할 수 있다. make는 소스코드를 실제로 컴파일해서 실행 가능한 이진 파일을 생성하며, [그림 8-27]과 같이 확인할 수 있다. 타겟보드에 전송한 다음 실행하여 보자. AVI 소스는 타켓보드 root 디렉토리 안의 AVI 디렉토리 안에 샘플 파일이 있다.

8.5. TinyX

► **다운로드**

http://distro.ibiblio.org/pub/linux/distributions/pdaxrom/download/1.1.0beta3/src/XFree86-4.4.0-src-1.tgz

http://distro.ibiblio.org/pub/linux/distributions/pdaxrom/download/1.1.0beta3/src/XFree86-4.4.0-src-2.tgz

http://distro.ibiblio.org/pub/linux/distributions/pdaxrom/download/1.1.0beta3/src/XFree86-4.4.0-src-3.tgz

► 개념 정의

X 서버는 분산 네트웍 내에 있는 X 터미널이 X 윈도우 시스템을 사용하기 위하여 접속하는 서버이다. 터미널 사용자의 관점에서 보면 X 서버는 여러 개의 윈도우를 사용하는 서버 어플리케이션처럼 보일 수도 있다. 실제로 X 서버를 사용하는 원격지 컴퓨터 내에 있는 어플리케이션은 각 터미널에서 실행되는 윈도우 관리 프로그램의 서비스를 이용하기 위한 클라이언트 요청을 한다. X 서버는 X 윈도우 시스템의 일부분으로, 대체로 메인프레임, 미니컴퓨터, 워크스테이션 등의 유닉스 기반 운영체계에 설치된다.

► TinyX 설정

다운로드 받은 파일을 다음과 같은 명령으로 압축을 해제하고 스크립트를 수정한다.

```
☞tar xvf Xfree86-4.4.0-src-1.tar
☞tar xvf Xfree86-4.4.0-src-2.tar
☞tar xvf Xfree86-4.4.0-src-3.tar
```

```
root@localhost:/embedded/TinyX/xc
[root@localhost xc]# ls -al
? ⑷궈 240
drwxr-xr-x 11 root root    4096 2009-02-15 23:21 .
drwxr-xr-x  3 root root    4096 2009-02-14 10:41 ..
-rw-rw-r--  1  701 wheel  29982 2001-12-22 06:00 INSTALL-X.org
-rw-rw-r--  1  701 wheel   4727 2003-08-25 05:31 Imakefile
-rw-rw-r--  1  701 wheel   3254 2003-07-10 00:27 LABEL
-rw-rw-r--  1  701 wheel   6254 2003-10-22 02:41 Makefile
-rw-rw-r--  1  701 wheel  45964 2004-02-29 10:13 RELNOTES
-rw-rw-r--  1  701 wheel  16822 2001-12-22 06:00 RELNOTES-X.org
-rw-rw-r--  1  701 wheel   2193 2002-01-08 03:14 bug-report
drwxrwxr-x  7  701 wheel   4096 2009-02-15 23:20 config
drwxr-xr-x  5 root root    4096 2009-02-15 23:21 doc
drwxr-xr-x  5 root root    4096 2009-02-15 23:21 exports
drwxrwxr-x 15  701 wheel   4096 2004-02-29 11:13 extras
drwxrwxr-x  7  701 wheel   4096 2009-02-15 23:20 include
drwxrwxr-x 57  701 wheel   4096 2009-02-15 23:20 lib
drwxrwxr-x  5  701 wheel   4096 2009-02-15 23:25 nls
drwxrwxr-x 99  701 wheel   4096 2009-02-15 23:40 programs
-rw-rw-r--  1  701 wheel  39390 2003-07-10 00:27 registry
drwxrwxr-x  4  701 wheel   4096 2004-02-29 11:16 util
-rw-r--r--  1 root root   31237 2009-02-15 23:20 xmakefile
[root@localhost xc]#
```

[그림 8-29] 소스 확인

아래 스크립트를 /config/cf/TinyX.cf 파일에 작성한다.

TinyX.cf

```
* $XFree86: xc/config/cf/TinyX.cf,v 1.1 2000/12/08 22:09:32 keithp Exp $ */
/*
 * This configuration file contains additional configuration needed
 * to compile a (nearly) minimal X server using the kdrive infrastructure
 * To use this, add the following to host.def:
   #define KDriveXServer YES
   #define TinyXServer YES
 */
#define BuildLBX                NO
#define BuildFonts              NO
#define BuildAppgroup           NO
#define BuildDBE                NO
#define BuildXCSecurity         NO
#define FontServerAccess        NO
#undef BuildXF86RushExt
#define BuildXF86RushExt        NO
#undef BuildRender
```

```
#define BuildRender              YES
#define UseRgbTxt                YES
#define BuildFontServer          NO
#define HasTsLib                 YES
#define BuildXcursorgen          NO#!/bin/bash
export PKG_CONFIG_PATH=/usr/local/arm-linux-4.1.1/arm-iwmmxt-linux-gnueabi/l
ib/pkgconfig
export CFLAGS="-mabi=aapcs-linux -mcpu=iwmmxt -mtune=iwmmxt"
export ASFLAGS="-mcu=iwmmxt"
 ./configure ₩
        --cc=arm-linux-gcc ₩
        --as=asm-linux-as ₩
        --host-cc=gcc ₩
        --target=arm-linux ₩
        --prefix=/usr ₩
        --enable-cross-compile ₩
        --enable-gui ₩
        --disable-sdl ₩
        --disable-lirc ₩
        --disable-tv ₩
        --disable-mp3lib ₩
--disable-network ₩
        --disable-dvdnav ₩
        --disable-mencoder ₩
        --disable-pvr ₩
        --disable-sortsub ₩
        --disable-unrarlib ₩
        --disable-rtc ₩
        --disable-network ₩
        --disable-ossaudio ₩
        --disable-bitmap-font ₩
        --width-x11libdir=/usr/local/arm-linux-4.1.1/arm-iwmmxt-linux-gnueabi/l    ib ₩
        --width-freetype-config=/usr/local/arm-linux-4.1.1/arm-iwmmxt-linux-gnu
eabi/bin/freetype-config ₩
```

아래 스크립트를 /config/cf/host.def 파일에 작성한다.

host.def

```
#define KDriveXServer                 YES
#define KdriveServerExtraDefines      -DMAXSCREENS=2
#define TinyXServer                   YES
#define CrossCompiling                YES
#define TouchScreen                   NO
#undef BuildRandR
#define BuildRandR                    YES
#define BuildXInputLib                YES
#define ProjectRoot                   /usr/X11R6
#define Freetype2Dir                  $(TOP)/extras/freetype2
#define Freetype2LibDir               $(TOP)/exports/lib
```

```
#define BuildXTrueType             YES
#define BuildScreenSaverExt        YES
#define BuildScreenSaverLibrary  YES
#define SharedLibXss               YES
#define ServerXdmcpDefines
#define XfbdevServer               YES
* $XFree86: xc/config/cf/TinyX.cf,v 1.1 2000/12/08 22:09:32 keithp Exp $ */
/*
 * This configuration file contains additional configuration needed
 * to compile a (nearly) minimal X server using the kdrive infrastructure
 * To use this, add the following to host.def:
   #define KDriveXServer           YES
   #define TinyXServer             YES
 */
#define BuildLBX                   NO
#define BuildFonts                 NO
#define BuildAppgroup              NO
#define BuildDBE                   NO
#define BuildXCSecurity            NO
#define FontServerAccess           NO
#undef BuildXF86RushExt
#define BuildXF86RushExt           NO
#undef BuildRender
#define BuildRender                YES
#define UseRgbTxt                  YES
#define BuildFontServer            NO
#define HasTsLib                   YES
#define BuildXcursorgen                         NO#!/bin/bash
export PKG_CONFIG_PATH=/usr/local/arm-linux-4.1.1/arm-iwmmxt-linux-gnueabi/l     ib/pkgconfig
export CFLAGS="-mabi=aapcs-linux -mcpu=iwmmxt -mtune=iwmmxt"
export ASFLAGS="-mcu=iwmmxt"
 ./configure ₩
        --cc=arm-linux-gcc ₩
        --as=asm-linux-as ₩
        --host-cc=gcc ₩
        --target=arm-linux ₩
        --prefix=/usr ₩
        --enable-cross-compile ₩
        --enable-gui ₩
        --disable-sdl ₩
```

```
        --disable-lirc ₩
        --disable-tv ₩
        --disable-mp3lib ₩
--disable-network ₩
        --disable-dvdnav ₩
        --disable-mencoder ₩
        --disable-pvr ₩
        --disable-sortsub ₩
        --disable-unrarlib ₩
        --disable-rtc ₩
        --disable-network ₩
        --disable-ossaudio ₩
        --disable-bitmap-font ₩
        --width-x11libdir=/usr/local/arm-linux-4.1.1/arm-iwmmxt-linux-gnueabi/l    ib ₩
        --width-freetype-config=/usr/local/arm-linux-4.1.1/arm-iwmmxt-linux-gnu
eabi/bin/freetype-config ₩
```

[그림 8-30] 처럼 /config/cf/X11.tmpl 파일을 수정한다.
(붉은 상자부분이 수정되는 부분이다.)

```
root@localhost:/embedded/TinyX/xc/config/cf
# if !CrossCompiling
            FONTC = $(CLIENTENVSETUP) $(PRELOADFONTSETUP) $(XBUILDBINDIR)/bdftopcf
      MKFONTSCALE = $(CLIENTENVSETUP) $(PRELOADFREETYPESETUP) $(XBUILDBINDIR)/mkfontscale
        MKFONTDIR = $(MKFONTSCALE) -b -s -l
       XCURSORGEN = $(CLIENTENVSETUP) $(PRELOADSETUP) $(XBUILDBINDIR)/xcursorgen
# elif UseInstalledOnCrossCompile
        MKFONTDIR = $(BINDIR)/mkfontdir
      MKFONTSCALE = $(BINDIR)/mkfontscale
            FONTC = $(BINDIR)/bdftopcf
       XCURSORGEN = $(BINDIR)/xcursorgen
#else
        MKFONTDIR = /usr/X11R6/bin/mkfontdir
        MKFONTSCALE = /usr/X11R6/bin/mkfontscale
        FONTC = /usr/X11R6/bin/bdftopcf
        XCURSORGEN = /usr/X11R6/bin/xcursorgen
# endif
# if HasPerl
      MKHTMLINDEX = RunPerlScript($(CONFIGSRC)/util/mkhtmlindex.pl,)
# else
      MKHTMLINDEX = $(SHELL) $(CONFIGSRC)/util/mkhtmlindex.sh
# endif
          UCS2ANY = $(XBUILDBINDIR)/ProgramTargetName(ucs2any)
      BDFTRUNCATE = $(FONTSRC)/util/bdftruncate.pl
     UCSMAPPREFIX = $(FONTSRC)/util/map-
#endif

     HTMLINDEXCMD = HtmlIndexCmd

       DOCUTILSRC = $(XTOP)/doc/util
        CLIENTSRC = $(TOP)/clients
          DEMOSRC = $(TOP)/demos
       XDOCMACROS = $(DOCUTILSRC)/macros.t
       XIDXMACROS = $(DOCUTILSRC)/indexmacros.t
       PROGRAMSRC = $(TOP)/programs
           LIBSRC = $(XTOP)/lib
```

[그림 8-30] X11.tmpl

[그림 8-31], [그림 8-32]와 같이 /programs/Xserver/dix/cursor.c 파일을 수정한다.

```
root@localhost:/embedded/TinyX/xc/programs/Xserver/dix
            xfree(pCurs);
            xfree(mskbits);
            xfree(srcbits);
            return BadAlloc;
        }
        bits->source = srcbits;
        bits->mask = mskbits;
#ifdef ARGB_CURSOR
        bits->argb = 0;
#endif
//      bits->width = cm.width;
//      bits->height = cm.height;
        bits->width = 0;
        bits->height = 0;
        bits->xhot = cm.xhot;
        bits->yhot = cm.yhot;
        if (sourcefont != maskfont)
            bits->refcnt = -1;
        else
        {
            bits->refcnt = 1;
            pShare = (GlyphSharePtr)xalloc(sizeof(GlyphShare));
            if (!pShare)
            {
-- INSERT --
```

[그림 8-31] cursor.c 수정부분 #1

```
root@localhost:/embedded/TinyX/xc/programs/Xserver/dix
    fontID = FakeClientID(0);
    err = OpenFont(serverClient, fontID, FontLoadAll | FontOpenSync,
        (unsigned)strlen( pfilename), pfilename);
    if (err != Success)
        return NullCursor;

    cursorfont = (FontPtr)LookupIDByType(fontID, RT_FONT);
    if (!cursorfont)
        return NullCursor;
    if (AllocGlyphCursor(fontID, glyph, fontID, glyph + 1,
                         0, 0, 0, ~0, ~0, ~0, &curs, serverClient) != Success)
        return NullCursor;

    if (!AddResource(FakeClientID(0), RT_CURSOR, (pointer)curs))
        return NullCursor;
        int j;
        int result;
        XID attributes[3];
        Mask mask;
        WindowPtr pWin;
        CursorMetricRec cm;

    return curs;
}
-- INSERT --
```

[그림 8-32] cursor.c 수정부분 #2

[그림 8-33], [그림 8-43]과 같이 ./programs/Xserver/dix/window.c 파일을 수정한다.

```
root@localhost:/embedded/TinyX/xc/programs/Xserver/dix
 *
 ******/

//static unsigned char _back_lsb[4] = {0x88, 0x22, 0x44, 0x11};
//static unsigned char _back_msb[4] = {0x11, 0x44, 0x22, 0x88};
static unsigned char _back_lsb[4] = {0x00, 0x00, 0x00, 0x00};
static unsigned char _back_msb[4] = {0x00, 0x00, 0x00, 0x00};

int screenIsSaved = SCREEN_SAVER_OFF;

ScreenSaverStuffRec savedScreenInfo[MAXSCREENS];

#if 0
extern void DeleteWindowFromAnyEvents();
extern Mask EventMaskForClient();
extern void WindowHasNewCursor();
extern void RecalculateDeliverableEvents();
#endif

static Bool TileScreenSaver(
    int /*i*/,
    int /*kind*/
);

-- INSERT --
```

[그림 8-33] windows.c 수정부분 #1

```
root@localhost:/embedded/TinyX/xc/programs/Xserver/hw/kdrive/linux
                ne = 0;
                timeout = 0;
            }
            else
                timeout = 100;
        }
    }
}

int MouseInputType;

char *kdefaultMouse[] = {
    "/dev/mouse",
    "/dev/psaux",
    "/dev/input/mice",
//    "/dev/adbmouse",
//    "/dev/ttyS0",
//    "/dev/ttyS1",
};

#define NUM_DEFAULT_MOUSE    (sizeof (kdefaultMouse) / sizeof (kdefaultMouse[0]))

int
MouseInit (void)
-- INSERT --
```

[그림 8-34] windows.c 수정부분 #2

[그림 8-35]와 같이 ./programs/Xserver/hw/kdrive/linux/tslib.c 파일을 수정한다.

```
root@localhost:/embedded/TinyX/xc/programs/Xserver/hw/kdrive/linux
            x = 0;
            y = 0;
            lastx = 0;
            lasty = 0;
        }
        KdEnqueueMouseEvent (mi, flags, x, y);
    }
}

static char *TsNames[] = {
//  "/dev/ts",
  "/dev/touchscreen/0",
  "/dev/input/event0",
};

#define NUM_TS_NAMES    (sizeof (TsNames) / sizeof (TsNames[0]))

int TsInputType;

int
TslibInit (void)
{
    int         i;
    KdMouseInfo *mi, *next;
-- INSERT --
```

[그림 8-35] tslib.c 수정부분

[그림 8-36]과 같이 ./programs/Xserver/hw/xfree86/os-support/linux/lnx_io.c 파일을 수정한다.

```
root@localhost:/embedded/TinyX/xc/programs/Xserver/hw/xfree86/os-support/linux

static int
//KDKBDREP_ioctl_ok(int rate, int delay) {
KDKBDREP_ioctl_ok(int fd, int rate, int delay){
#if defined(KDKBDREP) && !defined(__sparc__)
     /* This ioctl is defined in <linux/kd.h> but is not
        implemented anywhere - must be in some m68k patches. */
   struct kbd_repeat kbdrep_s;

   /* don't change, just test */
   kbdrep_s.rate = -1;
   kbdrep_s.delay = -1;
   if (ioctl( 0, KDKBDREP, &kbdrep_s )) {
       return 0;
   }

   /* do the change */
   if (rate == 0)                          /* switch repeat off */
     kbdrep_s.rate = 0;
   else
     kbdrep_s.rate  = 10000 / rate;        /* convert cps to msec */
   if (kbdrep_s.rate < 1)
     kbdrep_s.rate = 1;
   kbdrep_s.delay = delay;
   if (kbdrep_s.delay < 1)
     kbdrep_s.delay = 1;

//    if (ioctl( 0, KDKBDREP, &kbdrep_s )) {
      if (ioctl( fd, KDKBDREP, &kbdrep_s )) {
       return 0;
-- INSERT --
```

[그림 8-36] lnx_io.c 수정부분 #1

```
root@localhost:/embedded/TinyX/xc/programs/Xserver/hw/xfree86/os-support/linux
  static int valid_delays[] = { 250, 500, 750, 1000 };
#define DELAY_COUNT (sizeof( valid_delays ) / sizeof( int ))
#endif

  if (xf86Info.kbdRate >= 0)
    rate = xf86Info.kbdRate * 10;
  if (xf86Info.kbdDelay >= 0)
    delay = xf86Info.kbdDelay;

//  if(KDKBDREP_ioctl_ok(rate, delay))  /* m68k? */
    if(KDKBDREP_ioctl_ok(xf86info.colsoleFd, delay))
    return;

  if(KIOCSRATE_ioctl_ok(rate, delay))   /* sparc? */
    return;

  if (xf86IsPc98())
    return;

#if defined(__alpha__) || defined (__i386__) || defined(__ia64__)

-- INSERT --
```

[그림 8-37] lnx_io.c 수정부분 #2

[그림 8-38]과 같이../programs/Xserver/hw/xfree86/os-support/linux/lnx_kbd.c파일을 수정한다.

```
root@localhost:/embedded/TinyX/xc/programs/Xserver/hw/xfree86/os-support/linux

static int
//KDKBDREP_ioctl_ok(int rate, int delay) {
  KDKBDREP_ioctl_ok(int fd, int rate, int delay) {
#if defined(KDKBDREP) && !defined(__sparc__)
     /* This ioctl is defined in <linux/kd.h> but is not
        implemented anywhere - must be in some m68k patches. */
   struct kbd_repeat kbdrep_s;

   /* don't change, just test */
   kbdrep_s.rate = -1;
   kbdrep_s.delay = -1;
// if (ioctl( 0, KDKBDREP, &kbdrep_s )) {
   if (ioctl( fd, KDKBDREP, &kbdrep_s )) {
       return 0;
   }

   /* do the change */
   if (rate == 0)                          /* switch repeat off */
     kbdrep_s.rate = 0;
   else
     kbdrep_s.rate  = 10000 / rate;        /* convert cps to msec */
   if (kbdrep_s.rate < 1)
     kbdrep_s.rate = 1;
   kbdrep_s.delay = delay;
   if (kbdrep_s.delay < 1)
     kbdrep_s.delay = 1;

//   if (ioctl( 0, KDKBDREP, &kbdrep_s )) {
   if (ioctl( fd, KDKBDREP, &kbdrep_s )) {
     return 0;
-- INSERT --
```

[그림 8-38] lnx_kbd.c 수정부분 #1

root@localhost:/embedded/TinyX/xc/programs/Xserver/hw/xfree86/os-support/linux

```
  static int valid_delays[] = { 250, 500, 750, 1000 };
#define DELAY_COUNT (sizeof( valid_delays ) / sizeof( int ))

  if (pKbd->rate >= 0)
    rate = pKbd->rate * 10;
  if (pKbd->delay >= 0)
    delay = pKbd->delay;

//if(KDKBDREP_ioctl_ok(rate, delay))    /* m68k? */
  if(KDKBDREP_ioctl_ok(pinfo->fd, rate, delay))         /* m68k? */
    return;

  if(KIOCSRATE_ioctl_ok(rate, delay))   /* sparc? */
    return;

  if (xf86IsPc98())
    return;

#if defined(__alpha__) || defined (__i386__) || defined(__ia64__)
-- INSERT --
```

[그림 8-39] lnx_kbd.c 수정부분 #2

Makefile에 미리 설정한 내용들로 실행하도록 압축을 해제한 디렉토리에서 "make World"를 실행한다. 이 작업은 상당한 시간을 요구한다.

root@localhost:/embedded/TinyX/xc

```
rm -f XSetMode._man
cpp -undef -traditional  -D__apploaddir__=/usr/X11R6/lib/X11/app-defaults -D__filemansuffix
__=5x -D__libmansuffix__=3x -D__miscmansuffix__=7 -D__drivermansuffix__=4 -D__adminmansuffi
x__=8 -D__projectroot__=/usr/X11R6 -D__xorgversion__='"Release 6.6" "X Version 11"' -D__ven
dorversion__="Release 6.6 X Version 11"  <XSetMode.man | sed -e '/^#  *[0-9][0-9]*  *.*$/d'
                        -e '/^#line  *[0-9][0-9]*  *.*$/d'                             -e '/^[    ]
*XCOMM$/s/XCOMM/#/'                        -e '/^[              ]*XCOMM[^a-zA-Z0-9_]/s/XCOMM/#/'  -
e '/^[  ]*XHASH/s/XHASH/#/'                         -e '/#@#@$/s/#@#@$/##/' >XSetMode._man
rm -f XSetDeviceMode.3x.html XSetDeviceMode.3x-html
../../../config/util/rman -f HTML < XSetMode._man #
          > XSetDeviceMode.3x-html && mv -f XSetDeviceMode.3x-html XSetDeviceMode.3x.html
make[5]: Leaving directory `/embedded/TinyX/xc/doc/man/Xi'
making all in doc/man/Xau...
make[5]: Entering directory `/embedded/TinyX/xc/doc/man/Xau'
rm -f Xau._man
cpp -undef -traditional  -D__apploaddir__=/usr/X11R6/lib/X11/app-defaults -D__filemansuffix
__=5x -D__libmansuffix__=3x -D__miscmansuffix__=7 -D__drivermansuffix__=4 -D__adminmansuffi
x__=8 -D__projectroot__=/usr/X11R6 -D__xorgversion__='"Release 6.6" "X Version 11"' -D__ven
dorversion__="Release 6.6 X Version 11"  <Xau.man | sed -e '/^#  *[0-9][0-9]*  *.*$/d'    -
e '/^#line  *[0-9][0-9]*  *.*$/d'                         -e '/^[              ]*XCOMM$/s/XCOMM/#/
'                       -e '/^[              ]*XCOMM[^a-zA-Z0-9_]/s/XCOMM/#/'              -
e '/^[  ]*XHASH/s/XHASH/#/'                         -e '/#@#@$/s/#@#@$/##/' >Xau._man
rm -f Xau.3x.html Xau.3x-html
../../../config/util/rman -f HTML < Xau._man #
          > Xau.3x-html && mv -f Xau.3x-html Xau.3x.html
make[5]: Leaving directory `/embedded/TinyX/xc/doc/man/Xau'
make[4]: Leaving directory `/embedded/TinyX/xc/doc/man'
make[3]: Leaving directory `/embedded/TinyX/xc/doc'
make[2]: Leaving directory `/embedded/TinyX/xc'
make[1]: Leaving directory `/embedded/TinyX/xc'

2009. 02. 16. (? ?  00:24:18 KST

Full build of XFree86 version 4.4.0 (29 February 2004) complete.

[root@localhost xc]#
```

[그림 8-40] make World

"make World" 를 실행하면 Makefile 내부에 설정된 내용으로 컴파일된다.

참고
"make World"를 실행했는데 컴파일이 제대로 완료 되지 않을 경우에는 bison 이라는 패키지 설치가 되어 있는지 "rpm -qq | grep bison"으로 확인을 한다. 만약 설치가 안되어 있을 경우에는 다음 "rpm -ivh bison-1.875c-2.i386.rpm"명령으로 패키지를 설치한다. 인터넷이 설정되어있는 상태에서는 yum을 사용하도록 한다(yum install bison).

make DESTDIR=/tftpboot/_ist install" 을 통해 install된 디렉토리와 파일들을 "/tftpboot/_ist" 폴더에 복사한다.

```
root@localhost:/embedded/TinyX/xc
make[2]: Leaving directory `/embedded/TinyX/xc/programs'
installing in ./doc...
make[2]: Entering directory `/embedded/TinyX/xc/doc'
installing in doc/man...
make[3]: Entering directory `/embedded/TinyX/xc/doc/man'
installing in doc/man/general...
make[4]: Entering directory `/embedded/TinyX/xc/doc/man/general'
install in doc/man/general done
make[4]: Leaving directory `/embedded/TinyX/xc/doc/man/general'
installing in doc/man/X11...
make[4]: Entering directory `/embedded/TinyX/xc/doc/man/X11'
install in doc/man/X11 done
make[4]: Leaving directory `/embedded/TinyX/xc/doc/man/X11'
installing in doc/man/Xt...
make[4]: Entering directory `/embedded/TinyX/xc/doc/man/Xt'
install in doc/man/Xt done
make[4]: Leaving directory `/embedded/TinyX/xc/doc/man/Xt'
installing in doc/man/Xext...
make[4]: Entering directory `/embedded/TinyX/xc/doc/man/Xext'
installing in doc/man/Xext/dbe...
make[5]: Entering directory `/embedded/TinyX/xc/doc/man/Xext/dbe'
install in doc/man/Xext/dbe done
make[5]: Leaving directory `/embedded/TinyX/xc/doc/man/Xext/dbe'
make[4]: Leaving directory `/embedded/TinyX/xc/doc/man/Xext'
installing in doc/man/Xi...
make[4]: Entering directory `/embedded/TinyX/xc/doc/man/Xi'
install in doc/man/Xi done
make[4]: Leaving directory `/embedded/TinyX/xc/doc/man/Xi'
installing in doc/man/Xau...
make[4]: Entering directory `/embedded/TinyX/xc/doc/man/Xau'
install in doc/man/Xau done
make[4]: Leaving directory `/embedded/TinyX/xc/doc/man/Xau'
make[3]: Leaving directory `/embedded/TinyX/xc/doc/man'
make[2]: Leaving directory `/embedded/TinyX/xc/doc'
make[1]: Leaving directory `/embedded/TinyX/xc'
[root@localhost xc]#
```

[그림 8-41] make install

"_ist" 라는 폴더를 임의로 생성하고, "make install" 명령어를 통해 복사를 했기 때문에 어떤 폴더들이 있는지 목록을 보여준다.

참고
"_ist"라는 폴더는 임의적으로 생성한 폴더로 "make install"명령어를 이용해 절대주소로 디렉토리 및 파일을 이동시킬 수 있도록 하기 위함이다.

타겟보드로 _int폴더의 내용을 복사 한 후 /X11R6/bin에 있는 실행 파일을 실행한다.

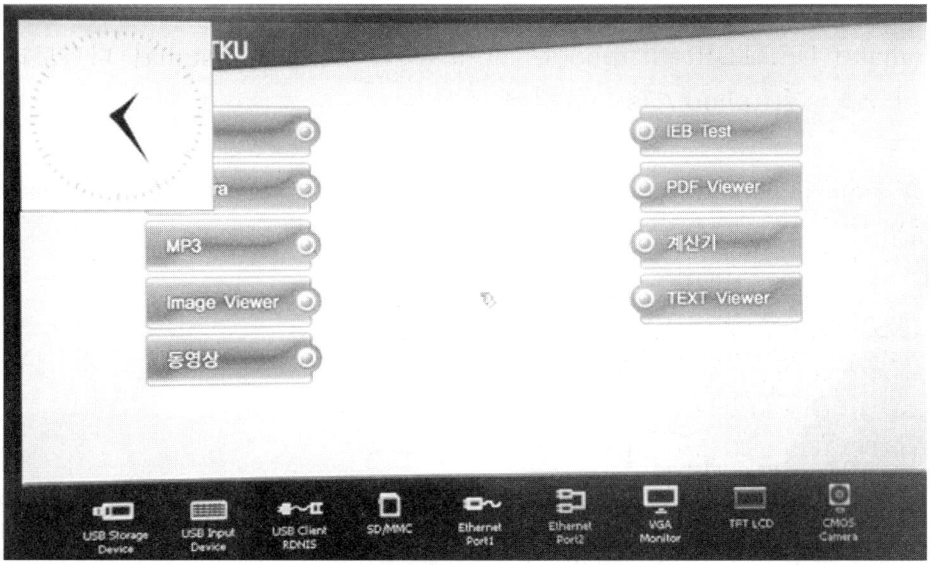

[그림 8-42] 실행파일 중 xclock 실행화면

찾 아 보 기

임베디드 리눅스 구조 및 응용

2009년 5월 02일 초판 인쇄
2009년 5월 06일 인쇄 발행

저　　자　노성동 · 이명의
발 행 인　송기수
발 행 처　도서출판 GS인터비전
편 집 처　도서출판 GS인터비전
등록번호　제2008 - 27호
I S B N　978-89-93668-28-5 (92560)

주　소　서울시 중랑구 묵동 신도브래뉴1차 102동 1301호
전　화　02-976-7898
팩　스　02-6468-7898
E-mail　gsinter7@chol.com

정　가　**20,000원**(CD 포함)